孙元欣 等著

中国自由贸易试验区外资准入负面清单管理模式研究

格致出版社　上海人民出版社

前　言

　　建设中国自由贸易试验区(简称自贸试验区)是中国政府的重大战略部署、国家战略的需要。中国自贸试验区肩负着中国在新时期加快政府职能转变、积极探索管理模式创新、促进贸易和投资便利化,并为全面深化改革和扩大开放探索新途径、积累新经验的重任。

　　中国自贸试验区建设始于 2013 年。2013 年 9 月,中国(上海)自贸试验区挂牌建设;2015 年 4 月,广东、天津、福建挂牌建设,上海自贸试验区扩区;2017 年 4 月,辽宁、浙江、重庆、河南、湖北、四川、陕西等省份加入自贸试验区建设当中;2018 年 10 月,海南省全岛(面积约 3.5 万平方公里)推进自贸试验区建设;2019 年 8 月,山东、江苏、河北、黑龙江、云南、广西等省区加入自贸试验区建设当中;2020 年 9 月,北京、湖南和安徽加入自贸试验区建设当中,浙江自贸试验区扩区。迄今全国已有 21 个省区市加入,自贸试验区建设力量日益壮大。

　　以负面清单为核心的投资体制改革是自贸试验区改革的重中之重。一是内容丰富,含外商投资准入前国民待遇加负面清单管理、外资准入负面清单、鼓励外商投资产业目录、市场准入负面清单(国民待遇)、工商登记改革、服务业扩大开放、"证照分离"改革、事中事后监管、企业境外投资、《中华人民共和国外商投资法》立法、跨境服务贸易负面清单等。二是作为一项基础性制度创新,负面清单具有开放度大、透明度高、可预期等优点,应用范围大且意义深远。

　　探索和推广外资负面清单管理模式大体分三个阶段。第一阶段即 2013 年 9 月至 2015 年,上海自贸试验区探索试验形成了上海自贸试验区外资负面清单(2013 年版和 2014 年版);第二阶段即 2015 年 4 月至 2017 年,上海自贸试验区经验复制推广到广东、天津、福建等地的自贸试验区建设当中;第三阶段即 2017 年至今,上海自贸试验区经验复制推广到各个自贸试验区和全国各地,形成了外资准入负面清单两个版本——全国版和自贸试验区版。

笔者作为高等院校自贸试验区研究的专职人员,八年多来,有幸参与上海自贸试验区编制外资负面清单研究工作,以及之后的服务业扩大开放、事中事后监管、自贸试验区评估等系列研究工作。本书即在这些研究的基础上写成。

本书撰写有三条主线:一是中国自贸试验区和投资领域的改革探索,这一主线有助于读者把握改革探索进程的全貌;二是围绕外资准入负面清单的研究,主要是上海自贸试验区的率先试点和相关研究;三是基于决策咨询研究的对策建言。

本书是决策咨询研究的成果,全书分三篇。第一篇阐述了中国自贸试验区的特色、建设初衷、发展历程、七大改革领域、所形成的改革试点经验和"最佳实践案例",以及以负面清单为核心的投资领域改革进展。第二篇围绕外资负面清单、服务业扩大开放、市场准入负面清单、国家安全审查等展开理论研究。第三篇由研究成果形成的"专报"组成,即"对策建言",每篇约数千字,力求言简意赅。由于研究工作前后历时近六年,各章内容有改革推进的时间痕迹。

本书相关研究成果曾获上海市哲学社会科学优秀成果奖、第十届上海市决策咨询研究成果奖一等奖、第八届高等学校科学研究优秀成果奖(人文社会科学)二等奖。

本书由孙元欣教授主持撰写。各章分工如下:第1章、第2章、第3章、第8章、第10章、第11章、第12章由孙元欣撰写,第4章由孙元欣、吉莉、周任远撰写,第5章由孙元欣、李智忠撰写,第6章由孙元欣、徐晨、李津津撰写,第7章由殷凤、朱榴军撰写,第9章由孙元欣、牛志勇、应珊珊撰写,第13章由高维和、孙元欣、王佳圆撰写,第14章由徐晨、孙元欣撰写,第三篇(第15—21章)的第一执笔人为孙元欣。

本书在撰写过程中,参考并引用了许多国内外相关研究成果和文献,在此一并表示诚挚的感谢!对于书中存在的不足,诚望读者们批评指正。

孙元欣写于上海财经大学

2023年8月

目　录

第一篇　改革探索进程

第1章　走中国道路与自贸试验区制度创新　003
  1.1　自贸试验区建设的两个背景　003
  1.2　自贸试验区建设初衷和中国特色　004
  1.3　自贸试验区七大改革领域和成效　007
  1.4　上海自贸试验区持续当好全国标杆　013
  1.5　自贸试验区的新格局、新使命和新作为　016
第2章　以负面清单为核心的投资体制改革　019
  2.1　市场准入负面清单制度的内涵　019
  2.2　上海自贸试验区投资领域的改革探索　021
  2.3　全国实施市场准入负面清单制度的进程　032
  2.4　改革试点经验和"最佳实践案例"　040

第二篇　实施路径研究

第3章　外资负面清单管理国际借鉴和中国的选择　049
  3.1　负面清单管理理念和应用价值　049
  3.2　外资负面清单管理的国际借鉴　051
  3.3　中国推进外资负面清单管理的选择　078
第4章　自贸试验区负面清单管理初期实践和政策评估　081
  4.1　上海自贸试验区外资负面清单管理的实践　081
  4.2　对自贸试验区负面清单（2013 年版）的评估　086

4.3　编制新版负面清单的改进方向　090

第5章　国际产业分类法与负面清单产业分类选择　094
5.1　国际产业与产品分类标准体系　094
5.2　国际服务产业分类标准　101
5.3　中国产业与产品分类标准体系　104
5.4　中国外资准入负面清单产业分类的思考　106

第6章　自贸试验区负面清单（2014年版）的实践和政策评估　109
6.1　负面清单（2014年版）的法理依据和基本框架　109
6.2　负面清单（2014年版）较负面清单（2013年版）的改进之处　110
6.3　负面清单（2014年版）的改进方向　113
6.4　外资准入负面清单管理的思考与对策建议　117

第7章　服务业开放度评估与风险防范　121
7.1　对服务业的限制措施和开放程度　121
7.2　负面清单管理面临的主要障碍与风险　129
7.3　如何完善优化负面清单管理　131
7.4　进一步推进服务业开放的思考　133

第8章　工商登记改革与事中事后监管的实践　136
8.1　上海自贸试验区工商登记改革的作用　136
8.2　上海自贸试验区工商登记改革的主要内容　137
8.3　工商登记改革的若干问题探讨　138
8.4　工商登记改革成效和可复制推广经验　141

第9章　市场准入负面清单（试点版）的分析和对策建议　145
9.1　市场准入负面清单的文本分析　145
9.2　市场准入相关改革的内在逻辑　156
9.3　主要结论和对策建议　157

第10章　《外商投资产业指导目录（2011年修订）》与BIT负面清单　166
10.1　《外商投资产业指导目录（2011年修订）》的评述　166
10.2　BIT负面清单及其与《指导目录》（2011年版）的比较分析　167

10.3　中美 BIT 谈判中方负面清单的对策建议　　171

第 11 章　美国金融业负面清单与自贸试验区金融创新　　173
11.1　《美国 2012 年 BIT 范本》的金融服务业条款和负面清单　　173
11.2　美国外资准入负面清单及比较分析　　175
11.3　中美 BIT 谈判与上海自贸试验区金融开放创新　　180

第 12 章　负面清单管理与中国文化领域开放政策的分析　　188
12.1　自贸试验区外资负面清单探索和文化领域开放　　188
12.2　美韩自由贸易协定负面清单和文化领域开放　　193
12.3　文化领域开放的政策思考和相关建议　　198

第 13 章　美国 FTA 与 BIT 外资准入负面清单的分析　　200
13.1　美国自由贸易概况和国际投资规则　　200
13.2　美国负面清单的主要特点　　202
13.3　缔约国对美国设置的负面清单模式及其特征　　206
13.4　对中国外资准入政策的启示　　211

第 14 章　外资国家安全审查制度的国际借鉴　　213
14.1　美、德、俄、日等国外资国家安全审查制度概述　　213
14.2　美、德、俄、日等国外资国家安全审查制度比较　　223
14.3　对中国外资安全审查制度的借鉴意义　　228

第三篇　未来政策展望

第 15 章　负面清单的评估和改进　　235
15.1　上海自贸试验区负面清单管理　　235
15.2　负面清单（2013 年版）的评估　　236
15.3　负面清单（2013 年版）有待改进之处　　238
15.4　负面清单（2014 年版）的改进方向　　240

第 16 章　自贸试验区负面清单转化为全国负面清单的路径和措施　　242
16.1　《美国 2012 年 BIT 范本》投资规则的借鉴和比较　　242
16.2　中国开展外资准入负面清单管理的构想　　245

16.3　从上海自贸试验区负面清单到全国负面清单的过渡准备　246

第 17 章　**编制外资准入负面清单不能"遍地开花"**　250

17.1　编制外资准入负面清单的"遍地开花"问题　250

17.2　地方政府热衷编制外资准入负面清单的原因和潜在负面效应　251

17.3　相应采取的措施和对策　252

第 18 章　**提高自贸试验区投资领域改革事项的系统协调性**　254

18.1　投资领域改革存在的不配套、不协调情况　254

18.2　提高改革政策措施的系统性和协调性　256

18.3　相应采取的措施和对策　256

第 19 章　**探索金融业市场准入负面清单的路径和对策**　259

19.1　探索金融业市场准入负面清单的重大意义　259

19.2　对改革任务框架、路径和主要措施的探讨　260

第 20 章　**加快推进和全面实施"证照分离"改革试点**　264

20.1　各地"证照分离"改革试点的态势　264

20.2　"证照分离"改革试点的存在问题　265

20.3　相关对策和建议　266

第 21 章　**进一步放宽服务业市场准入和自贸试验区率先实施**　268

21.1　市场准入负面清单的文本分析　268

21.2　"浦东新区市场透明度和便利度"问卷调查　270

21.3　市场准入透明度和便利化的国际借鉴　271

21.4　对策措施和政策建议　272

主要参考文献　274

第一篇

改革探索进程

第 1 章
走中国道路与自贸试验区制度创新[*]

中国自由贸易试验区(简称自贸试验区)诞生于 2013 年 9 月,由上海率先建设。自贸试验区的建设背景是什么? 自贸试验区的建设初衷和中国特色是什么? 自贸试验区的改革进程和主要领域有哪些,获得了哪些成果,如何进一步发展? 中国现在到底在走什么发展道路? 这与自贸试验区有什么关系? 本章尝试分析和论述这些问题。

本章指出中国自贸试验区进一步深化改革的七个方面,具体包括:(1)更加重视首创性、集成性和差异化改革;(2)率先落实国家开放新政策和中国倡导的国际经贸新规则;(3)聚焦重点发展产业和推进差异化改革;(4)持续优化营商环境和创新环境;(5)在"双循环"新发展格局下发挥重要作用;(6)形成自贸试验区和城市发展的联动机制;(7)自觉服务国家发展大局,服务国家战略。

1.1 自贸试验区建设的两个背景

建设自贸试验区是党中央、国务院在新形势下全面深化改革和扩大开放的一项战略举措,是国家战略需要。自贸试验区肩负着中国全面深化改革和扩大开放探索新途径、积累新经验的重要使命。

2013 年 9 月,上海自贸试验区率先建设,其建设背景包括两个方面。

---

[*] 本章主要内容发表在《解放日报》思想者专栏,2017 年 12 月 5 日。

一是时代背景,彼时中国已进入全面深化改革的新时期。自 1978 年始,国家实施改革开放政策。经过 30 多年的改革开放,至 2013 年,中国国内生产总值已经位居全球第二位,贸易规模达到全球第一名的水平。中共十八届三中全会提出全面深化改革的任务,涉及经济、政治、文化、社会、生态文明、国防和军队建设以及党的建设这七大领域,其中经济改革是核心内容。

二是全面深化改革的顶层设计,中共十八届三中全会通过的《关于全面深化改革若干重大问题的决定》(简称《决定》)提出 16 个方面 60 项措施。其中,与自贸试验区相关的内容有构建开放型经济新体制、加快转变政府职能,以及加快完善现代市场体系,等等。《决定》提出,"有序开放服务业,进一步放开一般制造业",外资负面清单遵循了这一开放路径,其 2013 年版有限制和禁入措施 190 条,到 2017 年版减少为 95 条,开放度不断提高。

自贸试验区是全面深化改革和扩大开放的试验田,其建设按顶层设计安排,通过局部试点,经过实践加以检验,并根据检验结果决定是否能向全国推广以及如何推广。

1.2 自贸试验区建设初衷和中国特色

1.2.1 自贸试验区"雁行式"发展格局和空间布局

2013 年 9 月,国务院印发《中国(上海)自由贸易试验区总体方案》,上海自贸试验区率先建设。2015 年 4 月,广东、天津、福建等省市加入,上海自贸试验区扩区。2017 年 4 月,浙江、辽宁、陕西、河南、湖北、重庆、四川等省市加入。2018 年 10 月,海南省全岛(面积约 3.5 万平方公里)推进自贸试验区建设。2019 年 8 月,山东、江苏、河北、黑龙江、云南、广西等省区加入。2020 年 9 月,北京、湖南和安徽等地加入,浙江自贸试验区扩区。

迄今全国已有 21 个省区市加入,自贸试验区队伍不断壮大,呈"1+3+7+1+6+3"雁行式发展格局。上海作为中国改革开放前沿和第一方阵,上海自贸试验区率先建设,片区类型多,综合实力强,形成可复制推广经验多,发挥了"领头雁"的作用。而海南已进入建设自由贸易港阶段。

自贸试验区所在省区市含中国沿海所有省份,含京津冀、长江三角洲、珠江三角洲等大城市圈,含中国四大直辖市和深圳、宁波、青岛、厦门、大连等计划单列市,含 19 个省会城市和 30 多个地级市。借助划分中国人口分布的胡焕庸线(也称黑河—腾冲线),我们可以清楚看出中国自贸试验区布局。位于胡焕庸线的右下部分,除吉林、陕西、江西和贵州这几个省份外,大部分省区市都有自贸试验区。选择经济基础较好的省份,开展改革试验,也是自贸试验区建设的一个特征。

自贸试验区的作用体现在四个方面:第一,国家推出新的政策,需要局部试验,自贸试验区是改革先行者、排头兵,有引领作用;第二,自贸试验区是为国家作贡献,各地政府积极响应,国家用自贸试验区这种方式调动了各地方政府的改革积极性;第三,被批准的自贸试验区要有一个建设方案,方案内容要体现国家需求,要为国家试点制度,这就增强了地方政府的大局意识和与国家发展协同理念;第四,自贸试验区形成的新经验和案例可以供全国借鉴。

1.2.2　自贸试验区的建设初衷

2016 年 12 月,习近平总书记就上海自贸试验区工作汇报作出一段批示,其中谈到建设"初衷"。他指出,"建设上海自贸试验区是党中央、国务院在新形势下全面深化改革和扩大开放的一项战略举措。三年来,上海市、商务部等不负重托和厚望,密切配合、攻坚克难,紧抓制度创新这个核心,主动服务国家战略,工作取得多方面重大进展,一批重要成果复制推广到全国,总体上实现了初衷"。

自贸试验区的建设初衷,含"国家需求、改革路径和预期成果"。"国家需求"是全面深化改革、扩大开放和服务国家战略。"改革路径"是制度创新,即优化现有制度体系,包括规则、流程、信息化、组织方法、法治等方面,推进制度型改革,提高政府运行效率,更好地发挥市场资源配置的决定性作用。"预期成果"是形成更多可复制推广的制度创新成果和引领高质量发展。

制度是指人际交往中的规则设计,以及社会组织的结构和机制。通过制度建设,形成更明确的规则和约束力。30 多年间中国由计划经济慢慢转向市场经济,国有企业转向拥有新型产权制度的企业,多层次资本市场逐渐建立,这些都是中国的制度创新。自贸试验区制度创新的主要特征是接轨国际规则,探索中国之路,提出全球经济治理的新方略,成为国际规则的参与者、贡献者和引领者。自贸试验区旨在引领国际规则,比如在电子支付、贸易便利化和知识产权保护等方面。

经过多年的改革实践,自贸试验区已经形成行之有效的制度创新方法论,具体表现为:(1)坚持制度创新,先试先行,实现高质量发展,开展差异化制度创新,开展地区适应性制度创新;(2)对标国际高标准和高水平,不断寻找自身的短板和差距,逐步细化,创新超越;(3)坚持问题导向、需求导向、目标导向和风险防范,倾听企业意见,探寻产业需求点,推动改革前行;(4)持续开展前瞻性研究,不断提高认识水平,在新环境下找准改革重点和突破口。

1.2.3 自贸试验区展现的中国特色

国际上的自由贸易园区有数千个,其发展历史悠久,很多自由贸易园区的东道国政府选择港口或园区实施贸易投资促进政策,促进经济增长并增加就业,形成产业集群和竞争力。自由贸易园区的发展,顺应了合作共赢和经济全球化的大趋势。在中国,与之类似的有综合保税区,以及各类海关特殊监管区等。

与全球自由贸易园区相比,中国自贸试验区究竟有哪些异同之处? 中国自贸试验区的特色究竟表现在哪里?

中国自贸试验区与国际上的自由贸易园区既有相同之处,也有显著差异。相同之处在于秉承自由贸易的理念,发挥自身禀赋优势,促进国际贸易和国际投资,参与国际分工。中国地域广阔,各地自贸试验区有各自的产业功能,门类丰富多样。

中国自贸试验区的差异之处主要表现为:一是承担制度创新和压力测试的改革任务。作为"试验田",试点高水平开放新政策、中国倡导的国际经贸规则、政府监管新方式,为全国改革推进提供可复制推广的试点经验。二是合理的空间布局,这与中国优化区域布局的大思路一致;三是产业覆盖广阔,有综合保税区、高新技术园区、商务区(总部经济)、交通枢纽、金融、高端制造业、旅游、农业、边境贸易、数字经济、服务贸易等片区,还有海南全岛,因此实际上是综合改革试验区。四是不仅具有重要的经济意义,而且还有国家长期战略的考量,如服务"一带一路"建设、京津冀一体化、长江三角洲一体化、粤港澳地区合作、中西部地区开放、两岸经济合作、拓展边境地区友好往来和贸易、南海开发与保护等。

自贸试验区的中国特色更重要地表现为：紧密结合中国实际，走中国之路，而非原封不动地照搬国际规则。要体现中国情境、中国话语和中国倡导的国际新规则。

自贸试验区改革有句名言"企业的需求，就是我们改革的方向"。在制度创新试验中，采用了问题导向、需求导向、目标导向和加强风险防范的方法。自贸试验区的改革任务既来自全面深化改革的顶层设计，也来自企业的迫切需求。通过"顶层设计＋创新实践"模式解决企业发展的"急、难、痛"点，促进社会经济发展，实现"创新—实践—再创新—再实践"的提升过程。

1.3　自贸试验区七大改革领域和成效

1.3.1　自贸试验区七大改革领域

自贸试验区制度创新涵盖七（5＋2）大改革领域，即"投资体制改革、贸易便利化、金融开放创新、事中事后监管、完善营商环境、科技创新和服务国家战略"。2013 年 9 月上海自贸试验区率先建设，先期形成了前五大改革领域，这是首轮改革的重点，核心内容是开放，以开放促改革，以开放促发展，形成倒逼机制。2015 年 4 月，新增"科技创新和服务国家战略"两大改革领域，体现了"开放＋创新"的思路。

第一个领域是投资体制改革。核心是探索市场准入负面清单管理，放宽外资和国内资本的市场准入限制，减少事前审批，提高"引进来、走出去"的质量。核心改革事项包括：外商投资准入前国民待遇加负面清单，服务业扩大开放，国民待遇的市场准入负面清单、工商登记改革、"证照分离"改革试点、亚太运营商计划（APOP）、境外投资服务促进等。

改革取得了显著成效，激发了企业和市场活力，上海自贸试验区新增企业 4 万多家，在全国其他自贸试验区也呈现出相似的效果。上海首轮服务业扩大开放政策实施后有 1 500 多个项目落地，有专业再保险公司、合资道路运输公司、外资独资游艇设计公司、外商独资国际船舶管理公司、外资医院、外资职业技能培训机构、外资认证机构、合资邮轮公司、中外合资旅行社和欧洲最大的独立资产管理机构等。中德合资阿特蒙医院是案例之一。

第二个领域是贸易便利化。贸易便利化有两个改革方向,减少放松管制和政府部门协同。海关、检验检疫、海事等采取了一系列措施,如"一线进境货物先入区,后报关""进境货物预检验""第三方检验结果采信"等。政府部门协同的范例,是建立"国际贸易单一窗口",企业一次性提供贸易数据,海关、检验检疫、税务、海事、边检等近20个部门提供审批和服务。进而,按照五个层级推进建设,即"无纸化报关单一窗口""监管型单一窗口(口岸监管部门)""港口单一窗口(加各类服务)""一体化的国家单一窗口"和"跨境单一窗口交换平台"。

通过实施贸易便利化措施,形成一些新模式和新平台,如保税展示平台、跨境电子商务、汽车平行进口平台、货物状态分类监管平台、中转集拼平台、船用发动机保税维修平台、国际文化艺术品平台、大宗商品(上海自贸试验区已经有钢铁、煤炭、化工等八种类型)现货交易平台、进口商品展示直销平台、技术贸易交易平台,以及包括澳大利亚在内的十多个国家的国别馆等。

第三个领域是金融开放创新。核心任务是开放和创新,更好地服务实体经济。金融领域对外资银行和民营银行开放。金融创新有人民币跨境使用、投融资汇兑便利化、资本项目部分可兑换、利率市场化和外汇管理体制改革。通过金融创新实践,形成融资租赁、企业集团资金池等新模式。上海也利用自贸试验区建设的机会,加快建设金融市场体系,如上海国际黄金交易市场、上海国际能源交易中心、国际金融资产交易中心、上海保险交易所等。

第四个领域是政府转变职能和事中事后监管。政府放松了企业准入的事前审批转而加强事中事后监管,更好地发挥出社会监督和社会机构的作用。事中事后监管1.0版本,含国家安全审查工作制度、反垄断工作机制、社会信用体系、企业年度报告公示制、政府部门信息共享平台和综合执法、支持社会力量参与市场监督等。事中事后监督2.0版本,重点建设三大信息平台——一是网上政务大厅,二是公共信用信息服务平台,三是事中事后监管信息平台,从而实现政府部门信息共享和综合执法。

第五个领域是完善营商环境。包括加强知识产权保护、司法和仲裁的制度建设,还有一些鼓励投资和贸易的专项政策,如融资租赁、进口环节增值税、选择性征税、部分货物免税、启运港退税试点、非货币性资产对外投资、股权激励等七项专项政策,以及优化税收服务的努力。其中,有两项重要政策在2013年就被提出,但至今仍未落地:一项是境外股权投资税收政策,另一项是离岸业务发展税收政策。

第六个领域是科技创新。上海要建设成为具有全球影响力的科技创新中心,2020年形成科技创新中心基本框架体系,再用10年时间,形成科技创新中心城市的核心功能。目前,上海要重点解决科技成果转化难、创新创业人才不足、体制机制不完善、创新创业环境不够友好、科技创新布局有待优化这五方面的短板。在张江高科技片区,形成"双自联动"工作机制,如集成电路产业保税监管试点,生物医药保税研发和便捷通关等,实施金融科技政策,规划建设张江科学城,采取措施大力吸引海外人才。

第七个领域是服务国家战略。上海加快建设国际金融中心、为全国服务是国家战略。与之相应的有,广东自贸试验区将成为粤港澳深度合作示范区,成为海上丝绸之路的重要枢纽;广东珠海横琴片区专门拿出一块土地建设澳门科技大学,并从"葡萄牙语系"着眼,加强国际合作和交流;天津推进京津冀一体化,建设高水平开放平台;福建建设两岸经济合作示范区,通过福建省对台湾地区进行开放互通。

1.3.2　全国自贸试验区互相学习、互相验证和共同推进

迄今,全国已有21个省区市参与,共有67个片区,涵盖北京、上海、天津、重庆4个直辖市,深圳、青岛、厦门、宁波4个计划单列市,以及17个省会城市、30个地级市等。

有舆论担心,自贸试验区数量增多是否会产生"边际效应递减"的后果?如果自贸试验区是"政策优惠洼地",越来越多的地区参与确实会导致它的边际效应递减;但是自贸试验区是制度创新的高地,更多的地区和企业参与,有更多的场景开展制度创新,可互相验证,产生叠加作用,效果将更显著。

截至2020年,前18家自贸试验区新设企业达39.3万家,实际使用外资达1 763亿元,实现进出口总额4.7万亿元,以不到全国4‰的国土面积(包括海南),实现占全国17.6%的外商投资和14.7%的进出口。各地自贸试验区形成了许多好

经验和好做法。

第一,找准"突破口",锲而不舍,善做善成。天津自贸试验区深耕融资租赁,试点进口租赁飞机跨关区监管、企业设立登记备案限时办结、建立"专家＋管家"服务体系等。截至 2021 年 7 月,天津东疆自贸片区完成了 1 833 架飞机、150 台飞机发动机、266 艘国际航运船舶、56 座海工平台的租赁和处置业务,成为全球第二大飞机租赁聚集地。

浙江舟山片区围绕油气产业链、油品市场建设、大宗商品交易、海事服务等开展改革,与上海国际能源交易中心合作,开展"期现联动",新增原油等 15 个交易品种。挂牌 4 年,舟山片区油品贸易额累计达 1.16 万亿元,年均增长率为 104％,2020 年油气吞吐量达 1.27 亿吨,保税油的供应量突破 470 万吨,稳居供油港全国第一位。

第二,聚焦重点产业,推进新业务模式发展。山东青岛片区围绕"中转集拼"模式,开展无须报关、新型集拼仓库、出口集拼和国际中转集拼货物混拼出境等改革。实施后,每票拼箱货物降低费用约 800 元,青岛港通关时间缩短至 2 天,较韩国釜山港的 3—4 天减少约 1.5 天。2020 年青岛片区开展出口拼箱 35 万票、6.5 万标准箱,约占本地区所有出口拼箱业务量的 90％以上。

福建厦门片区建设"口岸航空电子货运平台",推进"单一窗口＋空运物流"、空运出口"一单多报"、航空物流全程电子化、航空物流"一点登录,全程跟踪"全链条可视化模式等改革。该平台对接 5 家国际航空公司的数据信息,累计进口运单电子化作业 9 万多票,出口运单电子化作业 2 300 多票,为全国电子口岸数字化转型提供了新经验。四川、陕西、重庆等地优化中欧班列运营模式,实现"中欧班列多式联运一单式改革""中欧班列运费分段结算估价管理改革"等成果。

第三,聚焦地区经济特色,开展差异化制度创新。山东、浙江、辽宁等地开展海洋经济制度创新,包括海上综合治理、海洋资源保护、海洋生物医药、海上牧场等,形成一批"最佳实践案例",如浙江的"海上枫桥"海上综合治理与服务创新试点、海洋综合行政执法体制改革,山东的多方联动构筑海洋生物资源大养护格局。黑龙江、广西、云南连接俄罗斯、越南、缅甸、老挝等国,就跨境贸易、跨境产能合作、跨境园区、跨境社区管理、跨境金融新模式等方面,提升通关和贸易便利化水平,取得显著成效。

针对企业"融资难"问题,各地开展形式多样的探索,如大数据融资、"税银通"融资、知识产权信用融资、增值税"留抵贷"、"供应链＋"承兑支付、"自贸通"融资等,取得很好效果。

第四,推进区域经济一体化,更好地服务国家战略。广东前海、横琴片区推进粤港澳深度融合,出台许多新政策,含口岸通关模式、港澳青年创新创业、港澳及境外高端人才个税补贴等,推进建设"前海深港现代服务业合作区"和"横琴粤澳深度合作区"。

江苏南京片区落实保护长江生态工作,搭建"生态眼"智慧化平台,整合各类监管数据,实现长江南京段生态环境多源实时动态感知和监测功能。该项改革列入国务院发布的"最佳实践案例"。2021 年 5 月,江苏、浙江、安徽和上海这三省一市携手,在上海正式启动"长三角自贸试验区联盟"。首期形成"十大制度创新案例",如国际贸易"单一窗口"长三角贸易通关一体化、建立长三角网络市场监管一体化新机制、期货现货联动构筑一体化油气交易市场等。

第五,积极复制推广制度创新成果,助推经济高质量发展。全国各地高度重视自贸试验区国家层面 278 项成果的复制推广工作。天津、浙江、河南、海南、山东、河北、广西、云南多地举办复制推广专题培训班,以便相关工作人员和专家学者解读政策、交流经验。四川将复制推广工作纳入省委对市(州)绩效保证目标考核体系。河北对复制推广落实情况开展"回头看"项目。

1.3.3　国家层面形成了 278 项改革试点经验和最佳实践案例

自贸试验区推进投资、贸易、金融、"放管服"改革、服务国家战略等改革,所形成的国家层面可复制推广制度创新成果共 278 项(含"最佳实践案例"61 个),地方层面可复制推广经验和案例达数千项,充分发挥出示范作用。

在国家层面,2014 年 12 月至 2020 年 6 月,国务院印发了 6 批共 143 项可复制推广改革试点经验;2015 年 11 月至 2021 年 7 月,国务院自由贸易试验区工作部际联席会议办公室印发了 6 批共 61 个"最佳实践案例";国家发展改革委员会、财政部、商务部等 14 个国家部委自主向全国复制推广的制度创新成果有 74 项,合计有 278 项,相关情况参见表 1.1。

表 1.1　截至 2022 年 3 月国家层面自贸试验区可复制推广经验一览表

层　级	时间	相关文件	数量（项）	经验（项）	案例（项）
一、国务院	第一批 2014 年 12 月	国务院印发《关于推广中国（上海）自由贸易试验区可复制改革试点经验的通知》	34	34	0
	第二批 2016 年 11 月	国务院印发《关于做好自由贸易试验区新一批改革试点经验复制推广工作的通知》	19	19	0
	第三批 2017 年 8 月	商务部等四部委发布《关于做好自由贸易试验区第三批改革试点经验复制推广工作的函》	5	5	0
	第四批 2018 年 5 月	国务院印发《关于做好自由贸易试验区第四批改革试点经验复制推广工作的通知》	30	30	0
	第五批 2019 年 4 月	国务院印发《关于做好自由贸易试验区第五批改革试点经验复制推广工作的通知》	18	18	0
	第六批 2020 年 6 月	国务院印发《关于做好自由贸易试验区第六批改革试点经验复制推广工作的通知》	37	37	0
小　计			143	143	0
二、国务院自由贸易试验区工作部际联席会议办公室	第一批 2015 年 11 月	国务院自由贸易试验区工作部际联席会议办公室《自由贸易试验区"最佳实践案例"的函》	8	0	8
	第二批 2017 年 7 月	国务院自由贸易试验区工作部际联席会议办公室《自由贸易试验区新一批"最佳实践案例"的函》	4	0	4
	第三批 2019 年 7 月	国务院自由贸易试验区工作部际联席会议办公室《自由贸易试验区第三批"最佳实践案例"的函》	31	0	31
	第四批 2021 年 7 月	国务院自由贸易试验区工作部际联席会议办公室《自由贸易试验区第四批"最佳实践案例"的函》	18	0	18
小　计			61	0	61

续表

层　　级	时间	相关文件	数量（项）	经验（项）	案例（项）
三、国家各部委	2013 年 9 月至2020 年 9 月	发展改革委员会、财政部、商务部等14 个国家部委自主向全国复制推广的制度创新成果	74	74	0
小　　计			74	74	0
累　　计			278	217	61

资料来源：国务院、商务部、自贸试验区港建设协调司网站。

1.4　上海自贸试验区持续当好全国标杆

上海自贸试验区始建于 2013 年，针对其建设国务院先后发布上海自贸试验区建设"总体方案""深改方案""全改方案"（即 1.0 版、2.0 版、3.0 版）。2019 年上海自贸试验区临港新片区挂牌建设，规划面积达 873 平方公里，先行启动区面积约 120 平方公里。

1.4.1　上海自贸试验区基础条件好，片区种类丰富，综合实力强

上海自贸试验区拥有保税片区、陆家嘴金融片区、张江高科技园区、金桥开发片区、世博园区和临港新片区五大片区。其中，保税片区是中国国际贸易和国际航运的重要基地，拥有总部经济企业近 200 家，承担了全国 1/4 货物进出口额的口岸功能。上海港集装箱吞吐量超过 4 000 万标箱/年，连续多年全球排名第一位。陆家嘴金融片区是上海国际金融中心的核心区，拥有上海证券交易所、上海期货交易所、上海保险交易所等 13 家金融要素市场和金融基础设施，持牌类金融机构超过 1 000 家。张江高科技园区在全国科技园区中排名前列。金桥开发片区是上海先进制造业核心功能区。世博园区是 2010 年上海世界博览会的主会场所在地。临港新片区是集成电路、航天航空、生物医药、人工智能、绿色再造、装备产业的重要基地。

1.4.2 上海自贸试验区改革试点早，成果多，影响大

上海自贸试验区率先推进外资准入负面清单管理、国际贸易"单一窗口"、加强政府事中事后监管、"证照分离"改革、"一网通办"、自由贸易（FT）账户、建立金融平台、保税展示、保税维修等，对全国自贸试验区和全国范围的改革产生了深远影响。迄今，国家层面向全国或特定区域复制推广的 260 项制度创新成果中，有124 项为上海自贸试验区首创或与其他地方共同总结形成的，可以说上海自贸试验区为全国提供了上海经验。

1.4.3 上海自贸试验区助推上海经济转型发展

上海自贸试验区着力促进上海国际经济中心、国际金融中心、国际贸易中心和国际航运中心建设，推动以金融、服务及关键核心技术为突破口的前沿产业发展。上海自贸试验区保税、金融、高科技、高端制造业、世博片区面积达 120 平方公里，地区生产总值超过 7 500 亿元人民币，税收总额超过 2 600 亿元，经济集聚度高，单位土地产出率高，以上海 1/50 的土地创造了全市 1/4 的 GDP（约 7 500 亿元）和2/5的贸易总额。

1.4.4 临港新片区率先试点"五个自由、一个便利"制度体系

2018 年 11 月，国家主席习近平在首届中国国际进口博览会开幕式主旨演讲中宣布，"增设中国上海自贸试验区的新片区"。习近平总书记亲自指导和推进上海临港新片区的建设。2019 年新设立的临港新片区形成了八大制度体系，即"五个自由、一个便利"（投资自由、贸易自由、资金自由、国际运输自由、人员从业自由、国际数据有序流动便利）制度体系、具有国际竞争力的税收制度、全面风险防控体系，推进建设开放型产业体系，针对国家"卡脖子"产业开展大胆探索。临港新片区建设洋山特殊综合保税区，作为海关特殊监管区域的一种新类型，探索实施以安全监管为主、具备更高水平贸易自由化便利化的监管政策。

1.4.5　上海自贸试验区努力更好发挥全国标杆作用

习近平总书记多次亲自考察上海自贸试验区的建设情况。2016 年 12 月，习近平总书记对上海自贸试验区建设作出重要指示，他强调"建设上海自贸试验区是党中央、国务院在新形势下全面深化改革和扩大开放的一项战略举措。3 年来，上海市、商务部等不负重托和厚望，密切配合、攻坚克难，紧抓制度创新这个核心，主动服务国家战略，工作取得多方面重大进展，一批重要成果复制推广到全国，总体上实现了初衷"。

2017 年 3 月，习近平总书记参加十二届全国人大五次会议上海代表团审议时强调，"百舸争流，奋楫者先，希望上海的同志牢记使命、不负重托、再接再厉，继续当好全国改革开放排头兵和科学发展先行者，坚持以制度创新为核心，推进中国上海自由贸易试验区建设，努力走出一条符合特大城市特点和规律的社会治理新路子"。

上海自贸试验区遵照中央的战略部署和改革要求，强化使命担当，继续解放思想，勇于突破，对照最高标准查找短板弱项，找准改革突破口，继续当好全国标杆。

上海浦东新区作为地方一级政府，积极探索政府组织架构的优化。如建立"市场监督局"，整合工商管理、质检、食药监、物价等政府部门；建立新"知识产权局"，整合专利、商标、版权管理，加强知识产权保护，提供综合服务，如推出"知识产权金融卡"，对创新企业起到很大支持作用；建立"科技和经济委员会"，合并科学技术委员会和经济与信息委员会，为企业科技创新和产业化提供全产业链服务；新建"海外人才局"。上海自贸试验区陆家嘴金融片区管理局由政府派出机构改为法人机构。

自贸试验区实施了一系列改革，其中也有一些政策试行后有所调整。如境外投资政策和金融创新。在改革初期，境外投资一般项目都只需备案，现在把境外投资分成三类——鼓励类、限制类和禁止类，有些境外投资项目受到限制，如到境外买房地产、收购酒店、收购好莱坞等。金融创新在实施过程中也有一些收紧，如资本项目可兑换，原先要大力推进，现在提倡有序推进。自贸试验区的改革探索不是照搬国际规则，而是符合中国国情，符合中国经济发展阶段的要求。

1.5 自贸试验区的新格局、新使命和新作为

习近平总书记在自贸试验区建设五周年作出重要批示,他指出"建设自由贸易试验区是党中央在新时代推进改革开放的一项战略举措,在我国改革开放进程中具有里程碑意义。五年来,各自由贸易试验区认真贯彻党中央决策部署,锐意进取,勇于突破,工作取得重大进展,一大批制度创新成果推广至全国,发挥了全面深化改革的试验田作用"。

习近平总书记强调,"面向未来,要在深入总结评估的基础上,继续解放思想、积极探索,加强统筹谋划和改革创新,不断提高自由贸易试验区发展水平,形成更多可复制可推广的制度创新成果,把自由贸易试验区建设成为新时代改革开放的新高地,为实现'两个一百年'奋斗目标、实现中华民族伟大复兴的中国梦贡献更大力量"。

根据中央战略部署,自贸试验区这一组织形式将在中国国民经济发展中发挥长期作用,发挥更大作用。自贸试验区改革试点将从3—5年短中期改革任务转变到长期战略定位,从制度创新"试验田"升级到"试验田+特殊经济功能区",从"制度创新"单轮驱动提升到"制度创新+新旧动能转换"双轮驱动。

第一,更加重视"首创性"改革和"制度集成创新"改革。自贸试验区的改革要走在全国前面,不是简单优化程序,要坚持大胆试、大胆闯、自主改,彰显改革开放试验田标杆示范带动引领作用。制度集成创新是要解决改革推进"碎片化"的状态,克服政府组织机构按部门划分管理范围的局限。制度集成创新的内容十分丰富,包括政府部门之间的系统集成、不同层级政府部门之间的统筹等,要通过信息化管理的系统集成将制度创新、科技创新和产业创新更好地结合起来。

第二,率先落实国家开放新政策和中国倡导的国际经贸新规则。近年来,国家推出一系列扩大开放新法律和新政策,如《中华人民共和国外商投资法》(简称《外商投资法》)、《中华人民共和国外商投资法实施条例》(简称《外商投资法实施条例》)、《外商投资准入特别管理措施(负面清单)(2020年版)》《优化营商环境条

例》，以及跨境服务贸易负面清单等。中国正在加快推进国家（地区）之间的自由贸易协定、投资保护协定等的谈判和签署工作，并在这些新协议中体现中国倡导的国际经贸新规则。自贸试验区应率先落实国家开放新政策和经贸新规则，形成更多实践经验和案例，发挥示范作用。

第三，聚焦重点发展产业并推进差异化改革。全国自贸试验区有60多个片区，产业涵盖丰富，产业特色鲜明。深化差异化改革有三个方向。一是根据各自的产业基础和特色，针对国家"卡脖子"产业领域，大胆探索，开展聚焦产业的制度创新，补短板，突破瓶颈问题。二是大力发展新技术、新业态、新模式和新产业，如跨境电商、数字贸易、数字经济、服务贸易、离岸业务等。三是结合地方实际，加强国际经贸合作，构建跨境产业体系，合作建设国际大通道、重点口岸和跨境产业园区，加强边境经贸合作。

第四，持续优化营商环境和创新环境。公平公正、透明度高、可预期、对各类企业一视同仁、鼓励有序市场竞争的良好营商环境，是市场机制发挥资源配置作用的重要基础。优化营商环境有三个层次：一是营商环境评估和优化，用数据说话，作纵向横向比较，如"世界银行营商环境评估指标""国家发展改革委员会营商环境评估指标"；二是聚焦重点产业和企业感受度，优化创新环境和人才发展环境；三是加强区域合作，共建大环境。持续优化营商环境，使营商环境没有最好，只有更好。

第五，在"双循环"新发展格局下发挥重要作用。在复杂多变的国际环境下，中国要"加快形成以国内大循环为主体、国内国际双循环相互促进的新发展格局"。自贸试验区具有开放度高、国际经贸业务活跃的特点，在双循环新发展格局中拥有天然优势。在"双循环"新发展格局下，一方面自贸试验区要成为国内国际双循环的重要节点，更好激发市场活力；另一方面自贸试验区要通过科技策源和产业创新，突破关键技术、关键零部件、关键环节的"卡脖子"问题，提升和巩固国内产业链。

第六，形成自贸试验区和城市发展的联动机制。在自贸试验区建设中，会出现许多工作难点和"不对称"现象。例如，为国家试制度、为地方谋发展这两方面如何更好地结合起来。再如，许多改革任务超出自贸试验区管委会的范畴，如政府转变职能，这需要在地方一级政府层面展开。要解决这种"不对称"问题，形成联动机制是一个好方法，具体包括：自贸试验区与城市发展目标的联动、与地方一级政府转变职能的联动、与城市重点产业发展的联动、与其他产业园区的联动。这样做，可以拓展自贸试验区制度创新的应用范围，加强自贸试验区改革任务和政府组织层面的对接，丰富制度创新的差异化探索，提升企业和城市居民对改革的感受度。

第七，自觉服务国家发展大局、服务国家战略。全国自贸试验区根据中央部署，发挥各自的优势，力求把自身发展与国家发展大局更好地结合起来，开展更大范围、更广领域、更深层次的改革探索，更好地服务国家规划和战略，包括"一带一路"倡议、京津冀一体化、长三角一体化、粤港澳大湾区、中西部开放新高地、东北老工业基地、国际大通道等，还有科技创新战略，建设更高水平的开放型经济新体制，等等。

第 2 章
以负面清单为核心的投资体制改革[*]

2.1　市场准入负面清单制度的内涵

2.1.1　市场准入的概念

　　市场准入是指规制市场主体或交易对象进入市场的制度。从市场运行的视角分析,建立市场准入制度,包括设置市场准入的范围、条件、程序,违反准入规制的后果,以及相应的法律法规等。市场准入有"主体准入"和"行为准入"等类型。例如,设立一家新企业需要哪些条件,如何获取"营业执照",如何成为独立经营主体,这被称为"主体准入"。再如,若企业要从事武器装备枪支的研发和生产,需要事前获得政府的许可,这被称为"行为准入"。

　　当市场准入问题涉及外国投资、国际贸易、服务贸易等领域时,需要区分本国投资者和外国投资者。外国投资者的市场准入,涉及国际投资东道国和母国的法律法规,国际贸易来源国和目的国的法律法规,以及国际公约、国际惯例、国际规则等。例如,《服务贸易总协定》(General Agreement on Trade in Services,简称GATS)给出了各缔约方服务贸易领域的市场准入、国民待遇和争端解决机制等。

---

　　[*]　本章部分内容发表在《实施外商投资负面清单管理制度,形成更加开放透明的投资环境》,国务院法制办网站,2018 年 1 月 10 日;《探索中国(上海)自贸试验区负面清单管理模式》,《中国社会科学报》2015 年 12 月 8 日。

在中国,有关市场准入的政策文件和法律法规有:外商投资市场准入特别管理措施(负面清单)、鼓励外商投资产业目录、《外商投资法》《中华人民共和国公司法》《优化营商环境条例》,以及不同政府部门和不同行业的有关市场准入的条例、规章、通知、细则等政策文件。

推进市场准入制度的改革,需要解决的问题有四个方面。第一,准入机构繁多、权力设置复杂。不同政府部门权力范围重叠交叉,存在多头审批、多层审批等问题。第二,准入政策文件繁多。据内部研究,2013 年自贸试验区投资管理体制改革之前,各级政府和不同政府部门的准入政策文件多达 17 万种,准入措施有9 000 多条。第三,准入程序不透明、程序复杂,审批机构和人员的自由裁量权过大。第四,存在"寻租""腐败"等情况。"寻租"行为表现为当事人为了获取市场准入的许可,或者为了阻止他人获取许可而向主管官员行贿。

2.1.2 市场准入负面清单制度

市场准入负面清单制度,是指国务院以清单方式明确列出在中华人民共和国境内禁止和限制投资经营的行业、领域、业务等,各级政府依法采取相应管理措施的一系列制度安排。[①]对于市场准入负面清单以外的行业、领域、业务等,各类市场主体皆可依法平等进入。

市场准入清单有两种形式——外资准入负面清单与市场准入负面清单,前者适用于外商投资者,从国家安全、产业安全等角度考虑,提出对外商投资的禁止或限制措施,后者适用于境内外投资者,对内外资企业一视同仁,是国民待遇的准入清单。

外资准入负面清单(negative list,又称不符措施列表、特别管理措施清单、否定清单等)是一张由限制类和禁止类措施形成的清单。对于没有被列入负面清单的行业或模式,外商投资可享受准入前国民待遇。国民待遇是指享受本国企业同等待遇。国民待遇有准入前和准入后两种类型,前者包括外资设立、获取、扩大等,后者包括外资管理、经营、运营、出售或其他投资处置方式等。

负面清单管理采用的是"逆向思维"管理方法,具有系统性强、文本简洁、便于

---

① 《国务院关于实行市场准入负面清单制度的意见》(国发〔2015〕55 号),2015 年 10 月 19 日。

管理等特点,有助于形成开放度高、透明度高、可预期的营商环境。长期以来中国采用正面清单管理模式,逐步推进对外开放,承受风险较小,而采用负面清单管理模式,既要完整表述,又要有前瞻性,难度明显加大。开展负面清单管理,需要形成行之有效的管理模式,激发企业投资活力,防范可能发生的风险。

2013 年 11 月,中共十八届三中全会通过的《决定》就中国投资管理体制改革明确提出三项任务:(1)探索对外商投资实行准入前国民待遇加负面清单的管理模式;(2)实行统一的市场准入制度,在制定负面清单的基础上,各类市场主体可依法平等进入清单之外的领域;(3)简政放权,深化行政审批制度改革,转变政府职能。

2017 年 10 月,中共十九大报告提出"贯彻新发展理念,建设现代化经济体系""全面实施市场准入负面清单制度,清理废除妨碍统一市场和公平竞争的各种规定和做法,支持民营企业发展,激发各类市场主体活力。深化商事制度改革,打破行政性垄断,防止市场垄断""加快发展服务业,放宽服务业准入限制,完善市场监管体制"。

形成市场准入负面清单制度的重大意义有四个方面。其一,在新形势下建设高水平开放型经济新体制。对外开放是中国的基本国策。在世界多极化、经济全球化、国际格局深刻变化、创新引领作用日趋明显的新形势下,要扩大开放,以开放促改革、促发展、促创新。其二,对接国际通行投资贸易规则。主要指各类自由贸易协定和国际性文件中体现的国际规则[目前已经是第四代规则(李光辉,2015)],以及世界各国在不同领域的先进管理模式。其三,不断优化和改善中国的投资环境和营商环境,吸引和促进更多的投资。

2.2　上海自贸试验区投资领域的改革探索

2.2.1　中央政府的"顶层设计"

中央政府对上海自贸试验区的改革试点极为重视,以系统化改革推进"顶层设计",分阶段提出改革任务,要求上海自贸试验区发挥好"试验田"的作用。

2013 年 9 月、2015 年 4 月、2017 年 3 月、2019 年 7 月,国务院分别印发了《中国(上海)自由贸易试验区总体方案》(简称《总体方案》)、《进一步深化中国(上海)自由贸易试验区改革开放方案》(简称《深改方案》)、《全面深化中国(上海)自由贸易试验区改革开放方案》(简称《全改方案》),以及《临港新片区总体方案》。

围绕投资管理领域,上述方案均分别给出了具体的重大改革任务。在《总体方案》中,提出"服务业扩大开放""探索建立负面清单管理""形成与国际接轨的外商投资管理制度""构筑对外投资服务促进体系"等改革任务。在《深改方案》中,提出"完善负面清单管理模式""社会信用体系""信息共享和服务平台""综合执法体系""社会力量参与市场监督制度""外商投资和境外投资管理制度""商事登记制度""企业准入'单一窗口'制度"等改革任务。在《全改方案》中,提出"市场准入管理模式""全面深化商事登记制度改革""全面实现'证照分离'"等改革任务。在《临港新片区总体方案》中,提出"外商投资安全审查制度""电信、保险、证券、科研和技术服务、教育、卫生等重点领域加大对外开放力度""商事主体登记确认制""国际商事纠纷审判组织建设"等改革任务。具体情况参见表 2.1。

表 2.1　国务院要求上海自贸试验区在投资管理领域的改革任务

文　件	投资管理领域的改革任务	发布部门、批号及时间
《中国(上海)自由贸易试验区总体方案》	(二)扩大投资领域的开放。1.扩大服务业开放。2.探索建立负面清单管理模式。在总结试点经验的基础上,逐步形成与国际接轨的外商投资管理制度。3.构筑对外投资服务促进体系	国务院,国发〔2013〕38 号,2013 年 9 月
《进一步深化中国(上海)自由贸易试验区改革开放方案》	(一)加快政府职能转变。1.完善负面清单管理模式。2.加强社会信用体系应用。3.加强信息共享和服务平台应用。4.健全综合执法体系。5.健全社会力量参与市场监督制度 (二)深化与扩大开放相适应的投资管理制度创新。13.进一步扩大服务业和制造业等领域开放。14.推进外商投资和境外投资管理制度改革。15.深化商事登记制度改革。16.完善企业准入"单一窗口"制度	国务院,国发〔2015〕21 号,2015 年 4 月
《全面深化中国(上海)自由贸易试验区改革开放方案》	二、加强改革系统集成,建设开放和创新融为一体的综合改革试验区。(三)建立更加开放透明的市场准入管理模式。(四)全面深化商事登记制度改革。(五)全面实现"证照分离"	国务院,国发〔2017〕23 号,2017 年 3 月

续表

文　件	投资管理领域的改革任务	发布部门、批号及时间
《中国(上海)自由贸易试验区临港新片区总体方案》	实施公平竞争的投资经营便利。实施外商投资安全审查制度,在电信、保险、证券、科研和技术服务、教育、卫生等重点领域加大对外开放力度。探索试行商事主体登记确认制。深入实施"证照分离"改革。支持新片区加强国际商事纠纷审判组织建设。允许境外知名仲裁及争议解决机构在新片区内设立业务机构和开展仲裁业务	国务院,国发〔2019〕15 号,2019 年 7 月

资料来源:笔者根据公开资料整理。

上海自贸试验区在浦东新区行政辖区内,上海浦东是国家级新区,也是全国改革开放的引领区。中央政府专门给予浦东新区许多改革任务,上海自贸试验区自然承接了这些改革任务。2015 年 12 月,国务院印发《上海市开展"证照分离"改革试点总体方案》,在浦东新区开展改革试点,试点期为 3 年。2020 年 12 月,国务院印发《上海市浦东新区开展"一业一证"改革试点大幅降低行业准入成本》。

2021 年 7 月,中共中央、国务院印发《关于支持浦东新区高水平改革开放打造社会主义现代化建设引领区的意见》。其中,就投资管理领域提出了"市场准入承诺即入制"、制定浦东放宽市场准入特别措施清单、深化"一业一证"改革、实施以公平为原则的产权保护制度、保护民营经济产权、反不正当竞争执法、深化产业用地"标准化"出让方式改革、推动全球高端人才引进"直通车"制度,以及风险防范等改革任务。

在中央政府的"顶层设计"下,上海自贸试验区有步骤、分阶段、系统化地推进改革试点,通过创新实践,形成可复制推广的经验案例,从而有效促进自身经济发展。

2.2.2　上海自贸试验区的"创新实践"

1. 率先探索和编制外资准入负面清单

在国家部委的指导下,2013 年 9 月、2014 年 6 月上海市政府分别编制和印发了《中国(上海)自由贸易试验区外商投资准入特别管理措施(负面清单)》(2013 年版和 2014 年版),该文本适用于上海自贸试验区。加上前期研究、编制工作和实施评估工作,从 2013 年 4 月至 2015 年 3 月历时约两年时间。

上海自贸试验区率先试行外资负面清单管理,逐步厘清了一些制度建设的疑问。例如,明确了中国制定外资政策是中央事权,阻止了各地政府编制外资负面清单的冲动。再如,有学者建议,编制外资负面清单应采用国际产业分类法,经反复研究论证,负面清单采用中国国民经济产业分类标准,这既符合国际惯例(如北美自由贸易协定),也便于实际操作、标准衔接和信息管理。还有,对于新兴产业的外资准入问题,借鉴国际上外资准入负面清单编制的规范要素等。

同时,在上海自贸试验区内暂时调整相关法律、行政法规和国务院文件,为探索负面清管理提供了保障。例如,在外资负面清单(2013 年版)的实施中,全国人大常委会和国务院已分别发布决定,在上海自贸试验区内暂时调整实施 3 部法律、15 部行政法规、3 部国务院文件的有关规定。上海市也配合国家有关部门形成暂时调整实施行政法规和相关文件的方案,按规定程序报国务院审批并推进实施。

随着广东、天津、福建自贸试验区的建立,以及之后扩大到 11 个自贸试验区,国务院分别印发了外资负面清单(2015 年版和 2017 年版)。之后,国家发改委和商务部印发了外资负面清单(2019 年版和后续版本),外资负面清单逐步在全国自贸试验区,以及全国各地实施。

2. 形成一整套负面清单管理方法和工作流程

围绕外资负面清单,需要改变管理方法和流程,需要由正面清单管理模式向负面清单管理模式转变。主要内容有:其一,外商投资企业或投资项目,由原"逐项审核制"转变为"审核制＋备案制",即负面清单以内的外商投资项目核准和企业合同章程审批,仍需要政府部门审批,其余的均改为备案管理。其二,完善外资备案管理流程,外资准入可以进行网上备案,备案结果在网上公示,外资信息由政府部门共享,备案机构进行定期核查,这些措施提高了行政透明度。

采用负面清单管理后,外商投资备案准入的比例超过 85%,达到政策设计的预定目标。并且,外资企业备案可当天完成,比原本平均 8 天时间大为缩短。外商投资便利化程度显著提高,从而提高了外资的积极性,外商投资企业和投资项目明显增加。实践证明,外资负面清单管理模式简明清晰、透明度高、流程简化,降低了外资企业运行成本,提高了工作效率,得到外资企业和市场的一致好评。

3. 实施服务业扩大开放政策

2013 年上海自贸试验区总体方案明确了 23 项服务业扩大开放措施,2014 年又进一步提出涵盖 18 个国民经济大类的 31 条开放措施(共 2 批 54 条措施)。服务业扩大开放有六大领域,即金融服务、航运服务、商贸服务、专业服务、文化服务和社会服务等领域,内含 18 个行业,如银行服务,专业健康医疗保险,融资租赁,远洋货物运输、国际船舶管理,增值电信,游戏机、游艺机销售及服务,律师服务,资信调查,旅行社,人才中介服务,投资管理,工程设计,建筑服务,演出经纪,娱乐场所(区内提供服务)、教育培训、职业技能培训,医疗服务等。具体开放措施有暂停或取消资质要求、股比限制、经营范围限制等准入限制措施(银行业机构、信息通信服务除外)。

服务业扩大开放需要改变原有的行业规定,并形成一系列配套政策和措施。服务业分类很细,行业之间差异较大,有十分具体和细致的行业规定及服务标准,如教育、金融、交通运输、卫生医疗、旅游业等。在新的开放政策下,如果不及时调整服务业行业规定,就会形成"大门开、小门关"的现象。同时,还需要有配套措施。例如,允许外资合资开设医院,需要解决医疗价格、医生资质要求、药品管理、患者就医费用能否进入医保系统等问题。如果这些问题不解决,就难以实施服务业扩大开放的国家政策。

通过不断解决服务业开放中的具体问题,开放新政策取得了显著成效。3 年多来,累计有超过 2 000 个外资服务业项目落户上海自贸试验区,其中有首家专业再保险经纪公司、首家合资道路运输公司、外商独资游艇设计公司、外商独资国际船舶管理公司、外资医院、外资认证机构、合资邮轮公司、中外合资旅行社、欧洲最大独立资产管理机构、外商独资职业技能培训机构等。

4. 探索金融服务业对外开放负面清单和跨境服务贸易负面清单

2017 年 6 月,在国家有关部委的支持下,上海自贸试验区管委会和上海市金融办联合发布《中国(上海)自由贸易试验区金融服务业对外开放负面清单指引(2017 年版)》,为金融服务业专设负面清单指引,在国内属于首次。该指引从外资投资设立金融机构管理(市场准入限制)和外资准入后业务管理措施(国民待遇限制)两方面,涵盖股东机构类型要求、股东资产规模要求、股东经营业绩要求、股权结构限制等 10 个类别,共设置 48 项特别管理措施。该指引的发布为外资了解和进入中国金融领域提供了便利,也为中国金融业进一步扩大开放进行了积极有益的探索。

2018 年 10 月,上海市政府发布《中国(上海)自由贸易试验区跨境服务贸易负面清单管理模式实施办法》和《中国(上海)自由贸易试验区跨境服务贸易特别管理措施(负面清单)(2018)》,标志着自贸试验区跨境服务贸易负面清单管理模式建立。这是中国第一部确定以负面清单模式对服务贸易进行管理的地方政府文件,内容主要包括:明确跨境服务贸易的定义,确立跨境服务贸易管理与开放的基本原则,建立负面清单管理模式,明确部门管理职责,明确规定试点开放领域应当配套风险防范制度,等等。负面清单在结构上分为"编制说明"和"特别管理措施列表"两部分内容。上海市率先探索的跨境服务贸易负面清单管理模式是一项立足上海、服务全国、对标国际的制度创新,有利于中国积极应对国际经贸格局、贯彻落实国家扩大开放举措、提升服务贸易国际竞争力。具体情况见表 2.2。

表 2.2　上海自贸试验区金融服务业对外开放负面清单和跨境服务贸易负面清单

改革探索	文　件	主要内容	发布部门及时间
金融服务业对外开放负面清单指引	《中国(上海)自由贸易试验区金融服务业对外开放负面清单指引(2017 年版)》	含使用说明和表单两部分。表单部分列明外资投资设立金融机构管理(市场准入限制)和外资准入后业务管理措施(国民待遇限制)两方面共 10 个类别、48 项特别管理措施	上海市金融服务办公室和上海自贸试验区管委会,2017 年 6 月 26 日
全国首份跨境服务贸易负面清单	《中国(上海)自由贸易试验区跨境服务贸易负面清单管理模式实施办法》	全文共 15 条,含跨境服务贸易的定义、跨境服务贸易管理与开放的基本原则、负面清单管理模式、部门管理职责、规定试点开放领域应当配套风险防范制度等	上海市人民政府,〔2018 年第 1 号〕,2018 年 9 月 29 日
	《中国(上海)自由贸易试验区跨境服务贸易特别管理措施(负面清单)(2018)》	含"编制说明"和"特别管理措施列表"两部分内容。根据《国民经济行业分类》(GB/T4754-2017),共梳理出 159 项特别管理措施,涉及 13 个门类、31 个行业大类	

资料来源:笔者根据相关资料整理。

5. 工商登记改革和商事登记改革

自 2013 年起,上海自贸试验区开展工商登记改革,后深化为商事登记改革。工商登记改革采用了"先照后证"的思路,将营业执照和经营许可证适度分离,方便企业领取营业执照。具体方法有:简化办照程序、缩短流程时间、企业注册资本"实缴"改为"认缴"、采用"一口受理"工作机制、三证合一(营业执照、组织代码和税务证)、五证合一(增加社会保险、统计等)、一照一码等。通过"先照后证"改革试点,大大缩短了企业获取营业执照的时间,由原本需要 30 天缩短为 4—6 个工作日。

将工商登记前置审批事项,逐步减少乃至取消或调整为后置审批事项。2004 年国务院经过三批集中调整,将原工商登记前置审批 226 项保留为 34 项;2007 年 5 月,再削减 5 项。至此,工商登记前置审批事项有 87 项改为后置审批或取消。2017 年 5 月,国家工商总局发布的《工商登记前置审批事项目录》和《企业变更登记、注销登记前置审批指导目录(2017 年 5 月)》分别含审批事项 28 项和30 项,前置审批事项已经大幅度削减。

2014 年 1 月,上海市浦东新区政府合并工商管理、质检、食药监等部门,成立市场监督局。新的市场监督局实现了服装、标示、信息平台、财务管理、办公场所、规章制度等"六个统一"。组建基层市场监管所,全面下移重心,局内设机构从29 个缩减到 18 个,减少了 38%,基层一线人员占 80% 以上。优化管理模式,将市条线管理改区属地管理,提升监管能力。这项改革提高了政府工作效率,加强了对食品安全、环境保护、生产安全等薄弱环节的监管,受到企业和居民群众的一致好评。

6. "证照分离"改革试点

2015 年 12 月,为了解决企业"准入不准营"、办理各种类型"许可证"难等问题,在"先照后证"工商登记改革的基础上,国务院决定在浦东新区推进"证照分离"改革试点,选择了 116 项许可和行政审批事项,按"完全取消审批""审批改为备案""告知承诺""提高透明度和可预期性""强化准入监管"等方式开展试点,同时实施综合监管措施,包括协同监管、分类监管、自律监管、社会监督和动态监管等。

2017 年 9 月,国务院决定,将 2015 年浦东新区率先开展"证照分离"改革试点、清理 116 项行政许可事项的做法,推广到天津、辽宁、浙江、福建、河南、湖北、广东、重庆、四川、陕西 10 个自贸试验区。同期,广东、福建等省开始推进这项改革。

广东省制定了《广东省推进"证照分离"改革总体方案》,该方案更为优化,如合理区分前置审批和后置审批、行政审批事项涵盖面、改革分类方法、改革事项目录编制规范等。

2018年1月,国务院常务会议决定,在前期已对116项审批事项开展"证照分离"改革试点并向全国各自贸试验区推广的基础上,由上海进一步在浦东新区对商事制度、医疗、投资、建设工程、交通运输、商务、农业、质量技术监督、文化、旅游等10个领域47项审批事项进行改革试点,推进"照后减证"措施。探索减少和取消不合理、不必要的许可审批事项。通过"照后减证"改革,政府把更多精力从关注事前审批转移到事中事后监管上来。

7. 政府事中事后监管模式

政府部门在大幅度减少市场准入前端的审批事项后,借鉴国际经验,需要加强事中事后监管,政府对市场有效运行负有监管责任。2013年9月,上海自贸试验区形成了"事中事后监管1.0版本",该版本含六个方面内容,如建立国家安全审查制度、反垄断工作机制、企业年报公示和经营异常名录制度、社会信用体系、政府信息共享和综合执法、社会力量参与市场监督。

2016年8月,在前期改革的基础上,上海市政府制定了《进一步深化中国(上海)自由贸易试验区和浦东新区事中事后监管体系建设总体方案》,提出了事中事后监管的总体目标,形成法治化、国际化、便利化的营商环境,构建市场主体自律、业界自治、社会监督、政府监管互为支撑的监管格局。工作内容含八个方面,共计27个条目。具体包括:市场主体自律、探索业界自治、推动社会监督、加强政府监管、强化专业监管、创新监管体制机制、创新监管方式方法、加强监管基础平台建设。

开展事中事后监管,要依托互联网和大数据技术,要建设三大信息平台。一是网上政务大厅,"互联网+政务服务",如浦东e家园、网上督查室等。二是公共信用信息服务平台,为法人和个人提供公共信用服务。三是政府部门综合监管平台,有信息查询、数据分析、风险预警、协同监管、联合奖惩等功能,实现政府部门的信息共享和综合执法。

8. 率先开展"一业一证"改革和国务院批复

2019年7月,浦东新区推出"一业一证"改革试点,这是一项全国首创性改革。"一业一证"改革,即把一个行业准入在政府侧涉及的多个审批事项整合为企业侧的"一张许可证"。在便利店、体育健身场馆、宾馆、饭店、小餐饮、现制现售小商铺、烘焙店/面包房、咖啡店/茶馆、酒吧、药店 10 个行业内试行。

以开设便利店为例,要办理"食品经营许可证""酒类商品零售许可证""药品经营许可证""第二类医疗器械经营备案凭证""烟草专卖零售许可证"5 张许可证,需要准备 5 套申请材料,往返各个部门及窗口递交材料。改革后只需要办理一张"行政综合许可证"。9 张申请表变成 1 张综合行业许可证的申请;填表要素从 313 项减少到 98 项,申请材料从 53 份减少到 10 份;申办时间从原先约 38 个工作日缩短为 5 个工作日。这大大降低了企业行政成本,也提高了企业运营效率。

在"一业一证"改革的背后,浦东探索了"六个一"流程再造,即"一帽牵头",一个行业由一个部门牵头建立"放管服"高效协同机制;"一键导航",重构审批事项指引方式;"一单告知",对审批条件进行标准化集成,形成一张准确、清晰、易懂的告知单;"一表申请",将多张申请表合并集成为一张申请表,系统在申请材料中抓取数据自动填写;"一标核准",梳理整合一个行业涉及的多个审批环节,变"串联"为"并联";"一证准营",把一个行业准入的多张许可证进行整合。

2020 年 11 月,国务院印发《上海市浦东新区开展"一业一证"改革试点大幅降低行业准入成本总体方案》,同意在浦东新区开展"一业一证"改革试点。主要任务有:对首批 31 个试点行业建立行业综合许可制度,创新和加强事中事后监管,进一步深化改革创新,做好改革实施保障。试点期为自批复之日起至 2022 年底。

从原生活性服务业 10 个行业拓展到涵盖生产性服务业 31 个行业,新增互联网电商、互联网医院、会计师事务所、数据中心、建设工程施工、建设工程勘察设计、建设工程监理、一二级病原微生物实验室等。纳入全国事权,如会计师事务所涉及的"从事证券服务业务备案"属于中国证监会和财政部的审批事权,建设工程施工中的"施工企业资质认定"属于住房城乡建设部的审批事权。配套授权 25 项,国务院部门实施的 25 项行政许可事项委托上海浦东新区办理。

2021 年 3 月底,推动仅涉及地方事权的 25 个试点行业落地发证,研究在更大区域范围推广改革试点经验。2021 年 6 月底,推动涉及国家事权的 6 个试点行业落地发证。2021 年底前,推动创新和加强事中事后监管、深化告知承诺制改革、探索智能审批模式等试点任务全面实施,积极争取在浦东新区进一步扩大改革试点行业范围。

9. 实施亚太营运商计划和"X+1"扶持体系

上海自贸试验区探索实施亚太营运商计划。该计划旨在把将有条件的区内企业培育成为统筹国内、国际市场,统筹在岸、离岸业务,统筹贸易、物流和结算功能的亚太区营运总部。

在借鉴国际先进经验的基础上,研究实施"X+1"组合式政策扶持体系。其中"X"指海关、检验检疫、外汇、工商、税务、公安等职能部门推出的功能政策和便利化措施,内容涵盖诚信管理、快速通关、外汇便利、功能拓展、企业服务等各个方面。"1"主要指个性化的财政扶持政策。这些政策措施将根据企业发展需求,予以持续改进优化,并以备案制方式直接覆盖加入亚太营运商计划的所有企业。通过亚太营运商计划实施,统筹整合跨国公司亚太贸易、物流、结算功能,提升城市和区域的国际竞争力。

10. 境外投资服务促进

为了支持中国企业"走出去",需要建立新的境外投资服务促进机制。原先,中国企业境外投资项目和投资企业需要"逐项审批",需要有"获准批件",审批周期长,程序烦琐,通常需要2—3个月周期时间。当企业获得境外投资"批件"时,有可能国际市场环境已经变化,最佳投资时间窗口已经关闭。新境外投资政策的核心,是将"逐项核准制"改为"备案制+核准制"。

2013年9月,上海市政府颁布了《试验区境外投资项目备案管理办法》《试验区境外投资开办企业备案管理办法》,给出了境外投资的新管理办法。核心内容有:对于境外投资一般项目,由原"核准制"改为"备案制",自贸试验区管理委员会作为权限内备案机关(受理平台)。同时,建立投资服务促进机制,为境外投资提供法律支持、信息查询和人员培训,为境外投资企业和人员提供安全保障。建立多部门共享的信息监测平台,提供境外投资事后管理和服务,改革对外直接投资统计和年检。支持多种形式的境外投资,包括境外股权投资的项目公司、投资母基金等,完善境外投资的金融支持系统。

2014年4月,国家发改委颁布《境外投资项目核准和备案管理办法》,进一步明确境外投资"核准+备案"的管理方法。

多年来,中国企业在境外投资出现了一些新问题:例如,一些企业开展境外投资缺乏系统规划和科学论证,盲目决策,造成较大损失;又如,一些企业将境外投重点放在房地产等非实体经济领域,导致资金跨境流出大幅增加,冲击中国金融安全;再如,一些企业忽视投资目的国的环保、能耗、安全等要求,引发矛盾和纠纷,既造成经济损失,也损害中国的对外形象。针对这些情况,2017 年 8 月国务院办公厅转发《进一步引导和规范境外投资方向的指导意见》。该意见提出鼓励、限制、禁止三类境外投资活动,其中鼓励有 6 类、限制有 5 类、禁止有 5 类。根据该意见,境外投资房地产、酒店、影城、娱乐业、体育俱乐部等领域属于限制类。按照积极鼓励、适度限制、严格禁止的原则,引导企业合理把握境外投资方向和重点。在完善管理机制方面,强调将加强境外投资真实性、合规性审查,防范虚假投资行为,建立健全境外投资黑名单制度、部门间信息共享机制、国有企业境外投资资本金制度等,从而有效防范各类风险。

2017 年 12 月,国家发改委发布《企业境外投资管理办法》,《境外投资项目核准和备案管理办法》同步废止。该方法补齐管理短板,将境内企业和自然人通过其控制的境外企业开展境外投资纳入管理框架,采取精准化的管理措施。同时,创新监管工具,改进协同监管和全程监管,以及完善惩戒措施,建立境外投资违法违规行为记录。

至此,从上海自贸试验区率先试点到国家层面新政策文件的形成,中国境外投资的新制度框架基本形成,既鼓励和方便了中国企业开展境外投资,又加以必要的规范和监管,建立风险防范机制,防范企业境外投资大面积亏损的风险,防范境外投资对金融系统冲击的风险。

11. 调整现有法律法规,为改革实践提供法律保障

具体有调整法律、调整行政规章和立法建设三种类型。一是调整法律。如外资负面清单(2013 年版)的实施,由全国人大常委会授权和国务院发布决定,在自贸试验区内暂时调整实施"外资三法"和《台湾同胞投资保护法》的有关行政审批条款,使得凡负面清单之外领域的外商投资,从"逐项审批"改为"备案"。二是调整行政规章。如外资负面清单(2013 年版)的实施,曾调整了 15 部行政法规、3 部国务院文件的有关规定。三是立法建设。《中华人民共和国外国投资法(草案征求意见稿)》早已颁布,自贸试验区前期改革成果以及全国复制推广的成效,将为新法律立法提供有力佐证。

以负面清单为核心的投资管理体制改革,是上海自贸试验区制度创新的重中之重,所形成的改革试点经验正在逐步向全国自贸试验区和全国各地复制推广;可以说,对于全国的改革开放,上海自贸试验区发挥了排头兵和"国家试验田"的作用。

12. 制定浦东新区法规

2021年6月,十三届全国人大常委会第二十九次会议表决通过相关决定,授权上海市人民代表大会及其常务委员会根据浦东改革创新实践需要,遵循宪法规定以及法律和行政基本规则,制定浦东新区法规,并在浦东新区实施。截至2022年3月,上海市人民代表大会已经通过立法七部浦东新区法规,具体有:(1)《上海市浦东新区深化"一业一证"改革规定》,2021年9月28日通过,2021年10月1日起施行;(2)《上海市浦东新区市场主体退出若干规定》,2021年9月28日通过,2021年11月1日起施行;(3)《上海市浦东新区城市管理领域非现场执法规定》,2021年10月28日通过,2021年12月1日起施行;(4)《上海市浦东新区建立高水平知识产权保护制度若干规定》,2021年10月28日通过,2021年12月1日起施行;(5)《上海市浦东新区完善市场化法治化企业破产制度若干规定》,2021年11月25日通过,2022年1月1日起施行;(6)《上海市浦东新区促进张江生物医药产业创新高地建设规定》,2021年12月29日通过,2022年1月1日起施行;(7)《上海市浦东新区市场主体登记确认制若干规定》,2022年2月18日通过,2022年3月15日起施行。

上述法律的立法,为浦东新区和上海自贸试验区的高水平制度型开放提供了有力法治保障,也为解决"僵尸企业""现场执法"等难题提供了新的解决方法。

2.3 全国实施市场准入负面清单制度的进程

2.3.1 持续优化外资准入负面清单

2013年9月至2022年3月,编制印发外资准入负面清单共有8个版本。从时间划分,可分为三个阶段。第一阶段,2013年9月至2014年,上海自贸试验区率先试行,由上海市政府编制印发了2013年版和2014年版。第二阶段,2015年至2017年,向全国自贸试验区复制推广,由国务院办公室印发了2015年版和2017年版。第三阶段,2018年至2021年,在全国范围内复制推广,由国家发展改革委员会和商务部印发了2018年版、2019年版、2020年版和2021年版,并分别有全国版和自由贸易试验区版。具体情况见表2.3。

表 2.3　截至 2021 年底外商投资准入特别管理措施（负面清单）的 8 个版本

	年份	名　称	适用范围	鼓励措施（条）	限禁措施（条）	颁发部门及批号
三阶段之前	2011	外商投资产业指导目录（2011 年修订）	全国	354	119	国家发改委和商务部令 2011 年第 22 号
第一阶段	2013	中西部地区外商投资优势产业目录（2013 年修订）	中西部地区	500	/	国家发改委和商务部令 2013 年第 1 号
	2013	中国（上海）自由贸易试验区外资准入负面清单	上海自贸试验区	/	190	上海市人民政府（沪府发 [2013]75 号）
	2014	中国（上海）自由贸易试验区外资准入负面清单（2014 年版）	上海自贸试验区	/	139	上海市人民政府公告 2014 年第 1 号
	2015	外商投资产业指导目录（2015 年修订）	全国	349	74	国家发改委和商务部令 2015 年第 22 号
		自由贸易试验区外资准入负面清单（2015 年版）	自贸试验区	/	122	国务院办公室（国办发 [2015]24 号）
第二阶段	2017	外商投资产业指导目录（2017 年修订）	全国	348	63	国家发改委和商务部令 2017 年第 4 号
		中西部地区外商投资优势产业目录（2017 年修订）	中西部地区	639	/	国家发改委和商务部令 2017 年第 33 号
		自由贸易试验区外资准入负面清单（2017 年版）	自贸试验区	/	95	国务院办公室（国办发 [2017]51 号）

续表

年份	名　　称	适用范围	鼓励措施（条）	限禁措施（条）	颁发部门及批号
第三阶段 2018	外资准入负面清单（2018年版）	全国	/	48	国家发改委和商务部令 2018年第18号
	自由贸易试验区外资准入负面清单（2018年版）	自贸试验区	/	45	国家发改委和商务部令 2018年第19号
	鼓励外商投资产业目录（2019年版）	全国	1 108	/	发展改革委　商务部令 2019年第27号
2019	外资准入负面清单（2019年版）	全国	/	40	发展改革委　商务部令 2019年第25号
	自由贸易试验区外资准入负面清单（2019年版）	自贸试验区	/	37	发展改革委　商务部令 2019年第26号
	鼓励外商投资产业目录（2020年版）	全国	1 235	/	发展改革委　商务部令 2020年第38号
2020	外资准入负面清单（2020年版）	全国	/	33	发展改革委　商务部令 2020年第32号
	自由贸易试验区外资准入负面清单（2020年版）	自贸试验区	/	30	发展改革委　商务部令 2020年第33号
2021	外资准入负面清单（2021年版）	全国	/	31	发展改革委　商务部令 2021年第47号
	自由贸易试验区外资准入负面清单（2021年版）	自贸试验区	/	27	发展改革委　商务部令 2021年第48号

资料来源：上海市人民政府网站，国家发展与改革委员会网站，商务部网站。

中国持续扩大对外开放。从外资准入负面清单(2013 年版)的禁限制措施190 条,分别逐渐减少到 2021 年版的 31 条(全国版)和 27 条(自贸试验区版),两者分别减少了 83.6％和 85.7％,变化十分显著。从国民经济产业门类来看,对外资准入禁限制措施减少得最多的是制造业,从 2013 年版的 63 条,分别减少到 2 条(全国版)和 0 条(自贸试验区版),两者分别减少了 96.8％和 100％,逐步从放开一般制造业到全面放开制造业。根据外资准入负面清单(2021 年版),有六个产业部门对外资准入已经全面取消禁止和限制措施。具体包括:(1)建筑业;(2)住宿和餐饮业;(3)金融业;(4)房地产业;(5)水利、环境和公共设施;(6)居民服务和其他服务。具体情况见表 2.4。

表 2.4　外资准入负面清单(2013 年版)与 2021 年全国版、2021 年自贸试验区版的比较分析

产业类别	2013 年版			2021 年全国版		2021 年自贸试验区版	
	限制项	禁止项	小计	禁限项	增减	禁限项	增减
合计数	151	39	190	31	−159	27	−163
A 农、林、牧副渔	5	2	7	4	−3	3	−4
B 采掘业	14	2	16	1	−15	1	−15
C 制造业	56	7	63	2	−61	0	−63
D 电力热力燃气和水供应	4	1	5	1	−4	1	−4
E 建筑业	4	0	4	0	−4	0	−4
F 批发和零售业	10	3	13	1	−12	1	−12
G 交通运输、仓储和邮政	18	3	21	4	−17	4	−17
H 住宿和餐饮业	0	0	0	0	0	0	0
I 信息传输、软件和信息服务	4	4	8	2	−6	2	−6
J 金融业	5	0	5	0	−5	0	−5
K 房地产业	3	1	4	0	−4	0	−4
L 租赁和商务服务业	12	1	13	3	−10	2	−11
M 科学研究和技术服务业	8	4	12	3	−9	3	−9
N 水利、环境和公共设施	1	2	3	0	−3	0	−3

续表

产业类别	2013 年版			2021 年全国版		2021 年自贸试验区版	
	限制项	禁止项	小计	禁限项	增减	禁限项	增减
O 居民服务、其他服务	0	0	0	0	0	0	0
P 教育	2	1	3	2	—1	2	—1
Q 卫生和社会工作	1	0	1	1	0	1	0
R 文化、体育和娱乐业	4	8	12	7	—5	7	—5

资料来源:《中国(上海)自由贸易试验区外商投资准入特别管理措施(负面清单)(2013 年)》《外商投资准入特别管理措施(负面清单)(2021 年版)》《自由贸易试验区外商投资准入特别管理措施(负面清单)(2021 年版)》。表格由笔者根据相关资料制作。

鼓励外商投资产业目录条款在不断增加。自 2019 年起,将外商投资产业指导目录和中西部地区外商投资优势产业目录中鼓励外商投资的条款合并且修订形成鼓励外商投资产业目录,并分别发布 2019 年版、2020 年版。符合产业目录条款的外商投资可以在进口设备免关税、土地使用成本等方面获得优惠,若投资在西部地区,按优惠企业所得税率 15% 征收。

鼓励外商投资产业目录(2020 年版)有四个特点。一是进一步增加鼓励外商投资条目,扩大鼓励范围。总条目有 1 235 条,比 2019 年版增加 127 条,全国范围内增加 65 条,中西部地区增加 62 条,增幅超过 10%。二是进一步鼓励外资投向先进制造业,增强重要产业链供应链韧性,鼓励外商投资人工智能、集成电路、激光投影设备、超高清电视、呼吸机、ECMO、人工智能辅助医疗设备、新材料等领域。三是进一步鼓励外资投向现代服务业,鼓励投资第五代移动通信技术研发、区块链技术开发、污水处理设施设计、高端装备维修、大宗商品进出口分拨中心、社区连锁配送等行业。四是进一步鼓励外资投向中西部地区优势产业,支持海南自由贸易港建设。

从较长时间段看,从外商投资产业指导目录(2011 年版)的鼓励条款 354 条和鼓励外商投资产业目录(2013 年版)鼓励条款 500 条——两者合计 854 条,增加到鼓励外商投资产业目录(2020 年版)的 1 235 条,共增加 381 条,增长了 44.6%。这种增长的长期趋势与中国鼓励外商投资的政策导向是一致的。

2.3.2 持续优化市场准入负面清单

市场准入负面清单是适用于境内外投资者的一致性管理措施,是对各类市场主体市场准入管理的统一要求。该负面清单包括禁止准入类和限制准入类,适用于各类市场主体基于自愿的初始投资、扩大投资、并购投资等投资经营行为及其他市场进入行为。对禁止准入事项,市场主体不得进入;对限制准入事项,或由市场主体提出申请,行政机关依法依规作出是否予以准入的决定,或由市场主体依照政府规定的准入条件和准入方式合规进入;除禁止准入事项和限制准入事项,各类市场主体皆可依法平等进入。

截至 2021 年底,国家发展改革委员会共发布市场准入负面清单 5 个版本,分别是 2026 年版(试点版,适用于上海自贸试验区、广东自贸试验区、天津自贸试验区和福建自贸试验区),以及适用于全国范围的 2018 年版、2019 年版、2020 年版、2021 年版。具体情况见表 2.5。

表 2.5 截至 2021 年底市场准入负面清单的 5 个版本

名 称	适用范围	事项(项)	禁止准入类(项)	许可准入类(项)	具体管理措施(条)	颁发部门、批号和时间
国务院关于实行市场准入负面清单制度的意见	全国	/	/	/	/	国务院,国发〔2015〕55 号,2015 年 10 月
市场准入负面清单草案(试点版)	津、沪、闽、粤	328	96	232	869	国家发改委,发改经体〔2016〕442 号,2016 年 3 月
市场准入负面清单(2018 年版)	全国	151	4	147	581	国家发改委,发改经体〔2018〕1892 号,2018 年 12 月
市场准入负面清单(2019 年版)	全国	131	5	126	Na	国家发改委,发改经体〔2019〕1685 号,2019 年 10 月
市场准入负面清单(2020 年版)	全国	123	5	118	Na	国家发改委,发改体改规〔2020〕1880 号,2020 年 12 月
市场准入负面清单(2021 年版)	全国	117	6	111	Na	国家发改委,发改体改规〔2020〕1880 号,2020 年 12 月

资料来源:笔者根据相关资料整理。

市场准入负面清单的优点有三个方面：一是负面清单形式的透明度高；二是全国统一，避免政出多门；三是不断降低市场门槛，清单涉及事项从 2016 年版的 325 项减少到 2021 版的 117 项，清单事项减少幅度很大，企业市场准入门槛不断被降低，有利于激发市场主体的活力。根据新产业、新模式、新业态的发展进程，该清单得到不断修改完善。

2.3.3　海南自由贸易港跨境服务贸易负面清单

2021 年 7 月，商务部发布《海南自由贸易港跨境服务贸易特别管理措施（负面清单）（2021 年版）》。该清单有四个特点：一是对接国际高标准自贸协定，首次由国家层面编制和印发；二是展现了主动开放，开放度超过了中国加入世界贸易组织的承诺，也高于中国已生效的主要自贸协定相应领域的开放水平；三是体现了海南特点，有助于推动海南旅游业、现代服务业、高新技术产业的发展；四是统筹发展和安全。

比较跨境服务贸易负面清单"上海自贸试验区版"与"海南自贸港版"，主要差异有：（1）"海南自贸港版"共有禁止和许可措施 70 条，比"上海自贸试验区版"159 条减少了 89 条；（2）"海南自贸港版"取消了所有部门的水平条款；（3）"海南自贸港版"交融运输、金融业、科学研究、文体娱等行业有大幅度减少，分别减少了 17 条、14 条、9 条和 21 条，合计 61 条；（4）"海南自贸港版"教育行业为 2 条，减少了 4 条，在措施内容上有较大变化；（5）按国民经济主要行业分类，"海南自贸港版"的居民服务和其他服务行业已完全放开。具体情况见表 2.6。

2.3.4　《外商投资法》和《优化营商环境条例》

《外商投资法》和《优化营商环境条例》是投资管理领域的纲领性法律法规，也是对前期改革试点的总结提炼以及成熟经验的法律固化。

2019 年 3 月，全国人大表决通过《外商投资法》，其共有 6 章，即总则、投资促进、投资保护、投资管理、法律责任、附则等章，共 42 条。根据《外商投资法》，中国将促进、保护外商投资放在优先地位，规定实行高水平投资自由化便利化政策，营

表 2.6 　跨境服务贸易负面清单"上海自贸试验区版"与"海南自贸港版"的比较

产业类别	"上海自贸试验区版" 2018 年 措施（条）	"海南自贸港版" 2021 年 措施（条）	措施数目之差	评 论
合计数	159	70	－89	
A 农、林、牧、渔业	4	1	－3	
B 采掘业	0	0	0	
C 制造业	0	0	0	
D 电力热力燃气和水供应	0	0	0	
E 建筑业	1	1	0	1. 两者差异较大
F 批发和零售业	8	2	－6	2. "海南自贸港版"放开水利、居民服务等部门
G 交通运输、仓储和邮政	30	13	－17	3. "海南自贸港版"租赁和商务服务增加了 1 条
H 住宿和餐饮业	0	0	0	4. "海南自贸港版"取消了所有部门水平条款
I 信息传输、软件和信息服务	9	6	－3	例如，外国人入境，除特殊
J 金融业	31	17	－14	规定，须申请办理签证，所
K 房地产业	0	0	0	持签证需办理居留证件
L 租赁和商务服务业	11	12	1	的，须申请办理外国人居留证件。
M 科学研究和技术服务业	13	4	－9	又如，外国人入境后，须办
N 水利、环境和公共设施	6	0	－6	理住宿登记等
O 居民服务、其他服务	2	0	－2	
P 教育	6	2	－4	
Q 卫生和社会工作	1	1	0	
R 文化、体育和娱乐业	32	11	－21	
所有服务部门	5	0	－5	

资料来源：《中国（上海）自由贸易试验区跨境服务贸易特别管理措施（负面清单）（2018）》，2018 年 6 月；《海南自由贸易港跨境服务贸易特别管理措施（负面清单）（2021 年版）》，2021 年 7 月。

造稳定、透明、可预期的投资环境。外商投资新政策的法律固化，如国家保障外商投资企业依法平等参与标准制定工作，强化标准制定的信息公开和社会监督；政府采购依法对外商投资企业在中国境内生产的产品、提供的服务予以平等对待；外商投资企业可以依法通过公开发行股票、公司债券等证券和其他方式进行融资。

《外商投资法》明确，设立特殊经济区域，或者在部分地区实行外商投资试验性政策措施，促进外商投资，扩大对外开放。国家建立外商投资安全审查制度，对影响或者可能影响国家安全的外商投资进行安全审查。与此同时，国家建立外商投资企业投诉工作机制，用以及时处理外商投资企业或者其投资者反映的问题，并协调完善相关政策措施。

2019 年 10 月，国务院发布《优化营商环境条例》（国务院令第 722 号）。该条例明确规定，持续优化营商环境，不断解放和发展社会生产力，加快建设现代化经济体系，推动高质量发展。优化营商环境应当坚持市场化、法治化、国际化原则，对标国际先进水平，为各类市场主体投资兴业营造稳定、公平、透明、可预期的良好环境。国家持续深化简政放权、放管结合、优化服务等改革，切实降低制度性交易成本，更大程度地激发市场活力和社会创造力，增强发展动力。国家进一步扩大对外开放，积极促进外商投资，平等对待内资企业、外商投资企业等各类市场主体。优化营商环境包含市场主体保护、市场环境、政务服务、监管执法、法治保障等五个方面的内容。

2.4 改革试点经验和"最佳实践案例"

2.4.1 主要改革成效

外资负面清单管理的"良种"已经获得预期的好收成。外资负面清单管理发挥了"纲"的作用，纲举则目张。与内外资一致的市场准入负面清单制度、工商登记改革、服务业扩大开放、政府信息共享、建设社会信用体系、实施亚太运营商计划、企业自由贸易帐户、企业总部资金池、完善税制法制环境等一系列改革措施相配套，制度创新焕发出巨大的能量。

据商务部统计①,截至 2017 年 4 月,上海自贸试验区建设 3 年半时间累计设立外资企业 8 734 家,吸收合同外资 6 880 亿元人民币。广东、福建、天津的 3 个自贸试验区建设 2 年时间里,设立外资企业 12 712 家,吸收合同外资 11 357 亿元人民币。统计显示,沪、粤、津、闽的 4 个自贸试验区 2016 年全年实际吸引外资达 879.6 亿元人民币,同比增长 81.3%,以十万分之五的国土面积吸引了全国十分之一的外资。

据商务部统计,2021 年,21 个自贸试验区实际使用外资 2 130 亿元,实现进出口总额 6.8 万亿元,用不到千分之四的国土面积实现了占全国 18.5% 的外商投资和 17.3% 的进出口,在促进外资和外贸发展中发挥了重要作用。

2.4.2　可复制推广的改革试点经验

截至 2021 年底,国务院印发自贸试验区可复制推广改革试点经验共 6 批 143 项,其中投资管理领域有 48 项,占比达 33.5%。具体情况参见表 2.7。

表 2.7　国务院发布的自贸试验区投资领域的可复制推广改革经验

批次	时　间	数量(条)	内　　容
第一批	2014 年 12 月	9+5	投资管理领域:1.外商投资广告企业项目备案制;2.涉税事项网上审批备案;3.税务登记号码网上自动赋码;4.网上自主办税;5.纳税信用管理的网上信用评级;6.组织机构代码实时赋码;7.企业标准备案管理制度创新;8.取消生产许可证委托加工备案;9.企业设立实行"单一窗口"
			服务业开放领域:1.允许融资租赁公司兼营与主营业务有关的商业保理业务;2.允许设立外商投资资信调查公司;3.允许设立股份制外资投资性公司;4.融资租赁公司设立子公司不设最低注册资本限制;5.允许内外资企业从事游戏游艺设备的生产和销售
第二批	2016 年 11 月	3	投资管理领域:1.负面清单以外领域外商投资企业设立及变更审批改革;2.税控发票领用网上申请;3.企业简易注销

---

① 《自贸区负面清单中的"开放密码"》,中国政府网,2017 年 8 月 18 日。

续表

批次	时 间	数量(条)	内 容
第三批	2017年8月	1	投资管理领域:市场主体名称登记便利化改革
第四批	2018年5月	6+5	投资管理领域:1.船舶证书"三合一"并联办理;2.国际船舶登记制度创新;3.对外贸易经营者备案和原产地企业备案"两证合一";4.低风险生物医药特殊物品行政许可审批改革;5.一般纳税人登记网上办理;6.工业产品生产许可证"一企一证"改革
			服务业开放领域:1.扩大内地与港澳合伙型联营律师事务所设立范围;2.国际船舶运输领域扩大开放;3.国际船舶管理领域扩大开放;4.国际船舶代理领域扩大开放;5.国际海运货物装卸、国际海运集装箱场站和堆场业务扩大开放
第五批	2019年4月	5	投资管理领域:1.公证"最多跑一次";2.自然人"一人式"税收档案;3.网上办理跨区域涉税事项;4.优化涉税事项办理程序,压缩办理时限;5.企业名称自主申报制度
第六批	2020年6月	9+5	投资管理领域:1.出版物发行业务许可与网络发行备案联办制度;2.绿色船舶修理企业规范管理;3.电力工程审批绿色通道;4.以三维地籍为核心的土地立体化管理模式;5.不动产登记业务便民模式;6.增值税小规模纳税人智能辅助申报服务;7.证照"一口受理、并联办理"审批服务模式;8.企业"套餐式"注销服务模式;9.医疗器械注册人委托生产模式
			人力资源领域:1.领事业务"一网通办";2.直接采认中国台湾地区的部分技能人员职业资格;3.航空维修产业职称评审;4.船员远程计算机终端考试;5.出入境人员综合服务"一站式"平台
合计		48	

资料来源:国务院、商务部、自贸区港建设协调司网站。

这些经验有四种类型。一是新制度,如外商投资负面清单管理、外商投资企业设立及变更备案管理制度、外商投资项目备案管理制度、注册资本认缴制、企业年度报告公示和经营异常名录制度、境外投资开办企业备案管理制度等。二是新管理方式和流程,如对企业设立实行"单一窗口"业务办理,对组织机构代码实时赋码,采用营业执照样式、电力工程审批绿色通道、不动产登记业务便民模式、证照

"一口受理、并联办理"审批服务模式、医疗器械注册人委托生产模式。三是服务业扩大开放,例如,允许融资租赁公司兼营与主营业务有关的商业保理业务,允许设立外商投资资信调查公司,允许设立股份制外资投资性公司,对跨国公司外汇资金运营实施管理,等等。四是人力资源管理,如领事业务"一网通办",直接采认中国台湾地区的部分技能人员职业资格,航空维修产业职称评审,船员远程计算机终端考试,出入境人员综合服务"一站式"平台。

2.4.3　"最佳实践案例"

截至 2021 年底,国务院自贸试验区工作部际联系会议办公室发布自贸试验区"最佳实践案例"共 4 批 61 个,投资管理领域有 33 个案例,占比达 54%。具体情况见表 2.8。

表 2.8　国务院发布的自贸试验区投资领域的"最佳实践案例"

批次	时　间	数　量	案例名称	省市
第一批	2015 年 11 月	共 6 个案例,其中投资管理领域有 4 个	投资管理体制改革"四个一"	福建
			以信用风险分类为依托的市场监管制度	天津
			政府智能化监管服务模式	广东
			推进信用信息应用,加强社会诚信管理	上海
第二批	2017 年 7 月	共 4 个案例,其中投资管理领域有 3 个	"证照分离"改革试点	上海
			"企业专属网页"政务服务新模式	广东
			集成化行政执法监督体系	天津
第三批	2019 年 7 月	共 31 个案例,其中投资管理领域有 19 个	药品上市许可持有人制度试点	上海
			以信用为核心的跨部门协同监管平台	广东
			供电服务新模式	广东
			工程建设项目审批制度改革	福建
			创新不动产登记工作模式	福建
			优化用电环境	福建

续表

批次	时　间	数　量	案例名称	省市
第三批	2019 年 7 月	共 31 个案例,其中投资管理领域有 19 个	"海上枫桥"海上综合治理与服务创新试点	浙江
			海洋综合行政执法体制改革	浙江
			"竣工测验合一"改革试点	浙江
			工程建设项目审批制度改革试点	浙江
			一码集成服务	河南
			推行"全通版"食品药品许可证	湖北
			推行不动产抵押权变更登记	湖北
			涉税执法容缺容错机制	湖北
			试行"两无一免" 简化退税流程	湖北
			市场综合监管大数据平台	重庆
			知识产权类型化案件快审机制	四川
			以标准化助推现代农业发展新模式	陕西
			微信办照	陕西
第四批	2021 年 6 月	共 18 个案例,其中投资管理领域有 7 个	打造高能级人才服务综合体	上海
			对接港澳跨境专业服务规则新探索	广东
			推动两岸征信信息互通优化信贷服务	福建
			创新涉外商事诉讼、仲裁与调解"一站式"纠纷解决机制	重庆
			开展省城"多规合一"改革试点	海南
			边境地区涉外矛盾纠纷多元处理机制	云南
			创新中俄跨境集群建设	黑龙江
合计		33 个		

资料来源:笔者根据公开资料整理。

投资管理领域的"最佳实践案例"可分为五种类型。

一是市场准入和企业服务(7 个):投资管理体制改革"四个一"(福建),"证照分离"改革试点(上海),推行"全通版"食品药品许可证(湖北),实行一码集成服务

（河南），开展省城"多规合一"改革试点（海南），采用"企业专属网页"政务服务新模式（广东），微信办照（陕西）。

二是事中事后监管和信用体系（8 个）：以信用风险分类为依托的市场监管制度（天津），政府智能化监管服务模式（广东），集成化行政执法监督体系（天津），市场综合监管大数据平台（重庆），海洋综合行政执法体制改革（浙江），"推进信用信息应用，加强社会诚信管理"（上海），以信用为核心的跨部门协同监管平台（广东），推动两岸征信信息互通优化信贷服务（福建）。

三是促进产业发展（5 个）：药品上市许可持有人制度试点（上海），以标准化助推现代农业发展新模式（陕西），对接港澳跨境专业服务规则新探索（广东），创新中俄跨境集群建设（黑龙江），"海上枫桥"海上综合治理与服务创新试点（浙江）。

四是优化营商环境（12 个）：工程建设项目审批制度改革（福建），工程建设项目审批制度改革试点（浙江），"竣工测验合一"改革试点（浙江），供电服务新模式（广东），优化用电环境（福建），创新不动产登记工作模式（福建），推行不动产抵押权变更登记（湖北），涉税执法容缺容错机制（湖北），试行"两无一免"简化退税流程（湖北），知识产权类型化案件快审机制（四川），创新涉外商事诉讼、仲裁与调解"一站式"纠纷解决机制（重庆），边境地区涉外矛盾纠纷多元处理机制（云南）。

五是人才服务（1 个）：打造高能级人才服务综合体（上海）。

第二篇

实施路径研究

第 3 章
外资负面清单管理国际借鉴和中国的选择[*]

3.1 负面清单管理理念和应用价值

负面清单与准入前国民待遇是东道国对外商投资准入的一种承诺和具体政策。负面清单(或称不符合列表)是指凡是针对外资的与国民待遇、最惠国待遇不符的管理措施,或者业绩要求、高管要求等方面的管理措施均以清单方式列明。准入前国民待遇是指在企业设立、取得、扩大等阶段给予外国投资者及其投资不低于本国投资者及其投资的待遇。根据国家要求,上海自贸试验区试行外商投资负面清单管理模式。

外商负面清单管理是一种"非列入即开放"的模式,对于没有被列入负面清单的行业、模式或管理措施,其对外商就是全面开放的,外商被视同东道国本国企业,享受国民待遇。负面清单和准入前国民待遇是国际投资规则发展的新趋势。

与负面清单相对应的是正面清单。正面清单采用一种循序渐进的方式,东道国承担的义务标准较低,适合逐步对外开放,可以预留更多的时间和空间应对投资自由化带来的各种风险,这一措施在一定程度上保护本国弱小产业,并且工作难度相对较低;负面清单则需要采取前瞻性视角,为本国新兴产业发展预留必要且合理的空间,还要设计系统简约的文本形式,并作出承诺,工作难度相对较高。

---

* 本章主要内容发表在《改革》2014 年第 10 期。

负面清单管理是一种"逆向思维法",是一种透明度很高的管理方法,特点是言之有据、清晰简洁、系统化管理。言之有据是指负面清单管理应该有充分的依据,有明确的法理基础,逻辑关系明了。清晰简洁是指通过负面清单的形式,把管理对象分为"列入"和"非列入"两大类,并且简洁完整地表达出来,便于理解和减少歧义。系统化管理是指与负面清单配套,开展分类管理,建立一整套管理规则和流程,降低成本和提高效率。

开展负面清单管理有三个要点。第一,依据必须充分,应该符合一般规律和共同利益诉求,法理基础明确。第二,采用负面清单形式,负面清单有多种形式,可以是单一文本,也可以是法律体系。无论采用何种表现形式,应该把负面清单二元分类管理清晰地表达出来,使内容经深思熟虑后呈现出稳定性和可持续性。就管理对象总体样本而言,被列入负面清单的部分,应该所占比例较少,从而达到内容简洁的目的。第三,建立分类管理规则和流程,规则应该清晰明了,切实可行,事先告知,具有很高的透明度。

负面清单管理符合逻辑思维的一般规律,即依据充分、系统识别、二元分类管理、具有稳定性和可持续性等。在市场经济环境下,负面清单管理理念具有广泛的应用价值。如同全面质量管理(TQM)、创新管理(IM)等,负面清单管理是一种管理理念,也是一种方法。该方法可以被应用于外商投资管理领域,也可以被应用于行政管理,甚至家庭管理等领域。

根据中共十八届三中全会通过的《决定》,中国投资管理体制改革,包括外资管理体制改革,有两项重要任务:一是探索对外商投资实行准入前国民待遇加负面清单的管理模式;二是实行统一的市场准入制度。在制定负面清单的基础上,各类市场主体可依法平等进入清单之外的领域。同时,要进一步简政放权,深化行政审批制度改革,对市场机制能有效调节的经济活动一律取消审批,对保留的行政审批事项要规范管理、提高效率。

上海自贸试验区是国家制度创新的试验田、苗圃和示范地。上海自贸试验区的前身是上海综合保税区,占地面积达 28.78 平方公里。自 2013 年 9 月底正式挂牌后,借鉴国际经验,深入探索负面清单管理模式,形成更加开放透明的投资管理体制。通过改革,进一步处理好政府和市场的关系,处理好发展和开放的关系,以开放促改革,以改革促发展。上海自贸试验区的探索实践需要借鉴国际经验。

3.2 外资负面清单管理的国际借鉴

负面清单最早由美国、加拿大和墨西哥在 1992 年签订的《北美自由贸易协定》(NAFTA)中引入,是指一国在引进外资的过程中以清单形式公开列明某些与国民待遇不符的管理措施。就外资负面清单管理而言,其在法理基础、投资口径、敏感性行业、文本类型、经济合作与发展组织(OECD)政策、透明度措施、企业监管模式、国家安全审查等方面,均有可供借鉴的国际经验。

3.2.1 外资准入负面清单的法理基础

法理基础是外资准入负面清单的核心,即禁止或限制外资准入的理由。法理基础主要有三个方面:一是东道国的投资法律体系,体现了国家利益和国民意愿;二是国际公约、国际惯例和约定俗成;三是缔约方之间的自由贸易协定或投资保护协定等。在美国,凡与他国的贸易或投资协定签订并生效后,将自动转变为美国法律。

归纳起来,市场经济体国家的投资法律体系主要有三个特征。

第一,"伞形"投资法律体系。投资法律体系由通用法(the constitution laws)和专门法(the constitution and specific laws)组成。美国对外商投资管理的主要依据是本国《宪法》,该宪法规定了外商准入的规则,加拿大的是本国《投资法》,德国的是《对外经济法》和《对外经济条例》,英国、法国和意大利则遵循《欧共体条约》。

投资专门法有两种类型,即部门法和专题法。各国有涉及投资领域的部门法,如美国的《民用航空法》,该法限制外商投资者在美国境内开展民用航空领域的直接投资,如德国的《药品法》《武器法》《旅店法》《监理法》,意大利的《银行法》《电信法》《航空法》等。除此以外,各国还有《反限制竞争法》《环境保护法》《武器法》等,这些法律从反垄断、鼓励竞争、环境保护等角度对外商投资加以规制。

第二,法律框架下的外商投资负面清单管理。美国对外国直接投资没有专门的审批程序。外商企业投资一般无须审批，而只需按照一定的程序直接到所在地区的投资主管部门(一般是州和地方的经济发展主管部门)申报即可。但由美国财政部、商务部等部门组成的跨部门"外国投资委员会"(CFIUS)，如果认为某笔涉外并购交易可能影响美国国家安全，那么其有权对该并购进行审查。美国联邦政府在航空运输、通信、水电、核电、矿产、渔业、沿海和内河航运、秘密政府合同等部门领域，对外商企业有限制。

德国的《对外经济法》规定，外国投资者在德国投资享受与本国企业一致的国民待遇。德国的《联邦排放保护法》对企业的各种排放制定了严格的审核规定。德国的《反限制竞争法》规定，对企业进行超过 25% 的收购要得到反垄断局的批准。德国的《药品法》《武器法》《旅店法》《监理法》等，对外商企业都制定了不同的审批规定。需要审批的理由有很多，涉及不同行业、不同领域和不同层次的管理。

第三，联邦制国家中央和地方政府的外商投资分层管理。中央政府(联邦政府)对外商投资市场准入进行整体规制，地区政府依据自身具体情况，对相关行业或领域作出更加细致的规定。这样，既作出了对外商投资管理的统一规范，又符合各个地方的资源禀赋和经济发展实际。

除了美国联邦政府层面在渔业、采矿、原子能、电信等行业对外商准入有限制外，加利福尼亚州、伊利诺伊州、堪萨斯州等也对农业土地的所有权作了限制规定，印第安纳州和威斯康星州等对不动产等领域也有特殊的规定。美国联邦政府对外国直接投资实行地点、行业中立的政策。美国联邦政府不出台针对特定地点、特定行业的优惠政策，各州和地方政府往往根据当地情况出台吸引或限制投资的具体政策。此外，美国存在大量的与投资相关的联邦、州及地方层面的法律法规，其中包括反垄断、并购、工资和社会保障、出口管制、环保和健康安全等方面的内容。

根据国际惯例，东道国可以从保护人类生命健康、保护资源、环境保护、国家安全等角度，对外商投资采取相关措施。措施(measures)是指各缔约方所采取的，影响投资者和/或投资的，任何普遍适用的法律、法规、规则、程序、行政决定或行政行为，包括中央、地方政府和主管机关所采取的措施，以及经政府授权行使权力的非政府机构所采取的措施。不符措施(non-conforming measures)是指国民待遇和最惠国待遇不适用的措施。

国际上普遍采用的不符措施主要有两种形式，即一般例外(general exceptions)和安全例外(security exceptions)。另外,缔约国还可以采取保障措施,准许缔约方在特定情况下撤销或停止履行约定义务,以保障某种更重要的利益。国家或地区之间签署投资保护协定、自由贸易协定等,除上述不符措施和保障措施以外,缔约国之间承诺给予国民待遇,或者最惠国待遇,以营造外商投资良好投资环境。具体情况见表 3.1。

表 3.1　外商投资负面清单的国际法理基础

类　型	内　　容
一般例外	世界贸易组织(WTO)缔约方经常引用的有:1.为保护人类、动植物的生命或健康所必需的措施;2.与保护可用尽的自然资源有关的、与限制国内生产或消费一同实施的措施;3.为保证与该总协定一致的法律的实施所必需的措施
安全例外	1.国家安全审查制度;2.关键基础设施保护,指对可能造成地区或国家基础设施严重破坏的事件的防范和应对,如粮食、邮政、能源、金融、供水与废水处理、教育、电信、广播电视、公共医疗等
保障措施	在双边或多边协议中约定,准许缔约方在特定情况下撤销或停止履行约定义务,以保障某种更重要的利益。允许缔约方对本国产业实行合理、适度的保护

资料来源:联合国贸易与发展协会(United Nations Conference on Trade and Development),http://unctad.org/en。由笔者翻译和整理。

其中,一般例外源于《关贸总协定》(GATT)的第 20 条规定:"在不构成武断的或不合理的歧视,或者不会形成对国际贸易变相限制的前提下,缔约方可以实行十项政策性措施。"WTO 缔约方经常引用其中三项内容:(1)为保护人类、动植物的生命或健康所必需的措施;(2)与保护可用尽的自然资源有关的、与限制国内生产或消费一同实施的措施;(3)为保证与该总协定一致的法律的实施所必需的措施。安全例外是关于国家安全审查和关键基础设施保护的措施。该概念最早出现在NAFTA 中,这些保留行业对于外资的准入具有严格限制。

以美国为例,遵循 WTO 一般例外条款的约定,1988 年美国国会出于国家安全的考虑,通过《埃克森—弗罗里奥修正案》法案,制定了国家安全审查制度,允许美国总统可以采取任何适当的措施,中止或禁止任何被认为威胁美国国家安全外资准入行为。2007 年美国政府又制定《外国投资于国家安全法》,作为《埃克森—弗罗里奥修正案》的补充。为进一步落实安全审查制度,2008 年美国财政部通过

《关于外国人合并、收购和接管条例》。此外，在一些关键基础设施领域，如航空、广播电信部门，美国也对外资实施限制、禁止准入的措施。

对照负面清单国际法理基础，欧美等国家的外商投资政策大体上符合一般例外和安全例外的情况。当然，各国的外商投资政策还是有很大差异的，需要考虑本国国情和国家利益的需要。某个行业是否对外资开放，还基于对本国该行业国际竞争力水平的考虑，若本国某行业的国际竞争力水平较高，该国则会选择较为开放的政策。具体情况见表 3.2、表 3.3。

表 3.2　外商投资一般例外条款的国别分析

	内　　容		
	保护人类、动植物生命或健康	保护可用尽自然资源	保证与该总协定一致
美国	/	矿产，渔业	/
加拿大	酒类销售，医药	渔业，石油，天然气，农牧，采矿	/
德国	医药，含酒精的饮料业，植物保护剂生产	动物的批发零售	/
英国	/	/	/
法国	生物药剂和有毒药剂	/	/

资料来源：根据美国、加拿大、德国、英国、法国的《对外投资合作国别（地区）指南（2012 版）》整理得到。

表 3.3　外商投资安全例外条款的国别分析

	内　　容	
	国家安全审查制度	关键基础设施保护
美国	核电	航空运输，通信，能源，水电，沿海和内河航运
加拿大	铀的生产，文化产业，土地，图书发行和销售	金融服务，交通服务，大众传媒业，通信业，航空，典藏机构，工程，验光
德国	核电站及核垃圾处理，武器生产，武器弹药	水电供应，基础设施，能源，银行、保险业，拍卖业，医药业，炼油及蒸馏设备生产，发电供暖厂，运输和出租公司
英国	核能领域，国防	交通运输，能源，银行和保险业

续表

	内　　容	
	国家安全审查制度	关键基础设施保护
法国	私人安全服务,窃听设备,信息系统安全相关产品和服务,数字应用加密和解密系统,涉及国防安全业务,武器装备,向国防部提供研究和供应设备的业务	信息技术行业系统评估和鉴定,双重用途产品和技术

资料来源:根据美国、加拿大、德国、英国、法国的《对外投资合作国别(地区)指南(2012 版)》整理得到。

3.2.2　BIT 范本、投资口径、外资敏感性行业和限制形式

双边投资协定(bilateral investment treaty,BIT)是国家之间为鼓励、促进和保护本国公民在对方境内的投资而签署的双边条约。目前,美国已与 40 多个国家签署了 BIT。同时,美国也与 10 多个国家在其自由贸易与投资协定中签订了双边投资条款。

2012 年美国贸易谈判代表办公室发布了《美国 2012 年双边投资协定范本》(简称《美国 2012 年 BIT 范本》),以取代 2004 年的 BIT 范本。《美国 2012 年 BIT 范本》内容有 3 节 37 个条款,附件包含习惯国际法、征收、缔约国文件送达等,该范本不仅是一个投资保护协定范本,而且还具有投资开放协议范本的功能。

《美国 2012 年 BIT 范本》的主要特点表现在五个方面。

第一,更为宽泛的投资范围和定义。《美国 2012 年 BIT 范本》的投资定义是"宽口径"的。其"投资"系指一个投资者直接或间接拥有或控制的具有投资特征的各种资产,这些特征包括资本或者其他资源的投入、收益或利润的期待、风险的承担。投资形式主要有八种:投资设立企业、参股、债券、期货、合同(交钥匙、特许、建设、管理)、授权、知识产权、财产权利(租赁、抵押、质押)等。另外,还涵盖投资或投资者的权利。

换句话说,国际上投资口径包括直接投资(投资企业或投资项目)和间接投资(纯金融类投资)。目前,中国外资准入投资口径相对较窄,主要涉及外商直接投

资、外商间接投资(纯金融类)准入问题和负面清单管理。这些内容还有待梳理和明确。

从涵盖投资来看,包括缔约另一方的投资者在条约生效后即存在的,或者此后设立、获得、扩大的在缔约方领土内的投资。《美国 2012 年 BIT 范本》进一步明确了缔约方的领土范围,包括领海,以及反映于联合国海洋法公约的国际习惯法的、领海外的、缔约方可以实施主权的和司法管辖的土地。

第二,更为宽泛的投资保护内容范围。投资保护的内容包括:国民待遇、最惠国待遇、待遇的最低标准、征收与补偿、与投资有关的转移自由、透明度、投资和环境、国有经济、竞争中立、投资与劳工、信息的披露、金融服务、通过国内法和国际仲裁、仲裁程序透明度、国家间争端解决等。

第三,不符措施涵盖面有很大弹性。《美国 2012 年 BIT 范本》在环境保护和国家安全保留方面的约定比较宽泛。该范本指出,"缔约双方认识到通过削弱或降低国内环境法律所承担的保护义务来鼓励投资是不恰当的"。在"根本安全"条款中,其明确了"履行有关维持或恢复国际和平与安全的义务和保护其自身根本安全利益必要的措施"。根据美国的《外国投资与国家安全法》(FINSA),国家安全除了传统的国防安全外,还涉及六个方面的内容。

第四,准入前国民待遇和负面清单。美国推行的准入前国民待遇给予外资更高的投资自由化水平。双边投资协定现在所协定的正文,采用定义的方式规定例外条款。另外,双边投资协定还会以附件的形式,用清单列举与国民待遇和最惠国待遇不符合的国内措施的种类,这份清单一旦生效便不能随意修改,并且这些不符措施具有特定性质,针对特定事项。

第五,促进私人资本的流动和经济发展。《美国 2012 年 BIT 范本》的作用之一,是"就投资待遇达成一致将激励缔约方私人资本的流动和经济的发展"。投资保护不仅包括外商投资准入,也包括本国企业的对外投资,即"促进一国的国民与企业在另一国领土内在投资方面的更好的经济合作"。

《美国 2012 年 BIT 范本》提供了更为宽泛的投资、涵盖投资的概念,与国民待遇的不符措施有很大弹性。负面清单谈判还要考虑解决本国企业在对外投资中遇到的实际问题。事实上,美国政府提出这一 BIT 范本,正是考虑了美国企业的对外投资。

借鉴《美国 2012 年 BIT 范本》的内容,以及国际上自由贸易协定等,可以提炼出有关投资口径、投资限制或禁止条款形式,主要包括三个方面。

第一,投资口径。国际上大都采用"宽口径"的投资概念,即"投资"包括外国直接投资和外国间接投资。若把投资口径与准入前国民待遇的不同形式结合起来,则可以形成外国直接投资准入负面清单,以及外国间接投资准入负面清单。在实践中,两者应该结合在一起,具体情况见图 3.1。

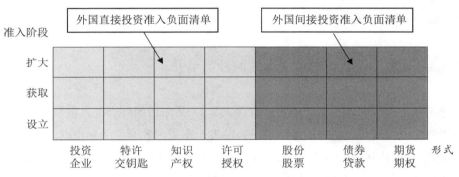

图 3.1　投资"宽口径"与负面清单

资料来源:笔者根据相关资料整理绘制。

第二,外资"敏感性行业"。外资准入行业需要有底线思维,明确长时期内禁止或限制外资进入的主要行业。对于外资准入限制和禁止行业,法国、加拿大称其为"敏感性行业",俄罗斯称其为"战略性行业",美国称其为"关键基础设施",意思大体相同,由于各国国情不同,内容也不尽相同。例如,法国和加拿大包括银行业、大众传媒、交通运输、通信行业、保险业以及土地资源等。美国包括航空运输、通信、水电、核电、核能源、矿产、渔业、沿海和内河航运、秘密政府合同等部门。外资"敏感性行业"的确定,需要根据东道国的自然禀赋、产业竞争力、国家经济利益、国家安全等因素加以综合考虑。

第三,对外商投资限制的内容。一是投资领域限制,即"敏感性行业",如银行业、大众传媒、交通运输、通信行业、保险业以及土地资源等。二是股权比例和投资额限制,例如,加拿大规定交通运输业外商持股不超过 25%,意大利规定外资在航空业中占的股份不超过 49.5%,法国规定航空运输业由法国公司 100%

控股,加拿大规定 WTO 成员方直接并购加拿大公司所涉金额在 3.3 亿加元以上的,需要经过政府审核,等等。三是运营方式限制,例如,意大利队非欧盟国家银行分行的监管指标是按照分行自有营运资金计算,而本地银行和欧盟国家银行按照其母行的监管资本计算(对于 18 个月以上的中长期贷款,本地银行的限制是要求低于客户存款的 30%,而对非欧盟银行分行的要求是低于客户贷款和同业资产的 30%)。

此外,投资国际准则还有国民待遇、最惠国待遇、市场准入、商业存在、高管及董事会、业绩要求等。

3.2.3 外资准入负面清单文本的两种类型

国际上外资准入负面清单主要有两大类:一是东道国外资准入负面清单;二是自由协定或投资保护协定的负面清单。前者是东道国政府自主制定的外资准入政策文件,文件格式可以自主决定,若干年后可以自行修订;后者是缔约方之间的国际公约,通过多轮谈判博弈形成,需要通过人大或国会审议,文本格式严格,事后难以调整和修改。

对于东道国来说,两种类型负面清单存在高度关联性,因为两者的国内法理基础是一致的,均是东道国的投资法律法规体系,两者反映的是同一个主题,即东道国的外资政策和业务流程。通俗地表述两者之间关系,即"一根藤上两只瓜"。

值得一提的是,欧美国家实际上没有东道国外资负面清单文本。这是因为欧美国家投资法律体系较为完善,大多数行业都是开放的,秉承"法无禁止皆可行",外国投资者可以直接了解这些国家的投资法律体系,即外商准入政策。在这种情况下,东道国外资准入负面清单可以省略,但并不影响外资准入负面清单管理的实施,如美国、英国、德国等典型市场经济国家。两种类型外资准入负面清单的形成逻辑关系,见图 3.2 和表 3.4。

中国现阶段的投资法律体系有待完善,当全国推进外资准入负面清单管理模式时,作为"外商投资产业指导目录"的替代政策文件"中国外资准入负面清单"还不能被省略。

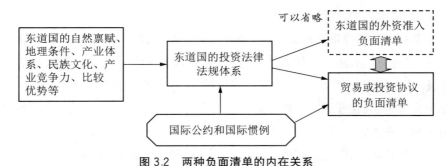

图 3.2　两种负面清单的内在关系

资料来源：由笔者绘制。

表 3.4　外资准入负面清单两种类型的比较

	东道国的外资准入负面清单	自由贸易或投资保护协定负面清单
举例	自贸试验区负面清单	中美 BIT 负面清单
形式	东道国政策	国际公约
框架要素	自主选择	规定框架和格式
行业范围	整个国民经济行业	根据双方兴趣点
适用对象	外国投资者	中美企业和投资者
可调整性	若干年调整一次	难以调整和悔退

资料来源：由笔者整理得到。

1. 东道国的外资准入负面清单文本

　　菲律宾政府给出了东道国外资准入负面清单文本，形式简明，便于阅读和理解。菲律宾外国投资政策的主要依据是《1987 年外国投资法》（E.O.226）和《1991 年 7042 共和国法》（R.a.7042）。菲律宾贸工部是负责本国投资政策实施和协调、促进投资便利化的主要职能部门。贸工部下设的投资署（BOI）、经济特区管理委员会（PEZA）负责的投资政策包括外资准入的实施和管理。

　　菲律宾国家投资署每年公布一个旨在鼓励国内外投资的"投资优先计划"（investment zone authority，IPP）。菲律宾给予外资的优惠政策主要视外资投向的行业和地区而定，与独资或合资企业（公司）无关。因此外国企业在菲律宾投资，原则上分为申请优惠待遇和不申请优惠待遇两大类，前者必需符合给予优惠待遇的条件，如 IPP 或 PEZA 规定的条件，允许准入的领域十分广泛，几乎涵盖菲律宾所有行业;后者准入的领域则比较有限。

按菲律宾外国投资法规定,外国企业投资为股权投资(equity)。一个外国投资企业,属外资所有还是菲律宾人所有,股权界限为40%。如果外资股权低于或等于40%,则为菲律宾人所有;外资股权超过40%,则为外资所有。另按菲律宾的宪法规定,外国人在菲律宾不允许拥有土地所有权,如投资建厂所需,可向菲律宾政府或私人业主租赁,租赁期限为25年,期满后可续租25年。2010年2月5日由阿罗约总统签署的、禁止外资进入或限定外资比例的行业清单(foreign investment negative list,FINL)(第八版),整张负面清单用小号字排版,有英文版,篇幅为一张A4纸大小。

菲律宾负面清单形式为"保留行业+股权限制条件",保留行业大部分细化到国民经济小类行业,少数细化到国民经济中类行业。外资股权限制条件是针对整个保留行业而言的。菲律宾负面清单行业分类法为国内行业分类法RA,具体情况见表3.5。

表3.5 菲律宾的外资负面清单(第八版)

	A部分	B部分
负面清单说明	根据宪法和专门法律对外资股权的限制	基于国家安全、人民健康和保护中小企业的理由
菲律宾总统签署令	无外资股权:如农业工程……	外资股权不超过40%:
负面清单法律依据	外资股权不超过25%:……	1. 机械、维修、仓储、配送等需要得到菲律宾警署同意。……
负面清单说明	外资股权不超过30%:……	
效前15天文本公示	外资股权不超过40%:……	2. 机械、维修、仓储、配送等需要得到菲律宾国防部同意。……
生效日:2010年2月5日	外资股权不超过60%:……	

注:限制或禁止外商的行业分类法,如化学RA754、森林RA6239等,大都细分到小类行业。
资料来源:菲律宾国家经济发展署网站。

2. 自由贸易或投资保护协定外资负面清单

1994年生效的NAFTA被认为是最早采用投资领域负面清单的自由贸易协定。2004年美国和新加坡达成自由贸易协定之后,这种制度也被亚洲多国所仿效。目前,国际上已经有超过77个国家和地区采用了负面清单管理模式。

世界上不同经济体对负面清单的应用,大体有三种形式:第一种是采用负面清单模式;第二种是不同产业领域采用不同的清单承诺方式,例如,大多数产业部门采用负面清单,金融等产业采用正面清单;第三种是以正面清单规定准入领域,在其中再以负面清单的方式保留相关项目。在国际上,负面清单实施一般设有过渡期,能够留有一定的缓冲期和调整空间。部分国家或地区之间的经济贸易协定和外商投资准入管理情况见表 3.6。

表 3.6 部分国家或地区之间的经济贸易协定和外商投资准入管理

国家/地区	时　间	外商投资管理方法		
		正面清单	负面清单	正负混合
中国内地—中国香港/澳门 CEPA	2004 年 1 月 1 日	✓		
中国—新西兰/新加坡 FTA	/	✓		
日本—新加坡 ECA	2002 年 11 月 30 日	✓		
日本—马来西亚 ECA	2006 年 7 月 13 日	✓		
美国—澳大利亚 FTA	2005 年 1 月 1 日		✓	
美国—新加坡 FTA	2004 年 1 月 1 日		✓	
美国—智利 FTA	2006 年 1 月 1 日		✓	
美国—秘鲁 FTA	/		✓	
日本—墨西哥 FTA	2005 年 4 月 1 日		✓	
日本—智利 FTA	2007 年 9 月 3 日		✓	
日本—泰国 FTA	/		✓	
日本—越南 FTA	/		✓	
韩国—智利 FTA	2004 年 4 月 1 日		✓	
韩国—新加坡 FTA	2006 年 3 月 2 日			✓
中国—东盟服务贸易协定	2007 年 7 月 1 日			✓

注:FTA 指自由贸易协定,ECA 指经济合作协定。
资料来源:根据国家之间、国家与地区之间的自由贸易协定,以及服务贸易协定等整理而成。

3. 美国、加拿大和墨西哥的 NAFTA

1989 年,美国和加拿大两国签署了《美加自由贸易协定》。1992 年 8 月 12 日,美国、加拿大和墨西哥三国签署了 NAFTA。1993 年 5 月 6 日,加拿大国会通过了该协定。同年 11 月,美国、墨西哥国会通过了该协定。同年 12 月,美国总统签署该协定,使之正式成为美国法律。1994 年 1 月 1 日该协定正式生效。

NAFTA 的宗旨是:取消贸易障碍,创造公平竞争的条件,增加投资机会,对知识产权提供适当的保护,建立执行协定和解决争端的有效程序,以及促进三边的、地区的以及多边的合作。三个会员国彼此必须遵守协定规定的原则和规则,如国民待遇、最惠国待遇,以及程序上的透明化等来实现其宗旨,借以消除贸易障碍。

该协定自生效之日起在 15 年内逐步消除贸易壁垒、实施商品和劳务的自由流通,以形成一个拥有 3.6 亿消费者、每年国民生产总值超过 6 万亿美元的世界最大的自由贸易集团。

在外商投资领域,NAFTA 的总则规定,除墨西哥的石油业、加拿大的文化产业以及美国的航空与无线电通信外,取消绝大多数产业部门的投资限制。对白领工人的流动将予以放宽,但移民仍将受到限制。该协定规定,由执行规定而产生的争执将交付给独立促裁员组成的专门小组解决;如果大量进口损害一国国内的工业,将允许该国重新征收一定的关税。

就服务部门而言,NAFTA 协定覆盖的服务部门相当广泛。该协定的第十二章"跨境服务贸易"建立了旨在实现跨境服务贸易自由化的规则和原则框架。NAFTA 协定采用列举"负面清单"方式来规定其适用的服务部门的范围,即如果一个服务部门没有被明确排除在协定调整范围之外,那么该服务部门就会自动适用。

该负面清单列入的服务和活动有:(1)金融服务、与能源或基础石油化工有关的服务;(2)航空服务及其支持服务(除航空器维修服务和特种航空服务之外);(3)跨境劳工贸易,政府采购,政府补贴,成员国政府所进行的与法律执行、收入保障、社会福利和国家安全有关的活动;(4)其他部门,允许各成员方作出不同程度、或全部或部分的保留。此外,其他章节和附录还分别就电信服务、金融服务、陆地运输、专业服务进行专门规定。

在金融服务、陆地运输服务、投资、特种航空服务、专业服务和某些商业服务领域适用"禁止回退"（rollback）原则，即所有的保留或例外只能朝着自由化方向发展，而不能更趋向严格。

通过列举"负面清单"的方式，NAFTA 使得北美形成了一个较为开放的服务贸易市场，在许多复杂和高度控制的服务部门取得了较大的自由化进展，其服务贸易市场的自由化程度超过国际多边服务贸易谈判所能达到的程度。在美国、加拿大、墨西哥三国中，美国、加拿大作出的服务贸易自由化承诺多一些，而墨西哥的情况则较为不同。墨西哥在对许多服务部门作出服务贸易自由化承诺的同时，又提出许多保留，其不受约束的保留部门主要有基础电信、空运和海运、政府服务等。

就服务提供的方式而言，NAFTA 协定完全覆盖了 GATS 项下有关提供服务的四种方式。NAFTA 第十二章"跨境服务贸易"包括对一项服务的生产、分配、营销、销售、交付、购买、使用，以及与服务有关的运输、支付等要素，涵括 GATS 项下的"跨境提供"和"境外消费"。NAFTA 第十一章"投资"适用于包括非股权利益的各种形式的投资，含义广于 GATS 项下的相应定义，适用于为提供服务而进行的投资活动（即 GATS 项下的"商业存在"）。GATS 项下"自然人移动"的相应规定可见 NAFTA 第十六章"商人临时入境"。

NAFTA 采用的负面清单形式，由产业、子产业、行业分类、保留类别、说明、现行措施等六个项目组成，具体情况见表 3.7。加拿大负面清单举例见表 3.8。

表 3.7　NAFTA 外商投资的负面清单形式

产业	系指所作保留的一般产业
子产业	系指所作保留的具体产业
行业分类	系指在适用的情况下，根据国内行业分类代码，保留所涉行业或活动
保留类别	具体说明所作保留正对的第一款所指义务，如国民待遇、最惠国待遇
说明	列明保留所涉产业、子产业或活动的范围，以及
现行措施	为了提高透明度，明确适用保留所涉产业、子产业或活动的现行措施

资料来源：笔者根据公开资料整理得到。

表 3.8　NAFTA 的加拿大负面清单(举例)

产业	通信
子产业	电信传输网络与服务,无线通信与海底电缆
行业分类	中心产品分类 752——电信服务 中心产品分类 7543——连接服务 中心产品分类 7549——不另分类的其他电信服务(仅限电信传输网络与服务)
保留类别	国民待遇(第 1102 条),最惠国待遇(第 1103 条),高级管理层与董事会(第 1107 条)
说明	投资 对电信传输网络与电信传输服务、无线通信与海底电缆的投资,加拿大保留采取或维持任何措施的权利,包括所有权限制以及有关公司行政人员、董事和公司注册地的措施。本项保留不适用增强或增值服务的供应商,只要其基本电信传输设施是租赁自公共电信传输网络供应商
现行措施	《加拿大贝尔法案》,1987 年《加拿大法典》第 19 章 《不列颠哥伦比亚电话公司特别法案》,1987 年《加拿大法典》第 66 章 《加拿大环球电信公司重组与资产剥离法案》,1987 年《加拿大法典》第 12 章 《加拿大电信卫星公司重组与资产剥离法案》,1991 年《加拿大法典》第 52 章 《无线通信法案》,1985 年《加拿修订法典》第 R—2 章 《电报法案》,1985 年《加拿修订法典》第 T—5 章 《电信政策框架》,1987 年

资料来源:笔者根据公开资料整理得到。

　　NAFTA 负面清单的产业分类有三种情况。(1)"墨西哥行业与产品分类",系指国家统计、地理与信息协会发布的 1988 年《墨西哥行业与产品分类》中所列代码。(2)"中心产品分类",系指联合国统计署发布的 1991 年《临时中心产品分类》(统计文件,M 系列,第 77 号)中所列中心产品分类代码。(3)"标准行业分类",系指 a.对加拿大而言,加拿大统计局发布的 1980 年第四版《标准行业分类》中所列代码;b.对美国而言,美国行政管理预算局发布的 1987 年《标准行业分类手册》中所列编码。

　　4. 美国和新加坡的《自由贸易协定》

　　另一个例子是,2004 年美国与新加坡签订的《自由贸易协定》(USSFTA)。USSFTA 协定条款纲要见表 3.9。

　　美国和新加坡两国对于服务业中的电信产业、金融服务、电子商务以及投资,都有明确的文件予以相应的限定和保护,主要内容包括四个方面。

表 3.9 美国—新加坡的 USSFTA 协定条款纲要一览表

条 款	条 款	条 款
1. 建立自由贸易协定及定义	8. 服务贸易	15. 投资
2. 免责条款及国民待遇	9. 电信	16. 知识产权
3. 原产地说明	10. 金融服务	17. 劳动力
4. 报关程序	11. 商务人员流动	18. 环境
5. 纺织服饰的特殊规定	12. 竞争条款(对非竞争性商务活动,国有企业,确定性垄断等活动的界定和解决条款)	19. 信息公开
6. 技术性贸易壁垒	13. 政府采购	20. 争端解决
7. 安保条款	14. 电子商务	21. 结语

资料来源:根据新加坡商务部官网资料整理得到。

(1)电信产业。因为电信产业具有一定的自然垄断性质,所以新加坡和美国双方在 USSFTA 中的第九章从供给和合作角度对两国电信企业作出了相应的约束。在协议中,双方对进入和使用公共电信传送网络作出规定,并对主要供应商的行为作出约束,如鼓励合作、保护竞争等。同时对于一些细节问题,如海底电缆、稀缺资源配置等,都提出了相应的解决方案。

(2)金融服务业。对于世界各国都最为关注的核心内容——金融服务业,新加坡和美国双方在 USSFTA 的第十章进行了详细的备注,包括内容概述、双方分别列出的保留条款,以及特别承诺条款。双方的保留条款当中以负面清单形式列明了开放的具体行业,其中包括银行、有价证券、保险等大类行业部门。特别承诺条款则对双方签署文件当中的具体条款作出补充说明。

(3)电子商务。USSFTA 中的第十四章列出了具体举措。协议中指出对于通过电子商务进出口的数字产品(如图片、音像产品等),不予征收关税或收取其他费用。同时,双方也非常注重知识产权问题,在文件中也列明数字产品的载体介质(如磁带、DVD 等)价值需附加上数字产品本身的价值,不能低估其实际价值。

(4)投资。USSFTA 的第十五章是新加坡和美国双方签订的投资条款。该条款从索赔和企业行为约束两个维度进行阐释。USSFTA 条款中对于索赔方进行索赔的具体要求,如索赔时间、索赔依据、索赔范围等进行了解释说明。业绩要求(PR)条款则是对专有开放的行业进行背书,例如,可对指定性垄断企业和政府企业开放或者不对第三方企业进行开放,等等。

美国—新加坡的 USSFTA 协定涉及负面清单内容,有跨境服务、投资,以及金融服务等特殊服务行业。USSFTA 负面清单内容见表 3.10、表 3.11。

表 3.10　美国—新加坡 USSFTA 服务贸易负面清单(附件 8A,举例)

部　门	卫生和社会服务
分部门	医疗服务
行业分类	CPC 9312,医疗服务
服务限制种类	国民待遇,当地存在
政府级别	中央
措施依据	医药注册法,CAP.174
描述	跨境服务 只有在新加坡医药理事会注册并且居住在新加坡的人才有资格提供医疗服务。 非新加坡公民在申请获得新加坡医药理事会正式注册之前必须完成不低于 6 年的有条件的注册
逐步淘汰	无

资料来源:新加坡自由贸易区政府网站。由笔者翻译和整理。

表 3.11　美国—新加坡 USSFTA 服务贸易负面清单(附件 8B,举例)

部　门	卫生和社会服务
分部门	医疗服务,医药服务
行业分类	CPC 9312,医疗服务
服务限制种类	市场准入
政府级别	中央
描述	跨境服务。新加坡有权采取或维持任何限制有资格在新加坡行医的医生和药剂师的数量的措施
现有措施	无

资料来源:新加坡自由贸易区政府网站。由笔者翻译和整理。

USSFTA 的"跨境服务"负面清单有两种。按负面清单监管行业进行分类,有 A 类和 B 类。A 类是指停顿保留条款(stand-still reservations)。它涵盖了那些随时间推移将获得越来越少限制的行业。B 类则涵盖了那些高度敏感的部门,政府对这些部门的控制只会越来越严格。

负面清单形式包括:部门、分部门、行业分类、服务限制种类、政府级别、措施依据、具体描述、逐步淘汰等八项(表 3.12)。服务限制种类是指与正文协议规定的不符措施,与开放维度相对应。一般情况下,新加坡对外签署的自由贸易协定涵盖了市场准入、国民待遇、国内规制、透明度、最惠国待遇、当地存在共六个开放维度,具体参见表 3.13。对于服务部门的分类,根据 1991 年联合国统计局临时中央货品分类号列(CPC),采用三级代码行业分类,没有 CPC 号列的行业则以"·"代替。

表 3.12 新加坡自由贸易协定的负面清单结构

结　构	描　　　述
部门	受到限制的部门
分部门	受到限制的分部门
行业分类	根据在临时中央产品分类(统计文件 M 辑第 77 号,国际经济和社会事务部、联合国统计局,1991 年)中使用的临时 CPC 编码
服务限制种类	服务和投资两章中规定的不符措施,与开放维度相对应
政府级别	政府的级别表明政府维持清单所列措施的能力(水平)
措施依据	法律、法规或其他措施
具体描述	包括跨境服务和投资。对于新加坡来说,列明了与协议不相容的部分;对于缔约国而言,只作了一般的非限制性规定
逐步淘汰	列明了自协议生效之后会进行开放的承诺

资料来源:笔者根据新加坡商务部官网资料整理得到。

表 3.13 新加坡自由贸易协定的服务开放维度

开放原则	描　　　述
市场准入	不得在以下六个方面采取任何限制措施:1.服务提供者的数量;2.服务交易或服务资产的总价值;3.服务运营的总价值或者服务总产出值;4.自然人的总量;5.法人实体或者合资企业的类型;6.外资参与

续表

开放原则	描　　述
国民待遇	给予对方的服务或服务提供者不得低于其给本国相同服务和服务提供者的待遇
国内规制	所有影响服务贸易的措施或政策公平和客观
透明度	所有影响服务贸易的相关措施必须在一段合理的期限内告知自由贸易协定伙伴
最惠国待遇	给予对方的其他待遇不得低于其在类似情况下对非缔约方的服务提供者的待遇
当地存在	不得要求对方的服务提供者在本国领土上设立办事处或任何形式的企业,也不得要求对方的服务提供者居住在本国

资料来源:新加坡自由贸易区政府网站。由笔者翻译和整理。

3.2.4　投资保护协定负面清单的框架要素

《美国 2012 年 BIT 范本》的第三条"国民待遇"定义,包括三个方面的内容:一是给予外商投资者在设立、获取、扩大、管理、经营、运营、出售或其他投资处置方面给予国内投资者的待遇;二是在涵盖投资概念下给予外商投资者在设立、获取、扩大、管理、经营、运营、出售或其他投资处置方面给予国内投资者的待遇;三是在地方政府层面,在上述两个条款上,由地方政府给予国内投资者的待遇,或者其他地方政府依法组建的企业及它们的投资者的待遇。

《美国 2012 年 BIT 范本》给出了宽泛的国民待遇定义,并要求在该定义下,制定负面清单,一旦签署即需要中长期执行,不得修改。在这种情况下,中国在谈判中编制相关负面清单有很大难度和困难。

《美国 2012 年 BIT 范本》提供了外资负面清单的框架要素。外资负面清单是 BIT 协议的三个附件。根据 BIT 协议约定,附件一中的外资准入不符措施,采用"棘轮"制,即随着时间的推移,这些政策只能放宽,不能加严;对于附件二中的不符措施,今后可以加严,但事先需要锁定产业,如新兴产业或保留行业等;附件三涉及金融服务业,对其也采用"棘轮"制。

外资准入负面清单有五项要素:(1)部门(保留行业);(2)特定义务(国民待遇、

最惠国待遇);(3)层级(全国层面、地方层面);(4)描述(法律依据);(5)措施,外资准入不符措施的具体表述包括股权限制、运营限制、模式限制、行业限制等、高管和董事会、业绩要求等。具体情况见表 3.14。

表 3.14　《美国 2012 年 BIT 范本》的负面清单的要素框架

要　素	内容说明
1. 部门	国民经济行业分类中的大、中、小类行业
2. 特定义务	国民待遇、最惠国待遇、业绩要求和高管董事会条款,或其他
3. 层级	全国层面,或者地方层面
4. 描述(法律依据)	相关法律依据,明文规定是什么
5. 措施	外资准入不符措施的具体表述

资料来源:根据《美国 2012 年 BIT 范本》相关内容整理得到。

《美国 2012 年 BIT 范本》提供了投资保护协定的基本框架、格式、要素和关键词定义等。中国与美国开展 BIT 谈判,需要借鉴这种框架体系,着手制定中方关于 BIT 的负面清单,同时推进中国投资体制改革,逐步从规则体系的接受者转型到规则体系的贡献者。

制定负面清单的相关要素有:(1)逐步淘汰(停顿保留敏感性行业);(2)服务限制种类(国民待遇、最惠国待遇、当地存在、跨境服务等);(3)政府救济和补贴;(4)纳税义务;(5)政府采购;(6)获得地方财政等。这些相关要素视情况加以说明。负面清单的逐步淘汰是指将保留行业分为 A 类和 B 类。A 类是指停顿保留条款,涵盖了那些随时间的推移将获得越来越少的限制的行业;B 类涵盖高度敏感的行业或部门,政府对这些部门的控制只会越来越严格。

仔细分析国际上不同的自由贸易协定,或者投资保护协定,有关负面清单编制,不仅有五要素框架,也有六要素框架、八要素框架等。具体情况见表 3.15。

表 3.15　外资准入负面清单的两种类型和要素框架

类　型	主要形式	主体	举例	要素框架
东道国外资准入负面清单	1. 外商投资法律体系	东道国	美国、德国、英国、法国、意大利、加拿大	伞形投资法律体系,法律框架下的负面清单管理,分层管理

续表

类　　型	主要形式	主体	举例	要素框架
东道国外资准入负面清单	2. OECD 外资国民待遇指南	东道国	英国、美国	国家和地方层面，内容涉及投资领域、政府补贴、税收等。中央、地方各五项要素框架
	3. 单一文本型负面清单	东道国	菲律宾	保留行业＋外资股权限制，RA 产业分类
自由贸易协定和投资保护协定负面清单	4. NAFTA 负面清单	缔约方	美国、加拿大、墨西哥	1992 年签署，最早的负面清单，负面清单有六项要素框架
	5. 美国—新加坡 USSFTA 负面清单	缔约方	美国—新加坡	负面清单分 A 类和 B 类，负面清单有八项要素框架
	6. BIT 投资协定负面清单	缔约方	美国—他国	宽泛投资定义，双向投资保护，负面清单有五项要素框架

资料来源：由笔者整理得到。

3.2.5　OECD 外资国民待遇的不符措施

OECD 是由 30 多个市场经济国家组成的政府间国际经济组织，旨在共同应对全球化带来的经济、社会和政府治理等方面的挑战，并把握全球化带来的机遇。该组织成立于 1961 年，总部设在巴黎。

2014 年，OECD 共有 34 个成员国，它们是：澳大利亚、奥地利、比利时、加拿大、捷克、丹麦、芬兰、法国、德国、希腊、匈牙利、冰岛、爱尔兰、意大利、日本、韩国、卢森堡、墨西哥、荷兰、新西兰、挪威、波兰、葡萄牙、斯洛伐克、西班牙、瑞典、瑞士、土耳其、英国、美国、智利、爱沙尼亚、以色列、斯洛文尼亚等。OECD 成员国提供了全世界近 60% 的商品和服务，与世界上其他超过 70 多个国家进行着技术和观点交流。

OECD 提供这样一种机制：各国政府可以相互比较政策实践，寻求共同问题的解决方案，甄别出良好的措施和协调的国内、国际政策。该机制以平等的监督作为有效激励手段来促进政策进步，执行的是"软法"而非强制性手段（比如 OECD 公司治理原则），有时也促成了正式的协议或条约。

在外商投资领域,OECD 提供了相关成员国对外商控制企业的国民待遇和负面清单政策,以及外商控制企业的国民待遇和有关透明度的措施报告清单。

对外商控制企业的国民待遇和负面清单政策,各国以统一格式给出了作为东道国的政策,具体分两个维度展开:一是国家和地方层面;二是具体内容,含投资领域、政府补贴、纳税义务、政府采购、获得地方财政等。这里给出的有关国民待遇和负面清单政策,主要用于政策比较,而不是成员国之间的协议。给出的国民待遇和负面清单均不涉及产业分类。OECD 中英国和美国的外商投资国民待遇,分别见表 3.16、表 3.17。

表 3.16　OECD 中英国外商投资国民待遇的不符措施

类　别	内　容	具体说明
例外:国家层面	通过设立的外商控股企业投资	银行业:互惠条件的外商独资机构,这是英国的,并具有作为开证的房子,有资格领导管理的问题,英镑在英国的能力 航空运输:(略)。海运:(略)。内河航道:(略)。电台和电视台:(略)
政府救济和补贴	无	/
纳税义务	无	/
政府采购	无	/
获得地方财政	无	/
例外:地方层面	无	/

资料来源:OECD 的国民待遇指南。

表 3.17　OECD 中美国外商投资国民待遇的不符措施

类　别	内　容	具体说明
例外:国家层面	通过设立的外商控股企业投资	捕鱼:外国控制的企业不得从事涉及沿岸贸易的某些捕鱼作业;……;钓鱼:(略);采矿、石油和天然气:(略);原子能生产:(略);银行业:(略);航空运输:(略);航空货运和包机活动:(略);海运:(略);通信:(略);电信:(略)
政府救济和补贴	有	跨部门:(略);能源:(略);农业部:(略)
纳税义务	无	/

续表

类　别	内　容	具体说明
政府采购	有	技术服务合同;航空运输
获得地方财政	无	/
例外:地方层面	通过设立的外商控股企业投资	加利福尼亚州、伊利诺伊州、爱荷华州、堪萨斯州、明尼苏达州、密苏里州、内华达州、新罕布什尔州、新泽西州、纽约州、北卡罗来纳州、北达科他州、宾夕法尼亚州、南达科他州（上述州均有具体条款）
政府救济和补贴	有	夏威夷州、北卡罗来纳州(均有具体条款)
纳税义务	有	蒙大拿州(均有具体条款)
政府采购	无	/
获得地方财政	无	/

资料来源:OECD 的国民待遇指南。

英国在国家层面对外商投资领域的限制有银行业、航空运输、海运、内河航道、电台和电视台等六个领域;在政府救济和补贴、纳税义务、政府采购、获得地方财政等方面,对内外资的待遇一致;在地方层面,对外商投资无专门限制。

美国在国家层面对外商投资领域的限制有捕鱼、钓鱼、采矿、石油和天然气、原子能生产、银行业、航空运输、航空货运和包机活动、海运、通信、电信等十一个领域;在政府救济和补贴、政府采购方面,对外资有不同的政策;在纳税义务、获得地方财政方面,对内外资的待遇一致。美国在地方层面对外商投资有比较具体的限制,包括在投资领域限制、政府救济和补贴、纳税义务等方面,相关州对这些方面有具体规定。

归纳起来,世界多数国的外资国民待遇不符措施的共同特征表现在四个方面。

第一,凡是联邦制国家,分别有全国版和地方版的负面清单和具体政策,如美国、澳大利亚、加拿大等;凡是非联邦制国家,大都采用全国统一的外商准入政策。

第二,产业门类较齐全的国家,对外资准入保留行业相对较多;反之,产业门类不齐全的国家,对外资准入保留行业相对较少。例如,许多国家没有发展核能源的产业条件,对外资准入就没有必要制定相关禁止措施。

第三,区域外资准入政策有相似性,如欧盟国家、北美自由贸易区国家等。

第四,禁止或限制外资的共性产业有(按国家数量排序):航空运输、海运、渔业、电台和电视台、土地房地产、内河航道、电信、金融服务、会计法律咨询、采矿等。

3.2.6　市场准入和企业监管的管理模式

经济发达国家或地区在市场准入和企业监管的管理方法有三个。

一是简化企业设立程序,内外资统一准入制度。新加坡、中国香港等国家或地区具有便捷的企业开办程序,创办企业所需时间很短,大体只需要 3 个工作日。美国对外国直接投资没有专门的审批程序,可视同本土企业,遵照相关法规,按照规定程序直接到所在地区的投资主管部门申报即可。一旦准许企业注册登记设立,发达国家或地区一般不会对企业经营的业务范围或行业设置进行任何管制。同时,根据国际竞争和开放的需要,逐步放宽一些重要行业的业务范围限制。但是对于某些业务或行业,投资者必须申领牌照或者许可证。

二是企业监管注重事后跟踪和安全审查。对于企业设立后的营运监管工作,许多国家或地区采用备案制度。例如在美国,在公司注册成立之后,公司需要向注册地政府和运营地政府报备一份“年报”,并且每年需要向相关政府支付费用以维持公司的续存。

三是政府管理更加注重营造法制化的营商环境。建立内外资一致的市场准入和企业监管制度,以完善健全的法律法规体系作为监管依据。不断修订并完善在竞争中立、保护投资权益、保护知识产权、保护环境、保护劳工、审计会计、税务管理等方面的法律体系,实现有法可依和有效监管,营造国际化、市场化、法制化的营商环境。

3.2.7　提高透明度和外资优惠政策体系

透明度是外资准入国民待遇能否实现的重要保障,也是预测能否执行的重要前提。从一般意义上说,行政透明度的概念界定包含四个方面:(1)内容清晰明了,制定有关法规、规章和规范性文件时,主动公开草案内容,征求公众意见,在公布和实施之间还要预留合理期限;(2)明确政府行政权力清单以及运行流程;(3)建立行政异议制度;(4)建立信息发布机制,便利社会各方面的查询。

2003 年 OECD 的《透明度措施清单报告》对透明度条款给予了一些规定：(1)提出互利的、实际的，且有适当安全考虑的、正式或非正式的、有关如何向其他国家通过以及磋商双边协定；(2)对通告和双边磋商请求给予迅速合理的考虑；(3)一旦可行，即向其他成员国说明那些可能与其国家法律要求及现存政策产生的冲突，并可能导致给跨国公司施加不一致要求、各国政府准备实施的新的法律法规；(4)对于其他国家和跨国公司，或者其他双边接受的协定所提出的国际咨询要求，给出迅速合理的考虑。

欧美国家外资准入国民待遇的透明度措施有三个特点。

第一，投资规则的公开。东道国清晰公布外资进入管理的有关法律、法规、协议等。均对国外投资进入领域的管理规则给出本国的法律依据，并且所对应的法律文书都给予公开，从而防止不公开的贸易发生，避免歧视。

第二，沟通机制的建立。东道国政府建立了一系列通报制度和与企业之间的沟通制度，例如，美国通过商务部来公布相应的国外投资信息，以及与企业之间的契约沟通。此外，东道国政府制定新的政策应有规范流程，需要提前一个时间周期公示，从而让市场有一个反应期。

第三，允许例外情况的存在。例如，美国规定国外投资企业不能有包括机密信息的合约或者子合约，但是在一定条件下是可以例外的。例外原则豁免了各成员之间一部分公开义务，比较稳妥地处理了公开与保密的关系。具体情况见表 3.18。

表 3.18　美国国民待遇的透明性原则简述

透明度范围	内　　　容
投资规则的公开	1. 在美国贸易和竞争法案规定下，美国总统在发现对国家有危害的背景下，有权力阻止外资进入；该条的支持法案为《生产防卫法案》(1950 年)、《综合贸易和竞争法案》(1988 年) 2. 各个行业的进入规则都有相应的法案规定，例如，航运业准入规则的法案为《联邦航空法》(1958 年)，广播电视行业准入规则的方案为《通讯法》(1934 年)，等等
沟通机制的设立	在 1984 年的法律规定下，美国商务部被授权，可以通过一个竞争式程序，与国外投资方进行沟通，以及通报本国的规则与相关制度
例外情况的存在	根据防卫性规则，美国规定国外投资企业不能有包括机密信息的合约或者子合约，但是在先前案例支持下是可以例外的

资料来源：2013 年 OECD 的《透明度措施清单报告》。

欧美国家的外资准入优惠政策包括行业优惠政策、地区优惠政策、技术协助政策、特殊援助计划等。具体情况见表 3.19。

表 3.19　欧美国家的外资准入优惠政策规定

国家	部分优惠政策
美国	1. 税收优惠,针对可再生能源的税收优惠 2. 资金支持,涉及清洁能源、创新材料和先进碳捕捉技术流程等 3. 技术协助,对特定项目提供资金、场地、服务支持等
加拿大	1. 税收优惠,将正常的企业税率降低,可低至 70% 2. 行业鼓励政策,对制造及生产行业的税率再降低 8%,等等
德国	1. 行业鼓励政策,通过投资补贴、投资补助、长期优惠贷款和国家担保降低投资成本 2. 地区鼓励政策,包括面向原东德地区出台的优惠政策、欧盟地区政策和德国地区政策
英国	1. 国家援助计划,向在英国开展业务或扩大规模的国内外企业提供财政支持 2. 地区援助计划,英国政府向英格兰、苏格兰和威尔士"受援助地区"提供资金支持 3. 特殊援助计划,可以给国家带来特殊利益的研发项目,涉及金额达 50 万英镑的,经技术战略委员会批准,可获得财政支持 4. 研究和开发援助计划,对于从事研发业务的大型企业及中小型企业,税收 100% 减免
法国	1. 行业鼓励政策,无论企业设在法国哪个地区,只要符合政策规定均可享受政策优惠,大致有四种方式的税务抵偿机制(CIR) 2. 地区鼓励政策,法国对"优先发展地区"的投资活动提供优惠政策待遇,主要包括临时免征营业税、临时免征企业所得税等
意大利	1. 行业鼓励政策,含对生产、研究开发、中小企业等在税收和资金支持方面的优惠政策 2. 地区鼓励政策,对两大类地区投资给予优惠待遇,在资金补助、行业、优惠措施的累加等方面有规定

资料来源:笔者根据相关资料整理得到。

欧美国家对外资优惠政策的内容主要包括:(1)经济支持,例如,英国认为可以给国家带来特殊利益的研发项目,涉及金额达 50 万英镑的,经技术战略委员会批准,可获得财政支持;(2)地域政策,例如,法国经济园区根据其功能性,一般设置在地区性主要城市的远郊、大学科研机构周边、临近海陆空交通枢纽的地区等,并对落后地区的投资给予奖励;(3)税务方面的优惠,例如,美国规定外国货物入区时无须立即缴纳关税,以及入区外国货物再出口时,无须缴纳关税,也不受配额限制。

从欧美国家的鼓励优惠政策来看,并不单是为了吸引外资进入,更多是促进落后行业和地区的发展。例如,美国对再生能源行业领域的优惠政策,法国将其地区优惠政策主要施加于本国的落后地区。

此外,还有特殊经济区域的规定。为了吸引海外投资进来,欧美国家都会设置一些特殊经济区域并给予特殊政策。例如,德国的"阿德勒斯霍夫高科技产业园区"。美国对自由贸易园区分为"一般区"和"特别区"两类,在职能和规定上略有区别。加拿大对特殊区"爱德华王子岛"给予特殊免税政策,该区的优惠措施包括:按照爱德华王子岛商业发展计划全部免除所得税、房地产税和省级营业税。

为鼓励非欧盟企业通过英国在欧盟地区建立基地,英国政府放宽了曾控制非常严格的进口管制(英国政府以前规定,进口商品在进入英国当地市场或再出口之前,必须在指定的自由贸易区进行加工),对那些希望在进口加工前适用高关税而在加工后适用低关税的企业提供帮助。

欧美国家的外资优惠政策包括行业优惠政策、地区优惠政策、技术协助政策、特殊援助计划、特殊经济园区(SEZ)政策等。欧美外资优惠政策内容包括三个方面。(1)经济支持,如英国对可以带来特殊利益的研发项目,经技术战略委员会批准,可获得财政支持。(2)税务优惠,如美国对再生能源行业领域的优惠政策。欧美国家的优惠政策不仅是为了吸引外资,而且是为了促进落后行业和地区的发展。(3)地域政策,如特定区域和特殊经济园区的优惠政策。美国联邦政府对外资实行"竞争中立"政策,联邦政府不出台针对特定地点、特定行业的优惠政策,各州和地方政府根据当地情况出台吸引或限制投资的具体政策。

3.2.8 外资并购管理和国家安全审查

随着全球经济化的发展,外资通过股权收购方式进入一国成为常态,那么针对外资管理,对并购等方面应该有清楚的规定,要有一定的审批机制,同时在行业上也应该给出明确的规定。欧美国家对国外企业收购本土企业都有一定的规定,并且审查较为严格。例如,美国有三个部门审核外资收购,法国对股权收购有一系列规定,英国通过"收购与兼并准则"对海外收购进行管理。

在英国,外资或英国公司必须同时遵循有关垄断和兼并的规定,收购大型或经济上有重要影响的英国企业必须获得政府批准,收购的方式主要有购买资产和股票两种方式。法国对公司和股权收购有一系列相关规定,其中根据被收购公司的类型、销售额、股权变更情况给予不同的规定。美国利用不同的部门对跨国并购进行审查和监管。具体情况参见表 3.20。

表 3.20　部分国家对并购管理的措施

国家	部分并购管理内容
美国	1. 对所有收购活动的监管,主要由联邦贸易委员会和司法部这两个反垄断机构进行,目的是保护市场公平竞争 2. 对收购上市公司的监管,由美国证券委员会(SEC)进行 3. 对外资收购美国公司的监管,主要由美国外国投资委员会(CFIUS)进行
英国	1. 外国和英国公司必须同样遵循有关垄断和兼并的规定,收购大型或经济上有重要影响的英国企业,必须获得政府批准 2. 收购英国上市公司一般由竞标方向目标公司股东提出要约,在要约期间,竞标方和目标公司应遵守伦敦金融城的"收购与兼并准则" 3. 收购非上市公司有两种方法:购买资产拥有公司的股票,或者购买组成该公司的资产;在一些情况下,同时购买公司的债务
法国	1. 上市公司如果发生 5% 的股份或投票权持有人变更,购买人应遵守金融市场透明度规则,向金融市场管理部门提供相关信息 2. 相关企业税后销售总额超过 1.5 亿欧元,或者两家或两家以上合伙公司在法国实现税后销售总额达到或超过 5 000 万欧元的企业合并案,必须获得经济部长批准 3. 相关企业全球销售额超过 50 亿欧元,或者两家及以上相关公司在欧盟成员国内的销售额分别超 2.5 亿欧元的企业合案,必须向欧盟委员会提交情况说明 4. 一旦有外资恶意收购法国上市公司,法国企业就可以免费方式发行股票认购券,增加股东实力,抬高企业资本,从而增强企业的自卫能力

资料来源:中华人民共和国商务部的《对外投资合作国别(地区)指南》,以及 OECD 的《外资企业国民待遇》(2013 年)。

外资并购管理和国家安全审查是维护国家利益的重要环节,大多数国家都有相关的法律框架、工作机制、审查对象、审查标准和审查程序等。

美国外国投资委员会(CFIUS)负责外资国家安全审查。该机构是一个跨部门机构,涉及 8 个行政部门和 7 个白宫机构,办公机构设在财政部(牵头单位)。美国政府从三个方面予以审核:(1)是否涉及美国国防生产能力;(2)是否涉及向特定国家销售、转售军事技术；(3)是否影响美国在国家安全领域的技术领先地位。由外资企业自己决定是否要进行安全审查，申请审查通过的企业，则会被列入"安全港"。如果企业自己决定不进行安全审查，则可能随时受到相关部门出于各种安全方面的考虑而进行的审查。

3.2.9 影响负面清单管理实施效果的三个因素

根据国际经验，影响负面清单管理的实施效果取决于三个因素：一是外资负面清单文本质量，其基础是法律法规体系；二是东道国行政管理透明度和保留措施；三是东道国国民待遇的质量。第一个因素是东道国对国际社会的双边承诺或多边承诺，后两个因素则取决于东道国的经济发展水平、政府行政管理水平和法制化水平，以及各国的外资国家安全审查机制。

3.3 中国推进外资负面清单管理的选择

3.3.1 编制外资准入负面清单的路径选择

借鉴国际经验，中国编制外资负面清单应该关注两个方面：一是完善负面清单的结构框架和要素；二是提高外商投资开放度和透明度。两者不可偏废。然而，目前社会舆论的关注点为增加开放度，具体表现为"保留行业＋特别管理措施"数量的减少。本章研究课题组认为，负面清单结构框架和科学性问题，以及开放度问题，应该同步解决。

中国编制外资准入负面清单，存在两种路径选择。

路径之一是延续外商投资产业指导目录的内容，在原有基础上设法削减"保留行业"和"特别管理措施"20％—30％的内容，并在其他方面作一些补充和完善。

这一路径的优点是在短周期内比较可行，路径清晰，至少在原有方案上有所改善和进步，也比较符合社会舆论的要求。缺点是难以解决"碎片化、口径窄、缺要素"等问题，与国际负面清单结构框架仍存在较大距离，与国际接轨存在距离，难以实现国务院要求的"逐步形成与国际接轨的外商投资管理制度"的目标。

(2) 路径之二是借鉴国际经验,以建立与国际接轨的外商投资制度为目标,建立中国负面清单的结构框架和要素,分步实施,逐步推进,从而形成中国开放型经济的外商投资制度。通过上海自贸试验区两到三年的试点,形成可复制可推广的经验。

这一路径的优点是逐步改变对《外商投资产业指导目录(2011 年修订)》的路径依赖,明确中长期目标,借鉴国际经验和惯例,形成中国负面清单框架结构和要素,便于为国家对外经贸谈判提供支持。若采用第二条路径,基本思路包括七个方面。

第一,形成中国外商投资的敏感性部门或行业。借鉴国际经验,中国是否可以选择农业,采矿、石油和天然气,原子能生产,银行业,航空运输,海运,通信,电信等行业,以及涉及民族文化、民生等的重要行业,作为敏感性保留行业。以国民经济产业分类中类行业口径作为敏感性行业口径。凡是敏感性部门或行业和特别管理措施,对外商准入长期不变。

第二,将现有负面清单保留行业分为 A 类和 B 类。A 类是指停顿保留条款,涵盖那些随时间的推移将获得越来越少的限制的行业;B 类是敏感性部门或行业,中国政府对这些部门的控制只会越来越严格。

第三,以保留行业为重点,形成中国负面清单结构框架和要素。其中,核心要素为:(1)部门(保留产业或行业);(2)特定义务或保留类别(国民待遇、最惠国待遇等);(3)层级(全国层面、地方层面);(4)法律依据,或称现行措施;(5)不符措施(特别管理措施的具体内容包括股权限制、运营限制、模式限制、行业限制等、高管和董事会、业绩要求等)。

第四,建立和完善中国投资法律体系。原先的"外资三法"是否可以归并为中国的"投资法",不必为一种外商投资形式专门制定一种投资法律,如外商投资企业法、外商投资项目法等。

第五,负面清单是相对国民待遇或最惠国待遇而言的。凡本国投资者禁止从事的行业或模式,则不必列入外资准入负面清单中。凡本国投资者限制从事的行业,也不必列入,如建设高尔夫球场等。

第六,逐步梳理相关政策体系。包括对外商投资的优惠政策、政府救济和补贴、外资税收政策、政府采购、地方财政特殊支持等。

第七,建立外资安全审查制度。欧洲无独立安全审查制度,美国设立了一个安全审查制度,在准入层面是全面放开的,由企业自己决定是否要进行安全审查,申请审查通过的企业,则会被列入"安全港",即不会再对该企业进行相关方面的审核。如果企业自己决定不进行安全审查,则可能被相关部门出于各种安全方面的考虑进行随时审查。

这是中长期目标,可以实现逐步与国际接轨,其中可以分步实施,通过编制自贸试验区负面清单(2014年版)、负面清单(2015年版),进行逐步试点完善。

3.3.2 具体措施和建议

第一,关于负面清单的产业分类选择,遵循的原则有三条。(1)特别管理措施内涵与产业分类法要匹配,凡涉及服务模式,一般采用国际CPC分类法;凡涉及整个行业的,一般采用国民经济行业分类法。(2)凡应用国民经济产业分类法,一般选用东道国的标准。(3)国民经济行业分类和CPC分类可以交叉使用。

参照这些原则,自贸试验区负面清单采用中国国民经济行业分类法,从总体来看是恰当的。为了便于对照和开展国际经贸谈判,可以制定CPC分类法对照文本,供内部参考。当然,同步要解决碎片化问题。

第二,政府管理组织架构。可以参照美国做法,对外商投资一般管理由商务部负责,对外商安全审查,由于涉及领域广泛,有必要成立"外国投资委员会",从更高层面审视外资对国家安全的影响并进行审批。

第4章
自贸试验区负面清单管理初期实践和政策评估 [*]

4.1 上海自贸试验区外资负面清单管理的实践

4.1.1 中国外资管理体制改革的国家要求

2013 年 8 月 30 日,第十二届全国人民代表大会常务委员会第四次会议决定:授权国务院在上海自贸试验区内,对国家规定实施准入特别管理措施之外的外商投资,暂时调整《中华人民共和国外资企业法》《中华人民共和国中外合资经营企业法》和《中华人民共和国中外合作经营企业法》规定的有关行政审批。上述行政审批的调整在 3 年内试行,对实践证明可行的,应当修改完善有关法律;对实践证明不宜调整的,恢复施行有关法律规定。

2013 年 9 月 18 日,国务院印发上海自贸试验区《总体方案》(含附件:服务业扩大开放措施),在上海自贸试验区试行新外商投资管理体制,具体包括:一是探索建立负面清单管理模式,逐步形成与国际接轨的外商投资管理制度;二是改革境外投资管理方式,支持上海自贸试验区内各类投资主体开展多种形式的境外投资;三是选择金融、航运、商贸、文化等服务领域进行扩大开放。

根据国务院上海自贸试验区《总体方案》,上海自贸试验区的第二项任务是"扩大投资领域的开放",含扩大服务业开放、探索建立负面清单管理模式、构筑对外投

---

* 本章部分内容发表在《外国经济与管理》2014 年第 3 期。

资服务促进体系等具体任务。

《总体方案》指出,探索建立负面清单管理模式。具体内容有:(1)研究制订试验区负面清单,改革外商投资管理模式;(2)对负面清单之外的领域,内外资一致,由核准制改为备案制,并试点开展外资国家安全审查;(3)逐步形成与国际接轨的外商投资管理制度。经过两到三年的试点,形成可复制可推广的经验。

通过上海自贸试验区试点的目标要求有:(1)建立既符合国际通行做法,又适应中国国情的外资准入和监管体系,为包括外商投资企业在内的各类市场主体创造更为公平、公正、规范、透明的竞争环境;(2)为中美双边投资保护协定谈判、与他国的自由贸易或投资保护协定谈判提供佐证,促进国家之间的"双向开放",促进中国企业对外投资,优化中国外汇储备的结构;(3)为下一步修订"外资三法"和"外国投资法"立法探路。

开展外资负面清单管理的难点在于:其一,如何参照国际惯例,全面和前瞻性地阐述外资政策,做到文本简洁和透明度高;其二,如何形成外资管理新制度、新模式、新配套政策和法律法规等;其三,如何为本国新兴产业发展预留必要合理的空间。

4.1.2　上海自贸试验区负面清单和新管理模式

2013 年 9 月 29 日,《中国(上海)自由贸易试验区外商投资准入特别管理措施(负面清单)(2013 年)》(沪府发〔2013〕75 号)[简称负面清单(2013 年版)]颁布实施。此外,同年颁布的政策文件还有:(1)《中国(上海)自由贸易试验区外商投资企业备案管理办法》;(2)《中国(上海)自由贸易试验区外商投资项目备案管理办法》;(3)《中国(上海)自由贸易试验区境外投资项目备案管理办法》;(4)《中国(上海)自由贸易境外投资开办企业备案管理办法》。

负面清单(2013 年版)以外商投资法律法规、《外商投资产业指导目录(2011 年修订)》、《总体方案》等为依据,列明试验区内对外商投资项目和设立外商投资企业采取的与国民待遇等不符的准入措施。负面清单(2013 年版)按照《国民经济行业分类及代码》(2011 年版)分类编制,包括 18 个行业门类。S 代表公共管理、社会保障和社会组织,T 代表国际组织 2 个行业门类不适用负面清单(表 4.1)。

表 4.1　负面清单(2013 年版)房地产门类的特别管理措施

门类	大类	中类	小类(代码/名称)	特别管理措施
K 房地产业	70 房地产业	701	7010 房地产开发经营	1. 限制投资土地成片开发(限于合资、合作) 2. 限制投资高档宾馆、高档写字楼、国际会展中心,以及大型农产品批发市场的建设、经营 3. 禁止投资别墅的建设、经营
		702	7020 物业管理	开放
		703	7030 房地产中介服务	限制投资房地产二级市场交易及房地产中介或经纪公司
		704	7040 自有房地产经营活动	开放
		709	7090 其他房地产业	

资料来源:上海自贸试验区负面清单(2013 年版)。

负面清单(2013 年版)规定,除开列明的外商投资准入特别管理措施,禁止(限制)外商投资国家以及中国缔结或者参加的国际条约规定禁止(限制)的产业,禁止外商投资危害国家安全和社会安全的项目,禁止从事损害社会公共利益的经营活动。自贸试验区内的外资并购、外国投资者对上市公司的战略投资、境外投资者以其持有的中国境内企业股权出资,应当符合相关规定要求;涉及国家安全审查、反垄断审查的,按照相关规定办理。

香港特别行政区、澳门特别行政区、台湾地区投资者在自贸试验区内投资参照负面清单执行。中国其他有关政策文件适用于自贸试验区并对符合条件的投资者有更优惠的开放措施的,按照相关协议或协定的规定执行。

在负面清单基础上,外资准入享受国民待遇。对负面清单之外的行业,按照内外资一致的原则,将外商投资项目由核准制改为备案制,备案后按国家有关规定办理相关手续。推进工商登记改革,注册资本实缴改认缴,先照后证、一口受理、放宽企业经营领域,工商登记与商事登记制度改革与之相配合,逐步优化登记流程,完善行政管理体系,做到行政管理透明化,逐步形成与国际接轨的外商投资管理制度。

4.1.3 前后外资准入管理的三个重大变化

长期以来,中国外资投资准入采用的是《外商投资产业指导目录(2011 年修订)》。该目录分别列出了鼓励、限制和禁止外商投资的产业目录,相配套的是行政"核准制",即政府有关部门的审批制度。根据有关规定,按外商投资项目的规模(投资金额)和类别,分别由中央政府、省(直辖市)政府,或者地区县级政府负责审批,具体情况见图 4.1。

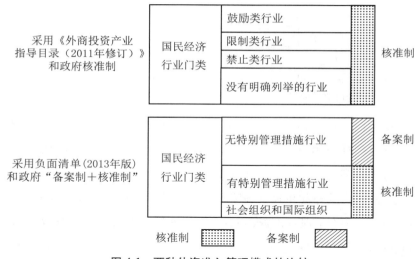

图 4.1 两种外资准入管理模式的比较

资料来源:根据相关资料绘制。

自贸试验区采用负面清单管理模式,凡是无特别管理措施的行业,外商投资企业或投资项目的准入采用备案制管理;凡是有特别管理措施的行业,外商投资准入采用核准制管理。因此,与自贸试验区负面清单管理相配套的是"备案制+核准制"。制度设计初衷是外商准入"备案制"的比例应超过 85%。

开展外资负面清单管理后,出现了三个重大变化。第一,外资管理体制与国际高标准投资规则基本接轨,这有利于落实新一轮开放战略,有利于中国开展双边投资保护协定谈判,有利于中国企业走出去。第二,负面清单行业覆盖面较全,消除了灰色领域,透明度较高。第三,政府对外资准入管理,由"核准制"向"备案制＋核准制"转变,外资准入备案管理的比例超过 85％,形成内外资一致的政府管理模式。

实践证明,这一方法清晰简明、流程简化,降低了外资企业运行成本,提高了工作效率,得到外资企业和市场的好评。

4.1.4　与外资负面清单管理相配套的管理措施

第一,服务领域扩大对外开放。2014 年 6 月国务院颁布的《中国(上海)自由贸易试验区进一步扩大开放的措施》涉及服务业领域开有 14 条。例如,在商贸领域取消对外商投资邮购和一般商品网上销售的限制;在物流领域放宽一些行业的外资股比限制,允许外商以独资形式从事国际海运货物装卸、国际海运集装箱站和堆场业务,允许外商独资从事航空运输销售代理业务,等等;在会计行业,允许取得中国会计师资格的香港地区、澳门地区专业人士担任会计师事务所合伙人;在医疗领域,取消外商投资医疗机构最低投资总额和经营年限的限制,等等。

服务业扩大开放措施有三大作用。一是在负面清单文本基础上,进一步提高了服务业开放度,即在负面清单对外资限制的服务业范围内,增加开放领域和措施。二是具有试点性质,由于这些新开放领域仍属于负面清单限制范畴,所以外资准入仍采用"核准制",需要得到相关政府主管部门的审批核准。三是加速中国服务业转型升级和发展服务贸易。

第二,转变政府职能,建立事中事后监管模式。建立国家安全审查制度、反垄断工作机制、企业年报公示和经营异常名录制度、社会信用体系、政府信息共享和综合执法、社会力量参与市场监督等六项新制度。按照国际化、法制化的要求,建立与国际高标准投资新规则相配套的行政管理方法,构建安全高效的开放型经济体系。

第三,构筑对外投资服务促进体系。改革境外投资管理方式,对境外投资开办企业和境外投资一般项目实行"备案制",提高境外投资便利化程度。构建境外投资服务体系,形成境外投资服务机制,包括提供境外投资法律支持、境外投资企业和人员的安全保障。加强境外投资事后管理和服务,形成多部门共享的信息监测平台,加强对外直接投资统计,建立外资进入和运行的信息服务平台,做好对外直接投资统计和年检工作。

第四,实行亚太运营商计划,吸引高质量外资。为了吸引总部经济和高水平外资企业入驻,对于符合条件的跨国公司总部和企业,可以冠以"亚太"字样,并采取"X+1"鼓励政策。其中,"X"是指在海关、工商、检验检疫、外汇、税务、公安等方面,给予各种便利;"1"是指个性化的政策设计,如财政支持、员工子女入学、人才政策等。为企业总部提供跨境金融服务。在中国人民银行的支持下,推进人民币跨境使用、资本项目可兑换、利率市场化和外汇管理体制改革。为自贸试验区内企业和居民开设 FT 账户,推进集团总部资金池、融资租赁、人民币跨境融资等试点。同时,建设黄金交易平台、国际能源交易平台。

第五,形成政府权力清单和责任清单。负面清单管理主要优点是透明度高,采用"逆向思维法",简洁易懂、便于理解,提高了效率,可以推广建立政府权力清单和责任清单。就企业而言,政府建立负面清单管理模式,明确企业不该干什么,除了负面清单涉及内容外,企业可以大胆去做,这一做法为企业松了绑,创造出更广阔的空间让企业去创造创新;就政府职能而言,形成"权力清单",简政放权,明确政府授权来源、权力内容、执法方式和流程程序,依法治政;就责任而言,制定"责任清单",明确政府责任所在、责任承担者和问责对象。

4.2　对自贸试验区负面清单（2013年版）的评估

4.2.1　负面清单（2013年版）存在的不足

负面清单(2013年版)采用"保留行业+特别管理措施"的结构。据统计,负面清单(2013年版)共有 190 条特别措施,禁止字样有 38 条,限制字样有 74 条,其余78 条涉及外商股权比例限制,或者合资限制和其他。

与市场经济体国家相比,与国际惯例接轨,负面清单(2013年版)存在的弱点可以用如下表述概括,即"碎片化,口径窄,开放度有待提高"。这些问题的存在,在上海自贸试验区 28 平方公里内试行可能问题不大,但可能导致负面清单管理难以可复制、可推广到全国,难以在 BIT 谈判、国家对外经贸谈判中作为支持。

1. 负面清单(2013 年版)"保留行业＋特别管理措施"内容碎片化

从内容来看,负面清单(2013 年版)的特别管理措施达 190 条,涵盖中国国民经济小类行业 509 个,占负面清单 18 个部门 1 068 个小类行业的 47.7%。负面清单(2013 年版)的保留小类行业和特别管理措施面广量大,与《外商投资产业指导目录(2011 年修订)》内容相比,新增的 30 多条特别管理措施的分布也很广,呈"碎片化"状态,具体情况见表 4.2、表 4.3。

表 4.2　负面清单(2013 年版)特别管理措施的产业分布

产业类别	措施来源(条)		措施类型(条)			小计(条)
	指导目录	新增措施	限制项	股权限制	禁止项	
18 个产业门类	162[a]	36	46	105[b]	39	190
第一产业	25	1	5	14	4	23
第二产业	74	6	18	46	8	72
第三产业	63	29	23	45	27	95
F 批发和零售业	6	4	4	6	3	13
G 交通运输、仓储和邮政	16	9	2	16	3	21
H 住宿和餐饮业	0	0	0	0	0	0
I 信息传输、软件和信息服务	0	4	1	3	4	8
J 金融业	5	2	3	2	0	5
K 房地产业	3	0	2	1	1	4
L 租赁和商务服务业	5	6	5	7	1	13
M 科学研究和技术服务业	5	1	3	5	4	12
N 水利、环境和公共设施	4	0	0	1	2	3
O 居民服务、其他服务	0	0	0	0	0	0

续表

产业类别	措施来源（条）		措施类型（条）			小计（条）
	指导目录	新增措施	限制项	股权限制	禁止项	
P 教育	3	1	0	2	1	3
Q 卫生和社会工作	0	1	1	0	0	1
R 文化、体育和娱乐业	16	1	2	2	8	12

注：a.这里主要是由《外商产业投资指导目录（2011年修订）》中,有三条不符合任何产业归类所致；b.这里是将（合作）类也视为合资要求统计。

资料来源：根据《外商投资产业指导目录（2011年修订）》与负面清单（2013年版）内容整理得到。

表 4.3　负面清单(2013年版)新增特别管理措施的产业分布

产业类别	限制类（条）	股权限制（条）	禁止类（条）	小计（条）
18 个产业门类	10	21	5	36
第一产业	0	1	0	1
第二产业	0	6	0	6
第三产业	10	14	5	29
F 批发和零售业	0	1	3	4
G 交通运输、仓储和邮政业	2	7	0	9
I 信息传输、软件和信息服务	0	2	2	4
J 金融业	2	0	0	2
L 租赁和商务服务业	2	4	0	6
M 科学研究和技术服务业	1	0	0	1
P 教育	1	0	0	1
Q 卫生和社会工作	1	0	0	1
R 文化、体育和娱乐业	1	0	0	1

资料来源：根据《外商投资产业指导目录（2011年修订）》与负面清单（2013年版）内容整理得到。

从表述上看,美国、英国负面清单也采用"保留行业＋不符措施"的形式；但重点在保留行业上,美国选择了捕鱼,钓鱼,采矿、石油和天然气,原子能生产,银行业,航空运输,航空货运和包机,海运,通信;电信等中类行业作为保留行业,然后根据国内法律提出不符措施,英国也是如此;这样架构清晰、容易理解、便于操作。然而,负面清单(2013 年版)的重点在 190 条特别管理措施上,各项措施内容差异大,不容易理解和记忆,会造成透明度不高的感觉。

从法理基础上看,负面清单"碎片化"的表述,造成寻找法理基础的困难。美国每个保留行业,能够以部门法律为依据,该法律依据很清晰。然而,"碎片化"的特别管理措施,在每个保留行业上寻找部门法律依据十分困难。

从行业口径归类上看,许多特别管理措施只针对某种产品或模式,若采用国民经济产业分类法,行业口径显得过于"宽松"和不匹配,若采用产品分类法 CPC 又显得更为琐碎。

从操作层面上看,负面清单"碎片化"的表述,造成规范表达和操作上的困难。负面清单管理需要政策落地和操作,"碎片化"的措施会造成识别、表达、规范等方面的困难。

2. 负面清单(2013 年版)的内容口径窄

负面清单(2013 年版)主要针对外商直接投资类型,以及外商投资准入阶段。美国 BIT 文本包括外商直接投资和外商间接投资(股票、债券、期货)、动产和不动产投资,还包括知识产权、许可、授权等,对外商投资者在设立、获取、扩大、管理、经营、运营、出售或其他投资处置方面给予国内投资者的待遇。

在国民待遇方面,除投资领域、外商股权限制,还有业绩要求和高管董事会条款。参照国际惯例,还有逐步淘汰、政府救济和补贴、纳税义务、政府采购、获得地方财政支持等条款。

负面清单(2013 年版)大体覆盖了法律、行政法规和国务院文件,是否要增加部门规章和各部门普遍适用的水平管理措施,有待进一步考量。

国际上外商投资管理制度,还包括管理层面(全国层面、地方层面)、外商投资优惠政策、国家安全审核制度、政府管理组织架构(外资审批部门、服务管理部门)、外资管理透明度措施、外资股权收购和并购管理、特殊经济区管理等内容。

4.2.2　负面清单（2013 年版）存在不足的原因

造成负面清单(2013 年版)"碎片化、口径窄"等不足的原因,是延续了《外商投资产业指导目录(2011 年修订)》的框架内容,还可以溯源到 2002 年 2 月由国务院和相关部委颁发的《指导外商投资方向规定(2002 年版)》,以及《指导外商投资方向暂行规定(1995 年版)》。

根据《指导外商投资方向规定(2002 年版)》,该规定适用于各种形式的外商投资项目(主要是外商直接投资)。此外,对限制类、禁止类外商投资项目的内容界定也比较窄,当时人们对外商投资的认识与现在国际通行投资规则之间也存在一定差距。具体情况见表 4.4。

表 4.4　《指导外商投资方向规定(2002 年版)》的规定

类别	限制类外商投资项目	禁止类外商投资项目
内容	（一）技术水平落后的 （二）不利于节约资源和改善生态环境的 （三）从事国家规定实行保护性开采的特定矿种勘探、开采的 （四）属于国家逐步开放的产业的 （五）法律、行政法规规定的其他情形	（一）危害国家安全或者损害社会公共利益的 （二）对环境造成污染损害,破坏自然资源或者损害人体健康的 （三）占用大量耕地,不利于保护、开发土地资源的 （四）危害军事设施安全和使用效能的 （五）运用中国特有工艺或者技术生产产品的 （六）法律、行政法规规定的其他情形

资料来源:笔者根据相关资料整理得到。

4.3　编制新版负面清单的改进方向

根据国际经验,影响负面清单管理的实施效果取决于三个因素:一是负面清单文本质量;二是东道国行政管理透明度和保留措施;三是东道国国民待遇的质量。

其中,第一个因素是东道国对国际社会的双边或多边承诺,后两个因素则取决于东道国经济发展的行政管理水平和法制化水平。

可见,自贸试验区负面清单管理的改进,主要有两个方面的工作:一是完善负面清单文本;二是改善实施负面清单的行政管理和综合环境。相关建议包括五个方面。

(1) 扩大对外开放,提高政策协调性。

应进一步扩大对外开放,以开放促改革,以改革促发展,更好地体现中国开放战略,同时维护国家的核心利益。负面清单(2014 年版)扩大对外开放,应表现为减少外商准入政府审批的覆盖面,减少"保留行业和特别管理措施"的数量。对于投资政策的重要关键词,如"限制""禁止"等需要给出明确定义和各级政府的权限。

应提高外商投资政策的协调性。目前,自贸试验区有负面清单(2013 年版),也有正面清单。正面清单是指国务院《总体方案》的"服务业扩大开放清单"(简称开放清单)。负面清单(2013 年版)与开放清单存在交叉。例如,根据开放清单,允许外资企业从事游戏机、游艺机销售及服务(行业代码:F5179),而负面清单(2013 年版)电子产品批发中类行业(行业代码:F517)整体都是开放的,开放清单再特指开放该行业意义不大。再如,负面清单(2013 年版)限制投资银行(行业代码:J662),开放清单中允许设立外资银行(行业代码:J6620),采用了"大门关、小门开和审核制"方法。自贸试验区负面清单和正面清单交叉,政策类型多,使得外商企业感到困惑。

应明确不同政策文件之间的从属关系。梳理负面清单与国家部委条例或意见之间的关系,确立负面清单的权威性。按理说,负面清单(2013 年版)取代的是《外商投资产业指导目录(2011 年修订)》,后者是国家级政策文件,那么负面清单(2013 年版)也应具有国家级政策的地位。然而,在上海自贸试验区实施过程中,国家部委条例或意见却往往具有决定性作用。

(2) 梳理负面清单的法理基础。

负面清单(2013 年版)特别管理措施有 190 条,归类哪些类别,法理基础是什么,如何形成清晰的、可开展国际比较的总体架构,需要学者们进行梳理和研究。国际上制定负面清单的法理基础主要包括三种类型:(1)一般例外,为保护人类、动植物的生命或健康所必需的措施等;(2)以负面清单形式保留的不符措施,包括国家安全审查制度和关键基础设施保护;(3)保留措施,准许缔约方在特定情况下撤销或停止履行约定义务。具体情况见表4.4。

笔者初步梳理,上述内容仍存在可斟酌之处。例如,负面清单(2013年版)"禁止外商投资高尔夫球场的建设、经营",在国际上并不常见,难以归属到上述三种类型。实际上,若要禁止外商投资高尔夫球场,可以采用土地供应政策限制。凡列入负面清单的措施,应有清晰的法理基础和理由。这样,负面清单文本可以更加清晰、简明和重点突出,这也是政策透明度的表现。

(3)行业分类法的改进。

目前,外商投资不同政策文件的产业分类法存在差异。负面清单(2013年版)和开放清单采用中国国民经济行业分类标准,而《海峡两岸服务贸易协议》和《内地与香港关于建立更紧密经贸关系的安排》(CEPA)的服务业开放行业分类,采用的是《服务贸易总协定》的分类法。不同政策文件产业分类法的差异,也造成了执行过程中的疑惑。

在国际上,外商准入负面清单常见于国家之间的自由贸易协定,主要针对服务业开放,采用世界贸易组织的《服务部门分类清单》(GNS/W/120),或者《联合国临时中心产品分类目录》(CPC)。由此,负面清单(2014年版)的产业分类法,需要进一步论证。若重点深化服务业开放措施,对于服务业开放领域的分类,是否需要考虑采用国际通用分类法,与国际投资保护谈判能有更好的衔接,值得我们深思。

(4)提高行政管理透明度。

行政管理透明度是国民待遇重要指标。外商企业国民待遇的透明度措施主要内容有:与外商投资法律法规相配套,应有明确的行政规则,或者影响投资的所有相关法律、法规、政策普遍使用的行政指南;对于任何新的法律或现有法律、法规、政策或行政指南的任何变化,需要及时告知,并有一定提前期,使得市场和各类投资者能够有时间调整和反应。

根据OECD的投资文件,透明度措施有两个层面,即中央政府和地方政府,各级政府有清晰的权限和责任。提高透明度需要有清晰的行政管理规则和流程,政府相关信息公开。自贸试验区采用外商准入"备案制"管理,从事先监管转变为事中、事后监管。行政管理透明度还表现为公平公正地对待不同类型的企业。经济发达国家为了鼓励外商进入,中央和地方政府有不同优惠政策,中国实行负面清单管理后,外商准入的配套优惠政策尚待建立。获得负面清单管理的良好实施效果,需要完善行政管理体系,明确行政管理流程和措施,积极转变政府职能,提高信息透明度和工作效率。

(5)试点范围扩容。

外商企业投资决策不仅要考虑政策开放度和行政管理体系,还要综合考虑区位条件、土地空间、土地成本、进入时机等因素。应该清醒认识到,实行负面清单管理,在上海自贸试验区 28 平方公里的有限空间内的外商投资反应,与放大到更大空间内的外商投资反应可能不一样,两者存在不同政策效果和风险因素。

因此,应该适时扩大负面清单实施的空间范围,使得中国开放战略发挥更大的作用,同时获得更多的外商投资案例,以便及时总结经验教训,为可复制、可推广打下更好的基础。

第 5 章
国际产业分类法与负面清单产业分类选择

5.1 国际产业与产品分类标准体系

5.1.1 国际产业分类的演进

1758 年法国经济学家弗朗斯瓦·魁奈(Francois Quesnay)发表了《经济表》,该文从阶级的角度将产业结构分为生产阶级、土地所有者阶级、不生产阶级三类。马克思将产业划分为第 I 部类和第 II 部类两大类,从不变资本 C、可变资本 V 和剩余价值 M 三个组成部分析商品价值和剩余价值规律。苏联将产业分为"农业、轻工业、重工业"三类,这一分类为中国计划经济时期所普遍采用。

英国经济学家费歇尔(A. G. B. Fisher)和克拉克(C. Clark)曾提出"三次产业分类法",即第一产业指广义的农业,含农业、畜牧业、游牧业、渔业及林业等;第二产业指广义的工业,含制造业、建筑业、通信业、煤矿业等;第三产业指广义的服务业,含商业、金融、餐饮等公共服务,以及科学、教育、医疗卫生和政府等公共行政事业。德国经济学家霍夫曼(Hofmann)基于研究工业化的需要,将产业划分为消费资料产业、资本资料产业和其他产业三种类型。学者们根据资源密集度将产业划分为劳动力密集型、资本密集型和知识密集型等不同产业。

然而,由于"三次产业分类法"过于笼统,随着服务业的迅速发展和产业间界限的模糊,该分类方法的局限性愈加明显。为此,有关国际组织、各国政府和学者都纷纷提出各自的产业分类国家标准、国际通用目录或协调目录。

　　自 1948 年 8 月起,联合国制定了包括《国际标准产业分类》(ISIC)、《国际贸易标准分类》(SITC)、《联合国临时中心产品分类目录》(CPC)在内的产业分类体系,并不断进行修订和完善,逐步明确基本规则和概念,以适应变动的经济环境和经济结构的需要。联合国的产业分类体系成为各国活动、货物和服务进行分类的基础体系。

　　在服务产业领域,国外学者根据服务活动的功能与性质、服务生产与供给角度、服务产品使用的对象与提供者的特性等来进行分类。由于受到技术进步的影响,服务业的内涵和外延在不断变化,因此服务业分类标准也在不断调整和修正。常用的分类方法有:世界贸易组织的《服务部门分类清单》(GNS/W/120),以北美产业分类体系、格曼服务业分类法为基础的西方服务业四分法,等等。《联合国临时中心产品分类目录》(CPC)也常用于服务业的分类。

5.1.2　主要的产业与产品分类标准体系

　　1. 联合国《国际标准产业分类》(ISIC)

　　《国际标准产业分类》全称为《全部经济活动的国际标准产业分类索引》(*Indexes to the International Standard Industrial Classification of All Economic Activities*,简称 ISIC),是按照经济活动的一种分类,涉及人类全部经济活动的所有行业。1948 年 8 月联合国经济社会理事会正式通过 ISIC。ISIC 是联合国为促进战后世界经济恢复和发展、统一世界各国的产业分类国家标准而制定的参考型产业分类国际标准。经过 1958 年、1968 年和 1989 年的逐次修订,形成了"ISIC1.0""ISIC2.0"(1971 年公布)和"ISIC3.0"(1994 年公布)三个版本。2006 年 3 月,联合国审议通过"ISIC4.0"版,并于 2008 年 8 月对外发布。ISIC 标准的演进过程见图 5.1。

　　以"ISIC4.0"版为例,该编码系统的总体结构由一位大写英文字母和四位数字组成,分四个层级,共 21 个门类、88 个大类、233 个种类和 419 个小类,其编码规则便于计算机识别和处理。编码规则和部门对照表的具体情况见表 5.1、表 5.2。在 ISIC 第四次修订前,已有 142 个国家借鉴和采用该产业分类体系,联合国、国际劳工组织、粮农组织、教科文组织、联合国工业发展组织、经合组织等国际机构也采用 ISIC 公布和分析的统计数据。

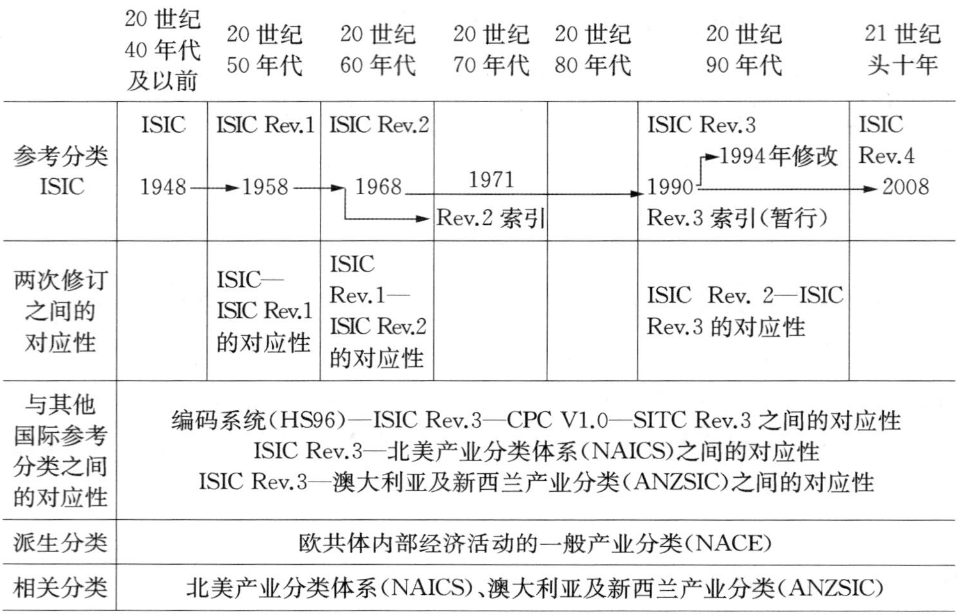

	20世纪40年代及以前	20世纪50年代	20世纪60年代	20世纪70年代	20世纪80年代	20世纪90年代	21世纪头十年
参考分类 ISIC	ISIC 1948 →	ISIC Rev.1 1958 →	ISIC Rev.2 1968 →	1971 Rev.2 索引		ISIC Rev.3 1990 →1994年修改 Rev.3 索引(暂行)	ISIC Rev.4 → 2008
两次修订之间的对应性		ISIC—ISIC Rev.1 的对应性	ISIC Rev.1—ISIC Rev.2 的对应性			ISIC Rev.2—ISIC Rev.3 的对应性	
与其他国际参考分类之间的对应性	编码系统(HS96)—ISIC Rev.3—CPC V1.0—SITC Rev.3 之间的对应性 ISIC Rev.3—北美产业分类体系(NAICS)之间的对应性 ISIC Rev.3—澳大利亚及新西兰产业分类(ANZSIC)之间的对应性						
派生分类	欧共体内部经济活动的一般产业分类(NACE)						
相关分类	北美产业分类体系(NAICS)、澳大利亚及新西兰产业分类(ANZSIC)						

图 5.1 ISIC 演进过程图

资料来源:笔者根据相关资料绘制。

表 5.1 联合国"ISIC4.0"的框架体系

分类层次	分类符号	数量
部门	A—U	21
类	01—99	88
大组	011—990	238
组	0111—9900	419

表 5.2 联合国"ISIC4.0"的部门对照表

部门代码	类代码	部门名称	部门代码	类代码	部门名称
A	01—03	农业、林业及渔业	D	35	电、燃气、蒸汽和空调的供应
B	05—09	采矿和采石	E	36—39	供水,污水处理、废物管理和补救
C	10—33	制造业	F	41—43	建筑业

续表

部门 代码	类 代码	部门名称	部门 代码	类 代码	部门名称
G	45—47	批发零售贸易，汽车和摩托车修理	O	84	公共管理与国防；强制性社会保障
H	49—53	运输和存储	P	85	教育
I	55—56	食宿服务活动	Q	86—88	人体健康和社会工作活动
J	58—63	信息和通信	R	90—93	艺术、娱乐和休闲活动
K	64—66	金融和保险活动	S	94—96	其他服务活动
L	68	房地产活动	T	97—98	家庭作为雇主的活动；家庭自用、未加区分的产品生产和服务活动
M	69—75	专业、科学和技术活动	U	99	国外组织和机构的活动
N	77—82	管理及支持性服务活动			

2.《联合国临时产品中心分类目录》(CPC)

《联合国临时产品中心分类目录》(United Nations Provisional Central Product Classification，简称 CPC)，又被称为《产品总分类》，是联合国统计署(UNSD)制定的产品分类国际标准。1972 年，联合国统计署开始研究起草，并于 1977 年讨论通过"CPC 1.0"版。1988 年修订增补后，于 2002 年正式出版"CPC Ver.1.1"，2008 年 12 月 31 日进一步修订增补为"CPC Ver.2.0"。不同于 ISIC 基于行业、侧重生产领域的分类方法，CPC 是基于产品、侧重流通领域的、囊括所有产品的分类目录。

CPC 是唯一包含了国际、国内交易的产品和经济活动产出的各种产品，以及非生产的有形资产和无形资产的全部产品的国际标准分类，也是第一部对服务产品进行详细分类编码的国际标准分类目录，这意味着不仅任何经济体生产的货物和服务都可以在 CPC 中找到相应的位置，从而使商品、服务及资产统计数据的国际比较有了统一的框架和指南，而且使得基于产品分类的修订和新产品开发能与国际标准协调一致。

CPC 的分类原则是根据产品的物理性质、加工工艺、用途等基本属性和产品的产业源来划分的。其编码系统采用层次数字码,且完全是十进制的编码体系,分五个层次,由 5 位数字组成,以"CPC1.1"版为例,如表 5.3 所示,分类的组成包括大部类(由 1 位数字组成,编码从 0 到 9,共 10 个大部类)、类(由前两位数识别,共70 类)、组(由前三位数识别,共 305 组)、级(由前四位数识别,共 1 167 级)和次级(由所有五位数识别,共 2 098 次级)。CPC 的代码 0—4 是货物描述,5—9 是服务的描述,所以 CPC 对货物和服务有很好的区分度。此外,CPC 与 HS 和 SITC 是相衔接的(表 5.4)。

表 5.3 "CPC1.1"版的分类组成表

大部类	类	货物的描述	组数	级数	次级数
0	01—04	农业、林业、渔业产品	17	66	83
1	11—18	矿石和矿物质、电、气、水	16	34	34
2	21—29	食品、饮料、烟草、纺织、服装、皮革产品	44	185	239
3	31—39	其他运输货物,除金属制品外的机械和设备	59	252	339
4	41—49	金属制品、机械和设备	6	23	86
5	54	建筑和建筑工程服务	8	38	53
6	61—69	分销业服务、住宿、餐饮服务、运输服务,电、气、水的分销服务	32	123	488
7	71—73	金融及相关服务,房地产服务、租赁服务	11	39	72
8	81—89	商业和生产服务	38	136	212
9	91—99	社区、社会及个人服务	30	17	32
合计			305	1 167	2 098

表 5.4 CPC 与其他国际参考分类的对应关系

其他国际参考分类	CPC
国际标准产业分类(ISIC)	每一个 CPC 子小组都是由 ISIC 专门类别生产的商品和服务构成

续表

其他国际参考分类	CPC
商品统一分类及编码系统（HS）	以 HS 的分类标题及子标题作为 CPC 的 0—4 部门（可运输产品部分）的构造模块，或可认为 CPC 的 0—4 部门中每一个子小类（共 1 143 个）都包含一个或几个完整的 HS 六位数细类商品的总计（共约 5 000 多个）
标准国际贸易分类（SITC）	由于 SITC 是以 HS 的子标题为构造模块创造出的一种更适合于对贸易进行经济分析的商品分组，故类似于与 HS 的关系，SITC 的所有第 5 位数编码都与 CPC 的 0—4 部门的一个或数个子小类对应
联合国按宽泛经济类别定义的分类（BEC）	通过 CPC 和 SITC 的对应及 SITC 与 BEC 的对应，可实现全部 CPC 子小类与 BEC 的类别重新安排
国民核算体系（SNA）	在 SNA 的四项按目的划分的支出分类中将 CPC 考虑在内，特别是 COICOP 与 CPC 之间的对应性
欧盟综合术语（CN）	CN 的所有类别都可以按 CPC 子小类重新安排
欧共体经济活动一般产业分类（NACE）	NACE 及 CPA 的结构和内容都与 ISIC 和 CPC 相一致
服务贸易总协定（GATS）	GATS 秘书处以"暂定 CPC"为依据编制了服务业贸易总协定 GNS/120
国际收支手册第 5 版，服务贸易统计手册	以 CPC 编码为基础构筑模块来描述国际服务产品，并正在草拟国际收支服务分类与 CPC1.0 版之间的对应表

3.《国际贸易标准分类》（SITC）

《国际贸易标准分类》（*Standard International Trade Classification*，简称 SITC）是在 CPC 基础上派生的，由联合国统计署组织制定的贸易分类目录。1988 年 SITC 与 HS 一起在国际范围内正式实施，现已完成四次修订。其分类对象仅涉及国际贸易中可运输的商品，是由拉美地区和英联邦地区应用比较广泛的对外贸易统计商品目录发展而来的，主要用于进出口贸易统计。其分类原则是结合 HS 分类原则，并综合考虑市场需求情况和用途、国际贸易中的重要性等因素进行分类。SITC 编码结构采用五位数字的层次码表示，目录包括 10 大类、67 章、261 个组、1 033 个分组，共 3 118 个基础类目，任何一个基础分类均可根据使用者的需要进一步细分。

4. 商品统一分类及编码协调系统(HS)

《商品统一分类及编码协调系统》(*The Harmonized Commodity Description and Coding System*,简称 HS),又称税则目录,1988 年 1 月由国际关税合作理事会组织制定并正式批准实施。HS 用来满足海关对外贸易统计和货运公司的需要,是税则目录和统计目录合一的商品分类目录,主要适用于国际间进出口商品的关税征收和统计。HS 作为政府间公约的附件,国际上有专门的机构、人员进行维护和管理,一般每 4 年对 HS 进行一次全面审议和修订。

HS 的总体结构分三部分。第一部分是归类总规则,共六条,规定了分类原则和方法,以保证使用与解释的一致性和完备性。第二部分是类(section)、章(chapter)、目(heading)和子目(sub-heading)的注释,以严格界定商品范围,并阐述术语的定义、商品的技术标准和界限。第三部分将所有商品分为 21 类 97 章,按照顺序编排目和子目编码及条文,采用六位编码,前两位表示章,一般可按照商品原材料的属性分,也可按商品的用途或性能分,前四位表示目,最后两位表示子目。

5. 其他分类方法

除上述主要产业分类法,还有联合国按宽泛经济类别定义的分类(BEC)、国民核算体系(SNA)、欧盟综合术语(CN)、欧共体经济活动一般产业分类(NACE)等分类方法。这些分类方法通常建立在 ISIC 和 CPC 分类的基础上,与 ISIC 和 CPC 存在一定的联系。如在 ISIC 框架下建立的欧盟的"欧洲共同体内部按经济活动划分的产业分类"(NACE)、北美诸国的"北美产业分类体系"(NAICS)、澳大利亚和新西兰的 ANZSIC 体系等,以及在 CPC 框架下建立的"欧洲共同体内部按经济活动划分的产品分类"(CPA)、"北美产品分类体系"。此外,还有权威机构或公司发布的知名行业分类方法,如全球行业分类系统(GICS)与 WIND 行业分类系统(WICS),主要供行业和经济板块投资使用。

5.1.3 国际产业和产品分类体系归纳

国际产业和产品分类体系大致可分为参考型分类体系(reference classification)、相关型分类体系(related classification)和派生型分类体系(derived classification),以产业分类为主的 ISIC 和以产品分类为主的 CPC 是参考型分类体系的典型代表,NAICS 是与 ISIC 有关的相关型产业分类体系的代表,而 NACE 则是派生型分类体系的典型代表。

ISIC 的权威性、规范性、完整性和统计方便性,使其成为最成熟且最有影响力的国际标准之一,但是与完整性相伴随的是体系的繁杂,以及侧重生产的产业结构分类基础。如果企业经济活动类型相同,但产品功能、性质等有很大区别,也被归入同一组,这就使得一旦进入流通领域,ISIC 在分类上的作用就远逊于 CPC。

5.2　国际服务产业分类标准

5.2.1　《服务贸易总协定》(GATS) 与服务部门分类 (GNS/W/120)

GATS 是第一部世界范围内经磋商一致达成的关于国际服务贸易的法律规章,GATS 首次对提供服务贸易的四种模式——跨界供应、境外消费、商业存在和自然人存在——进行了定义。1991 年,GATS 秘书处就服务部门分类给出了说明,被称为 GNS/W/120 服务部门分类目录,含 12 种主要服务类型。具体情况见表 5.5。

表 5.5　服务部门分类(GNS/W/120)的 12 种服务类型

部门代码	部门名称	部门代码	部门名称
1	商务服务	7	金融服务
2	通信服务	8	与健康相关的服务和社会服务 (除专业服务中所列以外)
3	建筑和相关的工程服务	9	旅游和与旅游相关的服务
4	分销服务	10	娱乐、文化和体育服务
5	教育服务	11	运输服务
6	环境服务	12	其他地方没有包括的服务

5.2.2　北美产业分类体系 (NAICS)

NAICS 是由美国、加拿大、墨西哥于 1967 年制定的一种新的产业分类法,这种分类方法主要从服务的生产或供给角度,依据生产技术进行的分类,反映了 20 世纪 80 年代以来服务经济理论发展的研究成果。NAICS 的结构变化主要表现在三个方面。第一,计算机和电子产品制造部门作为信息产业的硬件部门被列入制造业;原来的出版业列入新设置的信息业;服务业中的柔性生产被列入制造业。第二,独立设置了信息业。第三,原来的服务业被细分为 11 个一级部门。

5.2.3 基于经济发展阶段的服务业三分法

1970 年,M. A. 卡图兹安(M. A. Katouzian)根据罗斯托(Rostow)的经济发展阶段理论,提出了一种服务业的三分法,即新兴服务业、补充性服务业和传统服务业。随着经济的增长和服务业结构的升级,传统服务业在服务业经济中的重要性和地位逐渐降低。该分类法主要依据的是罗斯托经济发展阶段理论,其实用性和科学性存在争议。

新兴服务业一般出现在工业化后期,相当于罗斯托所谓工业产品的大规模消费阶段,与费歇尔的"第三产业"和丹尼尔·贝尔(Daniel Bell)的"后工业社会"的主导产业相似,是指工业产品的大规模消费阶段以后出现加速增长的服务业,如教育、医疗、娱乐、文化和公共服务等。补充性服务业是相对制造业而言的,是中间投入服务业,它们的发展动力来自工业生产的中间需求,主要为工业生产和工业文明提供服务,主要包括金融、交通、通信、商业,以及法律服务、行政性服务等。传统服务业是指满足传统需求或采用传统生产模式的服务业。这类服务通常是由最终需求带动的,主要包括传统的家庭与个人服务、商业等消费性服务。

5.2.4 辛格曼服务业分类法与西方服务业四分法

1975 年,经济学家布朗宁(Browning)和辛格曼(Singelmann)根据 ISIC 的规则、商品与服务的产品性质和功能,将商业产业和服务产业加以分类,如表 5.6 所示。该分类法为后来西方学者所普遍接受的服务业四分法奠定了基础。

表 5.6　商品产业与服务产业的分类

部　门	内　　容	
商品生产部门	农业、制造业、建筑业、采矿业、石油与煤气业、公共事业、林业、渔业与捕获业	
服务生产部门	消费者服务业	招待与食品服务、私人服务、娱乐与消遣服务、杂项服务
	生产者服务业	企业管理服务、金融服务、保险与房地产
	分配服务业	运输与储藏、交通与邮电、批发与零售

1978 年,辛格曼进一步将服务业归纳为流通服务、生产者服务、社会服务和个人服务四大类,这种分类客观上也反映了经济发展过程中服务业内部结构的变化。后来,西方学者将布朗宁和辛格曼的分类法进行综合,提出了生产者服务业、分配性服务业、消费性服务业和社会性服务业四分法,其内容大体上与辛格曼的分类法相同,如表 5.7 所示;但在二级分类中存在细微差别,比较而言,后者的二级分类更为简化。

表 5.7　辛格曼分类法与西方服务业四分法的比较

辛格曼分类法		西方国家服务业四分法	
一级分类	二级分类	一级分类	二级分类
生产者服务	银行、信托及其他金融业,保险业,房地产,工程和建筑服务业,会计和出版业、法律服务,其他营业服务	生产者服务业	金融业,保险业,不动产业,商务服务业
流通服务	交通仓储业,通信业,批发业,零售业(不含饮食业),广告业以及其他销售服务	分配性服务业	交通运输与仓储业,邮电通信业,商业,公用事业
个人服务	家庭服务,旅馆和饮食业,修理服务、洗衣服务,理发与美容,娱乐和休闲,其他个人服务	消费性服务业	餐饮业,旅馆业,娱乐与消闲业,私人服务业
社会服务	医疗和保健业,医院,教育,福利和宗教服务,非营利性机构,政府,邮政,其他专业化服务和社会服务	社会性服务业	行政服务业,教育,健康,福利,国防,司法,军队和警察

国际上服务业分类方法因其在适用范围、分类对象、分类原则、代码结构等方面有不同特点,在操作中,一般参照或借鉴 ISIC 或 CPC 的分类法,或直接采用

CPC 的分类法,因此很大程度上可协调一致、兼容对照使用。

5.3 中国产业与产品分类标准体系

5.3.1 《国民经济行业分类》

《国民经济行业分类》国家标准于 1984 年首次发布,分别于 1994 年、2002 年和 2011 年进行了三次修订。该分类标准由国家统计局起草,国家质量监督检验检疫总局、国家标准化管理委员会批准发布,第三版修订(GB/T 4754-2011)于 2011 年 11 月 1 日实施。除参照"ISIC4.0"外,主要依据中国近年来经济发展状况和趋势,对门类(20 个)、大类(96 个)、中类(432 个)、小类(1 094 个)作了调整和修改,如表 5.8 所示。其优点在于采取了 ISIC 的派生型分类体系,能够反映行业特质且各门类数量适中。

表 5.8 《国民经济行业分类》国家标准的类别对照表

门类	大类	类别名称	门类	大类	类别名称
A	01—05	农、林、牧、渔业	K	70	房地产业
B	06—12	采矿业	L	71—72	租赁和商务服务业
C	13—43	制造业	M	73—75	科学研究和技术服务业
D	44—46	电力、热力、燃气及水生产和供应业	N	76—78	水利、环境和公共设施管理业
E	47—50	建筑业	O	78—81	居民服务、修理和其他服务业
F	51—52	批发和零售业	P	82	教育
G	53—60	交通运输、仓储和邮政业	Q	83—84	卫生和社会工作
H	61—62	住宿和餐饮业	R	85—89	文化、体育和娱乐业
I	63—65	信息传输、软件和信息技术服务业	S	90—95	公共管理、社会保障和社会组织
J	66—69	金融业	T	96	国际组织

5.3.2　《全国主要产品分类与代码》

《全国主要产品分类与代码》国家标准是参照 CPC,并结合中国实际情况扩展了 1 层 3 位,共 6 层 8 位的全数字的产品分类码,主要用于统计领域,采用的是 2002 年版标准,该分类标准分为两大部分:GB/T 7635.1-2002 和 GB/T 7635.2-2002。第一部分为可运输产品,由五大部类组成,对应"CPC1.0"的 0—4 大部类,是对《全国工农业产品(商品、物资)分类与代码》(GB/T 7635-1987)的修订;第二部分为不可运输产品,对应"CPC1.0"的 5—9 大部类,如表 5.9 所示。

表 5.9　GB/T 7635-2002 大部类对照表

大部类	可运输产品的描述	大部类	不可运输产品的描述
0	农林(牧)渔业产品;中药	5	无形资产,土地,建筑工程,建筑物服务
1	矿和矿物,电力、可燃气和水	6	经销业服务,住宿服务,食品和饮料供应服务,运输服务,公共事业商品销售服务
2	加工食品、饮料和烟草,纺织品、服装和皮革制品	7	金融及有关服务,不动产服务,出租和租赁服务
3	除金属制品、机械和设备外的其他可运输物品	8	商务和生产服务
4	金属制品、机械和设备	9	社区、社会及个人服务

《全国主要产品分类与代码》采用层次码,代码分六个层次,分别命名为大部类、部类、大类、中类、小类、细类,用 8 位阿拉伯数字表示。第一层至第五层各用 1 位数字表示,第二层、第五层代码为 1—9,第三层、第四层代码为 0—9,第六层用 3 位数字表示,代码为 010—999,采用顺序码和系列顺序码;第五层和第六层代码间用圆点隔开,在信息处理时省略圆点符号。仅 0—4 大部类就列入 50 000 多个产品或服务类目,能准确识别产品类型,对分行业和分领域进行产品信息统计、分析和信息共享及交换的作用巨大。

5.3.3 中国的其他产业和产品分类规定

《三次产业划分规定》是国家统计局根据《国民经济行业分类》国家标准制定的,其划分范围是:第一产业对应表 5.8 中的 A,第二产业对应表 5.8 中的 B—E,第三产业对应表 5.4 中的 F—T。中国证券监督管理委员会 2012 年最新发布的《上市公司行业分类指引》根据《中华人民共和国统计法》《证券期货市场统计管理办法》《国民经济行业分类》等法律法规和相关规定制定,分为门类(A—S,共 19 个门类)、大类(两位阿拉伯数字表示,共 90 个大类)两级,中类则作为支持性分类参考,该分类指引规定了上市公司分类的原则、编码方法、框架及其运行与维护制度,属于非强制性标准,适用于证券行业内的各有关单位、部门对上市公司分类信息进行统计、分析及其他相关工作。申银万国行业分类标准则是申银万国证券研究所面向投资管理的行业分类标准,用于反映各行业上市公司股票市场的表现,为投资领域专业人士提供分析和评价服务。

5.3.4 中国产业和产品分类体系归纳

中国产业和产品分类主要参考国际标准,并结合中国国情进行修订。中国以行业分类为主的《国民经济行业分类》国家标准(GB/T 4754-2011)参照联合国"ISIC4.0"标准,以产品分类为主的《全国主要产品分类与代码》国家标准(GB/T 7635-2002)参照联合国 CPC 标准。此外,除个别是针对特定领域或目的外——如 HS 国家标准用于进出口贸易、《上市公司行业分类指引》用于证券行业,其他分类体系多依据 GB/T 4754 国家标准。例如,以统计为目的的《统计用产品分类目录》就是参照 HS、CPC 和 GB/T 4754 标准综合制定的。

5.4 中国外资准入负面清单产业分类的思考

5.4.1 国际上编制外资准入负面清单产业分类的一般规律

1. 自由贸易或投资保护协定的外资负面清单

国家或地区之间缔约自由贸易协定或投资保护协定,除专门用于海关或贸易统计外的国际标准外,一般是参照 ISIC 国际标准或 CPC 标准,自由贸易协定中涉及的产业分类也是如此。

归纳国际上自由贸易协定或投资保护协定的产业分类选择,主要有三项原则。

第一,管理措施或不符措施内涵与产业分类法要匹配。凡涉及服务模式的,一般采用国际 CPC 分类法;凡涉及整个行业的,一般采用国民经济行业分类法。

第二,凡应用国民经济产业分类法,一般选用东道国的标准。例如,NAFTA 采用"标准行业分类"定义,而加拿大采用加拿大统计局的标准,美国采用美国标准,墨西哥采用墨西哥标准。

第三,国民经济行业分类和 CPC 分类可以交叉使用,如 NAFTA。因为国民经济行业分类针对行业,CPC 分类针对模式,两者并不矛盾。

2. 自由贸易或投资保护协定选用 CPC 分类法的原因

自由贸易协定谈判中多借鉴 CPC 分类或其派生型分类,如中国与新加坡签订的自由贸易协定的服务贸易承诺清单中,对服务部门的分类就是基于 CPC 的。相比于 ISIC,CPC 具有更加突出的优势地位。

第一,CPC 能涵盖 ISIC 的内容。CPC 的每一个子小类均由货物或服务构成,这些货物和服务主要由 ISIC 中的一项或数项特定小类生成,可以从联合国统计司提供的对应表中找出主要 CPC 产品分类是 ISIC 的哪一特定产业的产出。

第二,CPC 更适合负面清单的需要。采用 ISIC 替代 CPC 往往导致对 CPC 类别的不适当描述,且产业与其产品之间的关系是一种复杂且不断变动的关系,从产品和消费角度,而非从行业和生产角度来确定可以纳入和不可纳入清单的产品和服务,对细化负面清单管理而言是很有必要的。

第三,CPC 更能满足不同统计的需要,并与国际接轨。CPC 便于与按产品细类统计的统计资料进行汇编和比较,且同国际贸易统计使用的 HS 和 SITC 等存在更紧密的对应关系。此外,CPC 代码简洁,仅用五位数字就囊括了所有可运输和不可运输的全部货物及服务。

5.4.2 中国外资准入负面清单产业分类的选择

本章研究课题组认为上海自贸试验区外资准入负面清单是中国主动开放的政

策文件,采用中国国民经济行业分类法是恰当的,也是符合国际惯例的。从操作角度来看,采用中国国民经济行业分类法,便于政府公务员和广大企业经营者理解和识别,便于统计分析的展开,也便于发挥现有工商登记和经济统计计算机管理系统的顺利运作。

另外,若编制服务贸易对外开放负面清单,可参照国际惯例,采用国际 CPC 分类法。针对所有行业的负面清单采用国民经济行业分类法,针对服务贸易开放的负面清单采用 CPC 分类法,两者可以交叉使用。由于国民经济行业分类法针对行业,CPC 分类法针对模式,国民经济行业分类法和 CPC 分类法两者是互通的,CPC 能涵盖 ISIC 的内容,因此两者并不矛盾。

第6章

自贸试验区负面清单（2014 年版）
的实践和政策评估[*]

2013 年 9 月国务院颁布了《总体方案》，含附件"试验区服务业扩大开放措施"，扩大开放金融、航运、商贸、专业、文化、社会等六大服务领域、18 个行业和 23 条。上海市政府颁布了自贸试验区负面清单（2013 年版）。上海自贸试验区自挂牌以来，探索外资准入前国民待遇加负面清单管理模式，对负面清单之外的领域，按照内外资一致的原则，将外资企业设立或投资项目由核准制改为备案制，推进服务业扩大开放，政府管理由注重事先审批转为注重事中、事后监管。2014 年 6 月上海市政府进一步修订并颁布了自贸试验区负面清单（2014 年版）。

本章拟对自贸试验区负面清单（2014 年版）开展评估，并对编制负面清单的深层次问题开展讨论。这对于提高负面清单文本质量、推进负面清单管理在全国推广、助推中美 BIT 谈判，具有理论意义和现实意义。

6.1　负面清单（2014 年版）的法理依据和基本框架

编制负面清单（2014 年版）的新法理依据是国务院批复的《中国（上海）自由贸易试验区进一步扩大开放的措施》和有关法律法规。国务院批复含 31 条措施，涉

＊　本章主要内容发表在《上海经济研究》2014 年第 10 期。

及服务业领域 14 条、制造业领域 14 条、采矿业领域 2 条、建筑业领域 1 条。

在原 23 条扩大开放措施的基础上,服务业领域新增 14 条开放措施。例如,在商贸领域取消了对外商投资邮购和一般商品网上销售的限制,等等;在物流领域放宽了一些行业的外资股比限制,允许外商以独资形式从事国际海运货物装卸、国际海运集装箱站和堆场业务,允许外商独资从事航空运输销售代理业务,等等;在会计行业,允许取得中国会计师资格的香港地区、澳门地区专业人士担任会计师事务所合伙人;在医疗领域,取消了外商投资医疗机构最低投资总额和经营年限的限制。

制造业领域的 14 条措施中有 5 条涉及产品的研发、设计。例如,允许外商以独资形式从事豪华邮轮、游艇的设计,允许外商以独资形式从事船舶舱室机械的设计,允许外商以独资形式从事航空发动机零部件的设计、制造和维修,允许外商以独资形式投资与铁路及城市轨道交通配套的乘客服务设施和设备的研发、设计与制造,等等。采矿业领域的措施涉及新技术开放应用,有助于提升资源利用效率和勘探水平。在建筑业领域,体现了基础设施建设对外资的开放。

编制负面清单(2014 年版),遵循了进一步提高开放度、增加透明度、与国际通行规则相衔接等三项原则。在基本框架上,仍采用了"说明"和"特别管理措施(列表)"的架构,以及《国民经济行业分类及代码》(2011 年版)行业分类,包括 18 个行业门类,不包括社会组织和国际组织 2 个行业门类。"说明"中保留了"兜底条款"和"衔接条款"。"兜底条款"是指"除列明的外商投资准入特别管理措施,禁止(限制)外商投资国家以及中国缔结或者参加的国际条约规定禁止(限制)的产业,禁止外商投资危害国家安全和社会安全的项目,禁止从事损害社会公共利益的经营活动"。"衔接条款"是指对负面清单和内地与港、澳、台等地区相关投资协议之间的关系的说明条款。

6.2 负面清单(2014 年版)较负面清单(2013 年版)的改进之处

1. 投资口径的拓展

"说明"部分指出,适用"外商投资企业设立和变更",其中"变更"两字是新增添的,增添"变更"两字,明确说明了适用于外资企业的设立、获取和扩大等阶段,以便与国际投资规则更好衔接。《美国 2012 年 BIT 范本》投资采用"宽口径",涵盖准入前国民待遇(设立、获取、扩大)和准入后国民待遇(管理、经营、运营、出售或其他投资处置方式),并包括直接投资和间接投资的多种投资形式,如投资企业、股权、债权、期货、期权、交钥匙、知识产权、许可、租赁、质押等。

2. 特别管理措施列表结构的改变

负面清单(2014 年版)采用"特别管理措施＋保留行业(主要为中类行业)"的形式,而负面清单(2013 年版)采用"保留行业＋特别管理措施"的形式。两者区别在于重点强调哪一个,即哪一项放在前面。保留行业是指某行业中存在对外资的特别管理措施,但不是指对整个行业的限制。由于大多数特别管理措施的实际针对面都很窄,属于模式级别,大部分小于国民经济小类行业。将特别管理措施位置放在保留行业前面,一则避免造成整个保留行业均被禁止或限制的错觉,二则含义表达更为精准。负面清单(2014 年版)将涉及对不同代码的同一行业不同环节的相关措施作归并和统一表述。

3. 特别措施数量变化和提高开放度

负面清单(2014 年版)特别管理措施由原 190 条调整为 139 条,调整率达26.8%,在减少的 51 条中,因扩大开放而实质性取消 14 条,因内外资均有限制而取消 14 条,因分类调整而减少 23 条。在实质性取消的 14 条管理措施中,服务业领域有 7 条。例如,取消对进出口商品认证公司的限制,取消对认证机构外方投资者的资质要求,取消投资国际海运货物装卸、国际海运集装箱站和堆场业务的股比限制,取消投资航空运输销售代理业务的股比限制,等等。内外资均有限制而取消的主要涉及高耗能、高污染的制造业等领域,以及色情、赌博等内容。

从开放角度来看,与负面清单(2013 年版)相比,负面清单(2014 年版)取消了14 条特别管理措施,放宽了 19 条,进一步开放比率达 17.4%[(14＋19)/190]。在放宽的 19 条管理措施中,涉及制造业领域的有 9 条、基础设施领域的有 1 条、房地产领域的有 1 条、商贸服务领域的有 4 条、航运服务领域的有 2 条、专业服务领域的有 1 条、社会服务领域的有 1 条。例如,原"限制投资原油、化肥、农药、农膜、成品油(含保税油)的批发、配送"放宽为"限制投资农药、农膜、保税油的批发、配送",原"限制投资船舶代理(中方控股)"放宽为"除从事公共国际船舶代理业务的,外资比例不超过 51% 外,限制投资船舶代理(中方控股)",等等。

4. 特别管理措施的清晰表述

将负面清单(2013 年版)中外资准入无具体限制条件的 55 条特别管理措施大幅缩减为负面清单(2014 年版)的 25 条。文字表述力求准确和量化、便于理解和可操作。例如:明确了投资直销的条件,即投资者须具有 3 年以上在中国境外从事直销活动的经验,且公司实缴注册资本不低于人民币 8 000 万元;明确了投资基础电信业务的条件,即外资比例不得超过 49%;等等。

5. 负面清单(2014 年版)不符措施和保留行业的分布

负面清单(2014 年版)特别管理措施有 139 条,含限制性措施 110 条、禁止性措施 29 条;按三大产业划分,分别为 6 条、66 条(含制造业 46 条)和 67 条。按 18 个产业门类分布,H 住宿和餐饮业,O 居民服务、修理和其他等两大门类为"双无",对外资没有禁止和限制措施;D 电力、热力、燃气及水供应,E 建筑业,J 金融业,Q 卫生和社会工作等四个门类为"无禁有限",对外资无禁止措施,但有限制措施;其余 12 个门类为"双有",对外资有禁止和限制措施。具体情况见图 6.1。

将限制类措施进一步划分为"模式限制""股比限制"和"模式股比双限制"三种类型。"模式限制"是指限制外资投资某一领域或经营模式,仅是定性描述,没有量化的限制条件,如"限制投资硼镁铁矿石加工"(第 20 条)。"股比限制"是指对外资股权比例的限制,如中方控股、合资合作,或者具体股比要求,如外资比例不超过 49%、不超过 65% 等。"模式股比双限制"是指在投资领域和股权比例均有限制。三种类型的限制类措施,分别为 27 条、40 条和 43 条,分别占比达 24.5%、36.4% 和 39.1%。其中,"股比限制"与"模式股比限制"之和为 83 条,又可划分为"中方控股"和"合资合作"两大类,分别有 48 条和 35 条。

负面清单(2014 年版)保留行业口径大都为 2 位编码或 3 位编码,即国民经济大类或中类行业,如 K701 房地产开发与经营、K704 自有房地产经营活动等。负面清单(2014 年版)涉及的 18 个门类共有 417 个中类行业,其中保留中类行业 181 个,占比达 43.4%。禁止类和限制类特别管理措施的产业分布见表 6.1。

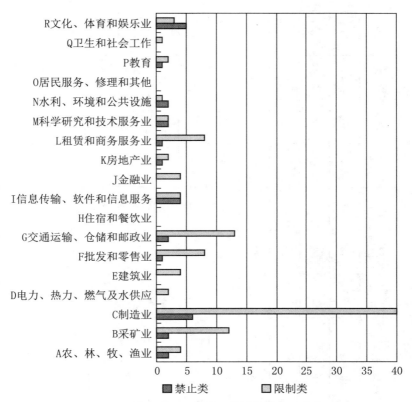

图 6.1　禁止类和限制类不符措施的行业分布

资料来源：《中国（上海）自由贸易试验区外商投资准入特别管理措施（负面清单）（2014 年修订）》，上海市人民政府，2014 年 7 月；国民经济行业分类与代码（GB/4754-2011），国家统计局，2011 年。

6.3　负面清单（2014 年版）的改进方向

1. 涵盖国民经济所有门类

负面清单（2013 年版）和负面清单（2014 年版）均没有涉及 S 公共管理、社会保障和社会组织，以及 T 国际组织两个行业门类。S 门类内含 5 个大类、14 个中类和 25 个小类行业，如国家机构，人民政协、民主党派，社会保障，群众团体、社会团

表 6.1 负面清单(2014 年版)特别管理措施和保留行业的分布

产业和门类		特别管理措施								保留行业		
		小计	禁止	限制	模式限制	股比限制	模式股比限制	中方控股	合资合作	数量	总数	比例
18 个产业门类		139	29	110	27	40	43	48	35	181	417	43.4
产业	第一产业	6	2	4	0	1	3	1	3	23	23	100.0
	第二产业	66	8	58	13	30	15	24	21	68	215	31.6
	第三产业	67	19	48	14	9	25	23	11	90	179	50.3
门类	A 农、林、牧、渔业	6	2	4	0	1	3	1	3	23	23	100.0
	B 采矿业	14	2	12	4	5	3	2	6	18	19	94.7
	C 制造业	46	6	40	9	20	11	17	14	42	175	24.0
	D 电力、热力、燃气及水	2	0	2	0	1	1	2	0	7	7	100.0
	E 建筑业	4	0	4	0	4	0	3	1	1	14	7.1
	F 批发和零售业	9	1	8	3	0	5	4	1	9	18	50.0
	G 交通运输、仓储和邮政业	15	2	13	1	3	9	9	3	13	20	65.0
	H 住宿和餐饮业	0	0	0	0	0	0	0	0	0	7	0.0
	I 信息传输、软件和信息	8	4	4	0	3	1	4	0	8	12	66.7

续表

产业和门类		特别管理措施								保留行业		
		小计	禁止	限制	模式限制	股比限制	模式股比限制	中方控股	合资合作	数量	总数	比例
门类	J 金融业	4	0	4	2	0	2	2	0	21	21	100.0
	K 房地产业	3	1	2	2	0	0	0	0	2	5	40.0
	L 租赁和商务服务业	9	1	8	4	1	3	1	3	7	11	63.6
	M 科学研究和技术服务业	4	2	2	0	0	2	1	1	5	17	29.4
	N 水利、环境和公共设施	3	2	1	0	1	0	1	0	4	12	33.3
	O 居民服务、修理和其他	0	0	0	0	0	0	0	0	0	15	0.0
	P 教育	3	1	2	0	0	1	0	2	6	6	100.0
	Q 卫生和社会工作	1	0	1	1	0	0	0	0	5	10	50.0
	R 文化、体育和娱乐业	8	5	3	1	0	2	1	1	10	25	40.0

注:1.特别管理措施的限制类=模式限制类+股权限制类+模式股权限制类。2.股权限制类=中方控股限制类+模式股权限制类。3.凡特别管理措施中含部分禁止措施且措施的归属限制类,如负面清单（2014 年版）的第 93 条和第 123 条。4.第一产业含 A 农、林、牧、渔业;第二产业含 B 采矿业、C 制造业、D 电力、热力、燃气及水、E 建筑业;第三产业含 F 到 R 等产业门类。

资料来源:《中国（上海）自由贸易试验区外商投资准入特别管理措施（负面清单）（2014 年修订）》,上海市人民政府,2014 年 7 月;国民经济行业分类与代码(GB/4754-2011),国家统计局,2011 年。

体和其他组织,等等。T 门类含 1 个大类、1 个中类和 1 个小类行业。国际上东道国外资准入负面清单或缔约方之间投资保护协定的行业涵盖,一般包括国民经济所有行业。韩国禁止外商投资的 62 个行业中,其中有 14 个行业涉及社会组织和国际组织范畴,占比为 22.6%,如禁止外资投资佛教团体、政治团体、产业团体、劳动组合、驻韩外国公馆、其他国际及外国机关等。[①]

2. 对特别管理措施的清晰表述

一是对模式限制措施的清晰表述。参照国际惯例,外资准入不符措施的主要类型有许可证限制、股比限制、业绩要求、高管要求、注册资金限制、商业存在、分支机构规模等,通常有量化标准以便于行政审核。负面清单(2014 年版)含"模式限制"特别管理措施 27 条,其中部分可以理解为许可证限制类别,如"投资银行业金融机构须符合现行规定"(第 105 条),但也有内容表述不够明确的,如"限制投资评级服务公司"(第 120 条)、"限制投资玉米深加工"(第 24 条),这些条款只提到经营模式限制,没有具体的量化标准。

二是对股比限制措施的规范表述。负面清单(2014 年版)的股比限制措施表述过于繁杂。例如,中方控股、中方相对控股、国有控股、中方比例不低于 50%,中方比例应大于 50%,限于合资合作的外方比例不超过 25%、49%、50%、60%、65%、70%,等等。在国际上,外资股权比例限制一般分若干等级,例如,菲律宾外资准入负面清单分禁止外资进入,以及外资股权不超过 25%、30%、40%、60%等5 种情况。[②]

三是关于针对所有部门的不符措施。负面清单(2014 年版)的"说明"部分有兜底条款,但"说明"部分和"特别管理措施列表"是分开的,往往容易被忽略。韩美自由贸易协定附件二中的负面清单,含 5 条针对所有部门的不符措施。例如,韩国有权对投资新建或并购行为采取必要措施,以维护公共秩序,只要韩国立即向美国提出已采取措施的书面通知即可;国有企业或政府部门的股权和资产转让;投资用地;政府当局运作过程中提供的服务;等等。[③]在《美国 2012 年 BIT 范本》的附件负

---

① 中国商务部,《对外投资合作国别(地区)指南——韩国(2012 年版)》,商务部国际贸易经济合作研究院、商务部投资促进事务局、中国驻韩国大使馆经济商务参赞处,2012 年。

② 《菲律宾限制外资项目清单(第八版)》,菲律宾国际经济发展署网站,2010 年 2 月。

③ 美国贸易代表办公室,《韩美自由贸易协定文本》,2007 年。

面清单中，也有类似针对所有部门的不符措施。所以，可以把兜底条款的重要内容作为跨部门措施加以明确表述。

3. 外资准入领域的进一步扩大开放

负面清单（2014 年版）第二产业（含采矿业、制造业、电热水供应和建筑业）外资准入不符措施有 66 条，占比为 47.5％，其开放程度远低于经济发达国家的水平。对内、对外开放度不够也是中国服务业和服务贸易欠发达的原因之一。因此，借鉴国际经验，根据中国国情，外资准入负面清单可以扩大开放范围。

4. 完善管理模式、管理体制和组织架构

与外资准入负面清单管理相配套的综合改革，如内外资一致的市场准入管理、工商登记改革、企业监管模式、反垄断和国家安全审查、吸引优质外资企业的措施、构建境外投资服务体系、保护投资权益等，以及相应的政府组织架构和管理体制，均有必要加以完善。

6.4　外资准入负面清单管理的思考与对策建议

6.4.1　上海自贸试验区负面清单与未来全国版负面清单

上海自贸试验区负面清单与未来全国版负面清单是什么关系？如果有很大不一致，外资企业应该怎么办？事实上，上海自贸试验区是为全国改革作准备的。尽管上海自贸试验区负面清单形式上是上海市政府颁布的，适用于上海自贸试验区范围，但这是经过国务院和商务部审核批准的，从某种意义上说，这就是全国负面清单的试行版。

另一个情况是编制外资准入负面清单的"遍地开花"问题。上海自贸试验区颁布外资准入负面清单之后，中国许多地方政府对外资管理体制改革试点的积极性很高，不少地方酝酿编制地方版"外资准入负面清单"，有些地方已经公开发布。地方政府热衷编制"外资准入负面清单"的原因主要有三个：一是出于发展地方经济的考虑，根据自身产业特色，制定比全国政策更宽松的标准，能更好地吸引外资，拉动地方经济增长；二是地区经济的差异性，各地区在地理条件、资源禀赋、经济水平和产业结构等方面存在差异,地方政府希望有个性化的政策;三是中国外商投资法律体系不完善,尚缺乏统一的准则。

然而,倘若中国出现多种地方版"外资准入负面清单",将带来很大负面效应和危害性。一是影响国家统一的管理体制。二是弱化外资准入负面清单的法理基础。三是对国家之间的投资保护协定谈判带来负面影响。若出现多种地方版"外资准入负面清单",对于外商企业是有利的,因为它们可以有更多的选择。然而,这对于中国进行国家之间的投资保护协定谈判是不利的,因为这既减少了中国投资谈判的筹码,又削弱了国家政府部门的权威性。这不仅会影响中国在国际谈判中的地位,以及吸引外资的数量和质量,而且将影响中国企业走出去。

因此,中国外资管理体制改革应该保持统一的管理架构。中国应该只有一份全国版"外资准入负面清单",当然在内容设计上,应该考虑到各地区的差异性。

1. 负面清单是否能一揽子取代中国外资法律法规

有一种观点期望负面清单能够发挥一揽子作用,能够反映中国相关法律法规的所有内容;另一种观点认为,负面清单只是一个集成化、提示性表述,并不能完全取代相关法律法规的内容。换句话说,外商企业不仅需要熟悉准入负面清单,还要了解特定行业准入的相关法律法规。鉴于当前中国外资法律法规体系正在健全和完善之中,以及负面清单修改周期与新法律法规生效期不一致,常常存在交错,持后一种观点是比较符合实际的。因此,外商企业不仅需要了解中国外资准入负面清单,还要了解所在行业准入的相关要求,这些是需要对外商企业明确说明的。

2. 实行负面清单管理之后,是否还存在外资优惠和鼓励政策

在国际上,外资管理政策体系的主要内容有:准入制度、企业监管制度、土地政策、行业或地区鼓励政策、税收优惠政策、特殊区域政策、反垄断和国家安全审查制度等。中国正在全面梳理外资管理配套政策体系,借鉴国际经验,外资行业或地区鼓励政策、税收优惠政策、特殊区域政策等也应该会有,这应该是建立在国民待遇基础上的。同时,也应该考虑到中国地区经济存在差异等因素,以及对港澳台地区的特定安排。

3. 编制外资准入负面清单的两种路径选择

路径之一是延续《外商投资产业指导目录(2011 年修订)》的主线,遵循现有法规体系,编制负面清单。其优点是基于中国对外资产业指导的政策加以改进,保持

了实际操作的延续性，外界易于接受。在此基础上，再逐步向国际投资规则靠拢。自贸试验区编制外资准入负面清单主要采用这一路径。路径之二是参照国际惯例，全面梳理中国现有法律法规体系，包括外资法律、政府规章，以及从中央政府到各级地方政府的管理规章，采用包络方法，从中直接梳理出对外资限制或禁止的条款。其优点是负面清单与法律法规高度一致。

事实上，尽管实现路径有一定差异，但由于参照依据都是中国投资法律法规，因而两种路径应该有"殊途同归"的效果。从长远看，强化外资负面清单"措施"与投资法律"描述"之间的关系，更有利于与国际投资规则全面接轨，更有利于发现中国现有相关法律法规存在的问题，进而推进法制体系的建设，实现长治久安。

4. 东道国负面清单与 BIT 负面清单的关系

东道国负面清单与 BIT 负面清单两者是有区别的，前者是东道国主动开放政策，可以自我调整；后者是国际公约，一旦制定就难以调整。同时，两者有高度相关性，因为两者反映的是同一个主题、同一个事物，即东道国外资政策和业务流程，两者法理基础应该是一致的。因此，两者的关系是"一根藤，两只瓜"，即同一个事物在不同光线的映照下产生的不同影像。从国际经验来看，BIT 负面清单更注重规范格式、缔约方各自的兴趣点、谈判博弈的结果。

6.4.2　相关对策和措施建议

第一，加快上海自贸试验区负面清单向全国版负面清单的转化。未来还将有新的自贸园（港）区获得国家批准，它们将试行负面清单管理模式。因此，商务部是否有可能及时推出全国版负面清单供各地参照执行是十分关键的事情，或者商务部直接宣布上海自贸试验区负面清单作为全国"试行版"。这样，能够拓展上海自贸试验区负面清单的应用空间和范围，获取改革试点更多的样本经验，以便进一步完善，从而在全国推广。

第二，以法律形式明确中国外资准入的敏感性行业。从保护国民生命健康、保护资源、保护环境、文化传承、国家安全等角度，中国应该明确对外资禁止或限制的敏感性行业（或被称为战略性产业、关键性基础设施），并以法律形式加以明确。对于其他行业，则是"法无禁止皆可行"。

在国际上,这类法律有两种类型:一是通过多部部门法或专题法明确某部门或特定领域禁止或限制外资准入的要求,如美国;二是制定一部法律,对禁止或限制外资准入的条款进行总体性阐述,如俄罗斯。得到法律支撑的外资准入政策体系更具有稳定性和透明度,符合国际惯例,也有利于外商企业的战略选择。负面清单(2014年版)对中国外资准入敏感性行业已有初步界定,"将农业、采矿业、金融服务、电信服务、航空服务、基础设施等涉及资源、民生和国家安全的领域及中药、茶叶、黄酒、手工艺品等中国传统产业领域的管理措施予以保留"。有关这一点,需要进一步研究和确认。

第三,进一步完善外资管理的政策体系和管理制度。在国际上,外资管理政策体系主要内容有:准入制度、企业监管制度、土地政策、行业或地区鼓励政策、税收优惠政策、特殊区域政策、反垄断和国家安全审查制度等。中国需要全面梳理外资管理配套政策体系,形成更清晰的全景图。目前,中国外资国家安全审查制度主要针对外资并购,组织架构为部委联席会议,与经济发达国家相比,其口径相对较窄、层级较低。中国外商投资准入分为设立企业和投资项目两种类型,分别由商务部和国家发展改革委负责。另外,外资准入管理也需要考虑到地区经济存在差异等因素,更好地发挥中西部地区优势产业的作用,以及对港澳台地区的特定安排。

第四,积极推进改革试点,及时评估和总结经验。自2013年9月上海自贸试验区挂牌以来,外资管理领域的改革有:负面清单(2013年版)和负面清单(2014年版)、内外资一致的市场准入制度、商事登记改革、探索政府事中事后管理模式、构建社会信用体系、吸引总部经济和高质量外资企业、构建企业境外投资服务体系等。截至2014年6月底①,上海自贸试验区新设外资企业1 245家,已办结49个境外投资项目备案,对外投资达12.69亿美元。总的来说,对外资管理领域的各项改革试点,需要及时评估、总结经验、寻找不足,以便不断完善和提高。

---

① "2014年上半年度信息通报会",中国(上海)自由贸易试验区管委会,2014年7月4日。

第 7 章
服务业开放度评估与风险防范[*]

上海自贸试验区的主要任务之一就是推进服务业开放,探索中国对外开放的新路径和新模式。上海自贸试验区实行负面清单管理模式,明确开列了不允外商投资准入或有限制要求的领域,对外商投资保留的限制措施也逐一列明,对除列明限制措施以外的外商投资,则取消股比限制、经营范围限制、投资者资质限制等准入条件,实行国民待遇。负面清单所列的限制措施越具体、越细致,所释放的对外开放空间就越大。那么,从目前公布的负面清单来看,上海自贸试验区服务业开放程度与水平究竟如何? 其面临的障碍与风险有哪些? 未来该如何改进? 本章将围绕这些问题展开。

本章采用频度指数法测评服务业开放度,具体指标有平均数、平均覆盖率。平均数(%)=(“无限制”数×1+“有限制”数×1)/总的门类数,平均覆盖比率(%)=(“无限制”数×1+“有限制”数×0.5)/总的门类数。两者数值越大,开放程度就越高。

7.1 对服务业的限制措施和开放程度

负面清单(2013 年版)与《外商投资产业指导目录(2011 年修订)》的重合度很

---

* 本章内容发表在《科学管理》2014 年第 10 期。

高,一定程度上只是后者的翻版,没有体现出重大的实质性突破。它包括国民经济所有 18 个经济行业门类,涉及 89 个大类、419 个中类和 1 069 个小类,编制特别管理措施共 190 项。负面清单(2014 年版)则大幅缩减内容,开放度和透明度进一步提高。特别管理措施由原来的 190 条调整为 139 条,其中,因扩大开放而实质性取消 14 条,因对内外资均有限制或禁止要求而取消 14 条,因分类调整而减少 23 条,调整率达到 26.8%,从开放角度来看,实质性取消 14 条,实质性放宽 19 条,进一步开放的比率达到 17.4%。无具体限制条件的管理措施从负面清单(2013 年版)的 55 条缩减为 25 条,并明确了部分无具体限制条件管理措施的条件。在所有 139 条特别管理措施中,按措施类型分,限制性措施有 110 条,禁止性措施有 29 条;按产业分,第一产业有 6 条,第二产业有 66 条(其中制造业有 46 条),第三产业有 67 条。

将对外商的限制措施归纳为七种类型,表 7.1 和表 7.2 分别列出了在七种限制类型下的具体活动数。

七种限制类型的具体措施包括如下方面。一是对服务提供者数量的限制,具体包括:(1)资格认证;(2)地域限制;(3)规定服务提供者的最高数量;(4)发放经营许可证或审批;(5)经营业绩要求;(6)经营需求测试;(7)经营期限限制。二是对服务交易或资产总额的限制,具体包括:(1)注册资本不少于 X 万美元;(2)总资产应超过 X 亿美元;(3)每成立一分支机构需增加注册资本 X 万美元。三是对服务业务总数或产出总量的限制,具体包括:限定业务范围。四是对特定服务部门或服务提供者雇佣的限制,具体包括:(1)对从业人员的专业资格认证和执业资历限制;(2)合资企业的董事会主席或总经理由中方任命。五是对采取的特定类型的法人实体形式的限制,具体包括:(1)仅限于合资企业形式(允许外资拥有多数股权);(2)要求与中方专业机构进行合作;(3)只能以代表处的形式提供服务;(4)不能建立分支机构。六是对外国资本参与比例或投资总额的限制,具体包括:(1)不允许建立外商独资企业;(2)在合资企业中,外资比例不得超过 X%。七是禁止投资。

根据负面清单特别管理措施中的具体要求,将其归类于七种限制措施中的某一种或某几种,例如:在负面清单(2013 年版)中,门类"J 金融业"下的 21 个中类均有限制投资的条件,具体的限制形式有对其特定服务部门的限制(限制 4)、对外国资本比例的限制(限制 6)、对业务范围的限定(限制 3)、对外资注册资本金的要求(限制 2)等六项限制。

表 7.1　负面清单（2013 年版）对外商投资服务业市场准入的限制情况（具体活动数）

服务业部门	限制 1 对服务提供者数量的限制	限制 2 对服务交易或资产总额的限制	限制 3 对服务业总数或产出总量的限制	限制 4 对特定服务部门或服务提供者雇佣的限制	限制 5 对采取的特定类型的法人实体形式的限制	限制 6 对外国资本参与比例或投资总额的限制	限制 7 禁止投资	合计（条）
批发和零售业(10)			8		2	0	3	13
交通运输、仓储和邮政业(13)	3		1	2	5	11	3	25
住宿和餐饮业(0)								0
信息技术服务业(8)			1	0		3	4	8
金融业(21)		1	2	1		2		6
房地产业(2)			1	1	1		1	4
租赁和商务服务业(8)		3	3	1	5	2	1	15
科学研究和技术服务业(6)	1		1	1	3	2	4	12
水利环境和公共设施管理业(3)						1	2	3
居民服务修理和其他服务业(0)								0
教育(6)					2		2	4
卫生和社会工作(5)	1	1			1			3
文体娱乐业(21)			1		1	1	8	11
合计	5	5	18	6	20	22	28	104

注：第一列服务业部门括号内的数字代表的是该门类下作出限制投资的中类数目。

资料来源：《中国（上海）自由贸易试验区外商投资准入特别管理措施（负面清单）（2013 年）》。

表 7.2 负面清单(2014 年版)对外商投资服务业市场准入的限制情况(具体活动数)

服务业部门	限制 1 对服务提供者数量的限制	限制 2 对服务交易或资产总额的限制	限制 3 对服务业总数或产出总量的限制	限制 4 对特定服务部门或服务提供者雇佣的限制	限制 5 对采取的特定类型的法人实体形式的限制	限制 6 对外国资本参与比例或投资总额的限制	限制 7 禁止投资	合计(条)
批发和零售业(10)	1	1	6	1	1	4	1	14
交通运输、仓储和邮政业(11)			1	4	7	10	3	26
住宿和餐饮业(0)								0
信息技术服务业(8)						4	4	8
金融业(21)		1	2			2		6
房地产业(2)				1	2		1	3
租赁和商务服务业(8)		2	1	1	5	3	1	13
科学研究和技术服务业(4)					1	1	3	5
水利环境和公共设施管理业(3)						1	2	3
居民服务修理和其他服务业(0)								0
教育(6)					2		2	4
卫生和社会工作(5)					1			1
文体娱乐业(21)			1		1	1	8	11
合计	1	4	11	7	20	26	25	94

注:第一列服务业部门括号内的数字代表的是该门类下作出限制投资的中类数目。

资料来源:《中国(上海)自由贸易试验区外商投资准入特别管理措施(负面清单)(2014 年修订)》。

　　表 7.3 和表 7.4 是运用频数分析法测度的上海自贸试验区对外商投资服务业的开放程度。根据特别管理措施将服务业各门类下中类的限制程度分为"无限制""有限制"及"禁止"三类,划分的标准在于该中类下的具体限制活动是"限制"还是"禁止",若某一种类下的限制活动均为限制,则该中类为"有限制";若均为禁止项,则该中类则列入"禁止";若既有限制,又有禁止项,则根据各自数量所占的比例来确定列入"有限制"和"禁止"中的哪一项。

　　例如,在负面清单(2013 年版)的"F 批发和零售业"门类中,"F512 食品饮料及烟草制品批发"这一中类下的具体限制为"1.限制投资植物油、食糖、烟草的批发及配送;2.禁止投资盐的批发",则该中类的量化为"有限制"为 1/2,"禁止"为 1/2。"无限制"数据为差项,即每一门类下的中类总数减去"有限制"和"禁止"的中类数。最后,将每个门类下的所有中类加总,得到表 7.3 和表 7.4 的数据。然后对"无限制""有限制"和"禁止"进行赋值,按照频数分析法的赋值特点,将"无限制"赋值为 1、"有限制"赋值为 0.5、"禁止"赋值为 0。再计算平均数与平均覆盖率。平均数(%)=("无限制"数×1＋"有限制"数×1)/总的门类数,而平均覆盖比率(%)=("无限制"数×1＋"有限制"数×0.5)/总的门类数。数值越大,表示开放程度越高。

　　从表 7.1 和表 7.2 中可以看出,负面清单(2014 年版)与负面清单(2013 年版)相比,对外商投资服务业市场准入的限制活动数有所下降,从 104 项降为 94 项,降幅约为 9.6%。具体来说,除"N 水利环境公共设施管理业"以及"P 教育业"没有任何变动之外,其余各部门均有或多或少的解除限制的措施。其中,"G 交通运输、仓储和邮政业"与"M 科学技术服务业"的开放幅度较大,例如,交通运输业中对"G532 铁路货物运输""G591 谷物、棉花等农产品仓储"两个中类解除限制,科学技术服务业的无限制领域也比之前增加了"M745 质检技术服务""M749 其他专业技术服务业"。

　　从具体限制形式来看,负面清单(2014 年版)中"对服务业总数或产出总量的限制"数量减少较多,而"对外国资本参与比例或投资总额的限制"数量有所增加。这是由于在负面清单(2013 年版)中,对于许多具体投资活动的限制是非常模糊的,即保留有较大的政策自主权。在负面清单(2014 年版)中,力求减少"模糊"的政策,而将其具体化,尽可能明确负面清单(2013 年版)中无具体限制条件的管理措施,多半以"限制外资比例"或"限制投资总额"为条件。例如,将"I63 电信、广播

表7.3 负面清单（2013年版）对服务业的具体开放程度

服务业部门	无限制		有限制		禁止		个数合计	频数指数法	
	个数	比例（%）	个数	比例（%）	个数	比例（%）		平均数（%）	平均覆盖比率（%）
批发和零售业(10)	8	44.44	49/6	45.37	11/6	10.19	18	89.81	67.13
交通运输、仓储和邮政业(13)	7	35.00	32/3	53.33	7/3	11.67	20	88.33	61.67
住宿和餐饮业(0)	7	100.00	0	0	0	0.00	7	100.00	100.00
信息技术服务业(8)	4	33.33	4	33.33	4	33.33	12	66.67	50.00
金融业(21)	0	0.00	21	100	0	0.00	21	100.00	50.00
房地产业(2)	2	50.00	5/3	41.67	1/3	8.33	4	91.67	70.83
租赁和商务服务业(8)	3	27.27	23/3	69.70	1/3	3.03	11	96.97	62.12
科学研究和技术服务业(6)	11	64.71	23/7	19.41	19/7	15.88	17	84.12	74.41
水利环境和公共设施管理业(3)	9	75.00	2	16.67	1	8.33	12	91.67	83.33
居民服务和其他服务业(0)	15	100.00	0	0	0	0.00	15	100.00	100.00
教育(6)	0	0.00	4	66.67	2	33.33	6	66.67	33.33
卫生和社会工作(5)	5	50.00	5	50	0	0.00	10	100.00	75.00
文体娱乐业(21)	26	66.67	5	12.82	8	20.51	39	79.49	73.08
服务业综合	97	50.52	145/2	37.74	45/2	11.74	192	88.26	69.39

注：1. 第一列服务业部门后括号内的数字代表的是每个部门"有限制"和"禁止"个数之和。

2. 个数之所以出现小数是由于在自贸试验区负面清单中，某一服务业门类的中类中既出现了"限制投资"的措施，又出现了"禁止投资"的措施，采用"限制"和"禁止"的规定占该中类所有规定的比例来确定其数量。那么在量化这一中类中，"有限制"=1/2，"禁止"=1/2。

3. "平均数（%）"一列计算的是频数分析法中的"简单平均"，即平均数（%）=（"无限制"数×1+"有限制"数×0.5）/总的门类数。而平均覆盖比率（%）=（"无限制"数×1+"有限制"数×1）/总的门类数。

资料来源：根据《中国（上海）自由贸易试验区外商投资准入特别管理措施（负面清单）（2013年）》整理计算得到。

表 7.4　负面清单(2014 年版)对服务业的具体开放程度

服务业	无限制		有限制		禁止		个数合计	频数指数法	
	个数	比例(%)	个数	比例(%)	个数	比例(%)		平均数(%)	平均覆盖比率(%)
批发和零售业(10)	8	44.44	26/3	48.15	4/3	7.41	18	92.59	68.52
交通运输、仓储和邮政业(11)	9	45.00	26/3	43.33	7/3	11.67	20	88.33	66.67
住宿和餐饮业(0)	7	100.00	0	0.00	0	0.00	7	100.00	100.00
信息技术服务业(8)	4	33.33	4	33.33	4	33.33	12	66.67	50.00
金融业(21)	4	19.05	17	80.95	0	0.00	21	100.00	59.52
房地产业(2)	2	50.00	3/2	37.50	1/2	12.50	4	87.50	68.75
租赁和商务服务业(8)	3	27.27	23/3	69.70	1/3	3.03	11	96.97	62.12
科学研究和技术服务业(4)	13	76.47	3/2	8.82	5/2	14.71	17	85.29	80.88
水利环境和公共设施管理业(3)	9	75.00	2	16.67	1	8.33	12	91.67	83.33
居民服务修理和其他服务业(0)	15	100.00	0	0.00	0	0.00	15	100.00	100.00
教育(6)	0	0.00	4	66.67	2	33.33	6	66.67	33.33
卫生和社会工作(5)	5	50.00	5	50.00	0	0.00	10	100.00	75.00
文体娱乐业(21)	26	66.67	5	12.82	8	20.51	39	79.49	73.08
服务业综合	105	54.69	65	33.85	22	11.46	192	88.54	71.61

注：同表 7.3。

资料来源：根据《中国(上海)自由贸易试验区外商投资准入特别管理措施(负面清单)(2014 年修订)》整理计算得到。

电视和卫星传输服务"的"限制投资电信、广播电视和卫星传输服务"改为"限制投资基础电信服务,外资比例不超过49％";将"F529货摊、无店铺及其他零售业"的"限制投资直销、邮购、网上销售"改为"限制投资直销,投资者须具有以上在中国境外从事直销活动的经验,且公司实缴注册资本不低于8 000万元人民币;限制投资网上销售(一般商品的网上销售除外)"。虽然这种限制措施的转变不会影响活动限制总数,但其透明度、明确性却得到提高,负面清单的实用性也更强。然而,必须指出的是,目前世界上大多数服务贸易协定谈判参与方在金融、保险、证券、电信等领域已经没有或很少有对外资持股比例或经营范围的限制,中国若不能主动对接,未来可能会面临被边缘化的风险。

从表7.3和表7.4中可以看出,负面清单(2014年版)与负面清单(2013年版)相比,服务业中无限制行业的比例从50.52％上升到54.69％,有限制行业的比例从37.74％下降到33.85％,禁止行业的比例从11.74％下降到11.46％,平均数从88.26％提高到88.54％,平均覆盖比率从69.39％提高到71.61％,服务业开放程度进一步提高。而禁止外商投资的领域并没有变化,变化较大的是将部分限制性活动逐步开放到无限制状态,主要集中于交通运输业和科学技术业。但这并不意味着其他行业没有进一步的开放措施,如前所述,负面清单(2014年版)将许多限制措施进一步具体化和精简化,而这些难以通过频数分析法进行反映。

例如,对于"K703房地产中介服务",负面清单(2013年版)对其"限制投资房地产二级市场交易及房地产中介或经纪公司",而负面清单(2014年版)则"限以项目公司形式投资房地产二级市场交易",由于后者更加具体明确,可操作性增强,实际上是比之前更加开放了,但在模型中只体现为由一种限制措施转变到另一种限制措施而已,并未反映实质。此外,负面清单(2013年版)中对"R86广播、电视、电影和影视录音制作"的限制有一条为"限制投资电影院的建设、经营",而负面清单(2014年版)则改为"除港澳服务提供者外,限制投资电影院的建设经营",这是由原来的限制扩大到对港澳投资者开放,实际上开放的程度加深了,但这些未能在计算结果中反映。

总的来说,负面清单(2014年版)与负面清单(2013年版)相比,通过取消、修改条款与放宽条款条件,服务业开放度得以提升,一些措施的表述也更加清晰,限制条件更为明确,透明度进一步提高。但不容否认的是,一些关键性领域的开放在此次修订中并未体现,服务业开放的力度并未超出预期,对于资本项目的开放程度还不够,金融、保险、电信等领域的准入门槛依然较高,仍然有很大的开放空间和优化余地。

7.2 负面清单管理面临的主要障碍与风险

上海自贸试验区负面清单管理面临的主要障碍是,政府主管部门长期按照正面清单模式进行审批和监管,政府对经济运行的介入过多,差别待遇在企业所有制性质、地区、行业、项目等方面都有体现,市场公平性仍有待改善,而这会因为利益格局、改革意志等内因的牵制难以进行实质性突破。目前负面清单中限制类特别措施偏多,并且在许多限制类特别措施中,并没有明确规定限制的具体事项,如股比限制等,这使得上海自贸试验区的负面清单增加了管理部门可以予以解释的成分。虽然这是东道国合理保护的惯常做法,但在不同情形下,这种解释导致很难避免功利性、随意性和差别性处理,从而致使开放度大大降低。

同时,与外资相关的监管政策存在规定原则性过强的问题,而审查标准模糊不清、透明度不高。比如,在中国国家审查制度中,法律法规明确对外资审查的内容是外资对国防安全、国家经济稳定运行、社会基本生活秩序,以及对涉及国家安全的关键技术研发能力的影响,而对于什么是国防安全等则缺乏具体明确的定义与规定。外资在准入方面的待遇在很大程度上仍然取决于行政执法对于前述核心概念及实施尺度的把握,从而留下了行政干预的空间,政府管理部门的自由裁量权比较大。虽然从积极方面来看,这样做可以有效避免外资监管失控;但另一方面讲,过度的自由裁量权或增加外资进入成本,甚至可能沦为某些利益集团借机将商业决策政治化从而牟取私利的工具。

上海自贸试验区改革涉及多方利益,但目前对于取消行政审批,特别是对于金融和税收等方面的先行先试重要事项,各方仍存在较大争议和分歧,而这些领域的改革牵一发而动全身,涉及整个国民经济体系的运行,若没有完整顺畅的机制框架作为支撑,很难转圜。上海作为地方政府权力有限,难以掌控实验尺度,原有的中央与地方、各部委的条条框框尚未得到突破,存在管理多头、交叉、条块分割、各部门职责不明确等现象,而任何环节的协调、沟通不力都会大大降低开放效果。

上海自贸试验区延续了保税区的边境关税原则,即"一线放开,二线管住"。但是,服务贸易和投资自由化与货物贸易不同,因为大部分服务贸易是不存在"关税边境"的,服务贸易和投资自由化很难或根本不可能被限定在一个区域内,若被限定,也就失去了开放的意义。因而,区域内外的界定实质是边境开放与境内开放的区别。上海自贸试验区谋求服务业扩大开放,不仅是一种边境意义上的开放,更是一种境内市场意义上的开放,既包括对外资,也包括对国内市场主体更大程度的开放。在政策覆盖面和政策力度上,典型的"境内关外"政策除了免除关税外,还应包括人员出入境政策、自主投资企业政策和自由汇兑的货币政策:资本进出自由,外国资本可以在各行各业自由投资;允许外汇自由汇兑,完全开放外汇及黄金市场,本地资金和外国资金均可自由进出、自由流动;企业经营自由,不论是本地公司还是外国公司都按公司法注册登记,开业经营,自由竞争。因此,上述涉及"境内关外"的配套改革均应涵盖在上海自贸试验区的具体细则中。但遗憾的是,目前这些措施还远未到位。

另外,上海自贸试验区的规则如何与国内现行法律制度相协调?如何处理法律上的冲突问题?上海自贸试验区的法律豁免,是否会在中国经济领域形成事实上的"治外法权"?均是必须思考解决的重点问题。

负面清单管理的风险也不容小觑。一方面,从一些国家的实践来看,如果投资者认为自己遭到了东道国政府的不公待遇,它们可以跳过东道国法院,直接向国际法庭申请仲裁,大量争端会使东道国政府难以招架。另一方面,与高度自由的投资市场相伴随的,是资本异常、非法流动的风险,在利率市场化、汇率市场化改革未能到位的前提下,套利、套汇行为还会对人民币形成更大的升值压力,国家监管层需要全力提高识别风险和应对风险的能力。

新技术的发展会催生诸多新行业,而这是负面清单上所没有的,这就意味着新出现的服务部门从产生之初起就"门户"大开,直接面临其他国家同类服务的强大竞争。而负面清单的修订又受周期性限制,且负面清单多为限制性项目,这会让资本有机可乘,其可能采取各种变通方法来规避东道国监管。自贸试验区内、区外的"双轨制"大大增加了制度套利和监管套利的风险。因而,"宽进"必须与"严管"相结合,国家监管层有必要维持自己对未来未知产业保持监管的权力或者限制的权力,同时大力提高监管程序和标准的国际化水平和透明度。然而,目前外商投资安全审查、反垄断审查职能却由自贸试验区承担,囿于各种限制,其恐难以很好地完成该项职责。

7.3　如何完善优化负面清单管理

上海自贸试验区实行负面清单管理只是一个初步尝试,需要动态调整与完善。由于服务业开放措施在很多领域尚不具备可操作性,有些措施还很粗糙,亟待明确的执行细则出台,特别是与资本项目开放、人民币国际化和利率、汇率市场化等相关的负面清单及其详细条例。随着具体措施的推进与经验的总结,限制措施会有不断的调整。总的调整方向是越来越开放、透明度越来越高,开放形式、开放行业和开放对象都将有新的拓展。未来在负面清单的修订过程中,要扩充架构,采用"保留行业＋不符措施"的方式,同时需要扩大准入和扩大范围,按照国际通行惯例,进一步减少限制措施,扩大开放的领域和区域,既有可能是对现有措施的删减,也有可能是对个别目前只能作出原则性表述的门类的细化展开,提高透明度,对限制类但无具体限制措施的条款分类处理;其中,对需要保留的,应明确具体限制措施;对没有保留必要的,则尽量取消,最大限度地缩小核准范围。另外,还要以前瞻性视角,为本国新兴产业发展预留必要且合理的空间。同时,还需要考虑如何保障内资企业的利益。

上海自贸试验区建设对政府管理能力提出了更高要求。上海自贸试验区建设与管理应基于市场化运作,必须大大弱化行政干预色彩,政府管理模式将由重审批转向重服务,提供公平的法律体系、高效的行政程序和便利的营商环境。

在法律体系建设方面,应通过制定专门行政法规突破现有法律规定,化解自贸试验区建设面临的制度困境。根据《中华人民共和国立法法》的规定,国务院可以为执行法律或者补充法律未定事项而制定行政法规。国务院可以进一步明确自贸试验区所在地政府的权限和职能,最后由上海市政府依据上述条例进行执行性立法。由于行政法规的位阶和效力高于部门规章,这就使得上海市在执行条例的过程中可能避开很多由"一行三会"制定的监管规章,从而使上海合法合理地在现有制度约束下获得制度空间。当然,在国务院这一层级制定专门条例,再由上海市政府执行条例这一方式本身决定了不可能实现对法律的变更适用,而只能进行补充性和执行性行政立法,从而也就限制了"先行先试"的范围。还有一些法律法规的位阶和效力低,例如,当前离岸金融法律仅有中国人民银行颁布的部门规章,无法满足上海离岸金融市场法制环境建设的需要。

因而,上海自贸试验区的建设应该以法治的顶层设计为突破重点,按照严格的"授权基本法"的立法制度来赋予上海自贸试验区的管理权限(中央立法),并辅以当地行政立法(区域的行政立法)和行政管理、地方议会监督制度和司法独立的新途径及新方法。上海应提高立法的主动性,努力寻求全国人大常委会的立法授权以弥补地方立法权限不足的缺陷。对于属于国家立法的领域,积极向中央提出立法建议;对于属于地方立法权限的领域,应合理研究并制定地方性条例和办法等;对于在自贸试验区实践中形成的规范性文件,可复制可推广的制度、政策创新等,及时通过立法程序上升为地方性法规。

在监管方面,实施负面清单对监管部门提出了更高要求。在负面清单制度建立后,政府的事前审批权力被弱化,事中事后监管能力则需要强化。必须全面推进投资管理、贸易监管、金融监管、综合监管等制度创新。在实际运作上要加强过程性监管,从重"把门"转变到重管理,注重过程性监管效率。在监管方式上由管理货物向管理企业转变。推行以诚信为基础的分类风险管理通关机制。从事前审批转变为事中事后监管时,要把好备案管理制度五道关:(1)投资主体告知承诺,投资方法人代表对备案和承诺内容负责;(2)备案信息网上公示,接受社会和相关部门的监督;(3)信息沟通协同监管,商务部"黑名单"系统即时对备案主体资格进行比对;(4)备案机构定期核查,发现实际情况与承诺内容不符的,依法追究有关企业和人员责任;(5)投资项目或企业属于安全审查、反垄断审查范围的,及时启动相关审查机制。①另外,外资企业规避负面清单的方法会动态变化,这对监管的动态性和及时性要求将更高。有关金融管理当局在监管能力建设、有效性和动态性监管等方

① 《负面清单在实践中存在的问题,事关开放大文章》,东方网,2013年12月27日。

面需要大力完善。

建立并优化负面清单管理和协调机制。上海自贸试验区先行先试的事项主要涉及行政审批等有关部委的核心权力,这些审批权以及相关法律固化,需要打破利益固化的藩篱。进一步简政放权,推进政府行政审批制度改革和职能转变,在实施方案中明确对权力的约束,提高权力运行的可预见性或确定性。

未来负面清单的缩小还必须与国家安全审查制度①的完善相联系。上海自贸试验区内乃至全国对于国家安全的审查,不能依靠一成不变的法律条文规定,而应该按照国家安全本身特性,通过概括性规范和个案分析来进行。

还需要指出的是,消除隐性壁垒要与实行负面清单的管理模式同步推进,同时,项目核准、行政管理、公共财政、金融支持等方方面面的配套改革也需要及时跟进。

7.4　进一步推进服务业开放的思考

1. 解决"大门开,小门关"的问题,推进制度体系创新

"大门"是指国家外资政策,"小门"是指服务业行规、许可证制度、潜规则等。服务业开放有了新的国家外资政策,但相配套的行业许可制度还不完善。例如,许可证限制、审批程序烦琐、办事不透明、申诉渠道不畅、保护知识产权力度不够、落实国民待遇等。

2014 年底,笔者曾进行过一项调查研究,与上海自贸试验区服务业扩大开放34 条措施相关的有 60 多个行业制度,如"医疗机构管理条例""医疗机构管理条例实

---

① 目前,国家安全审查主要是针对外国投资者并购境内企业过程中所涉及的国家安全问题,对于外国投资者直接投资过程中所涉及的安全审查制度并无明确规定。此外,中国虽然已经设立国家安全审查系统,但自 2011 年 2 月国务院通知颁布以来其执行力度并不够,审查案件标准偏概念化,细则及实施条例并未配套,牵头部门为商务部及发改委,其余联席部门则根据报审案件需要再抽调,而非抽调各部委专门人员与商务部及发改委一起组成跨部门常设性机构,因此无法与美国的外国投资委员会(CFIUS)在实质上做到对等。

施细则""旅行社条例""建筑工程勘察设计管理条例"等。不同行业设置了许多进入门槛,如资质要求、业绩要求、层层许可证等,涉及行业有电信、教育、旅游、文化、卫生医疗、建筑设计、人才中介、金融管理、外资管理等。具体情况比较复杂,有的规定是必要的;有的相对陈旧,需要调整;有的涉及部门利益。此外,制定和调整行业制度的事权,有的在国家部委那里,有的在地方政府,以及行业协会和监管机构那里。

2003 年 6 月广东开始实施 CEPA 协议,推进粤港澳服务贸易自由化,至今已经 10 多年了,但其实际进展并不顺利,并且也遇到同样的问题。因此,推进服务业开放,不仅需要国家推出新开放政策,还需要一整套新制度进行配套,这样政策落实才能顺畅,这是改革深水区。

2. 解决好服务业开放的深层次难点问题

例如,在医疗领域,允许设立外商独资或合资医疗机构。进一步需要解决的问题有:外资医疗机构看病、医疗检查、手术如何定价? 医生资质如何认证,是按国际标准或投资方母国标准,还是按中国标准? 医保系统能否支付患者的看病费用? 人们和社会舆论对外资医疗机构如何正确认知? 外资医疗机构如何进行功能定位,以及究竟能够发挥何种作用?

在教育领域,"是否以中国公民为主要招生对象",是判断限制或禁止外商投资项目的一个主要标准。"以中国公民为主要招生对象"具有一定的弹性,中外学生比例如何确定? 地方政府教育经费投入,是否对注册在本地的、具有外资背景的教育机构一视同仁? 外资教育机构招生,是否需要列入招生计划? 是否具有自主招生权和学费定价权?

3. 探索服务业开放的运行管理机制

在新服务业开放观的指导下,需要形成新的运行管理机制。一是体现出对内对外开放相互促进、引进来和走出去更好结合,完善境外投资服务促进体系;二是形成内外资一致的市场准入制度,即全国统一的市场准入负面清单管理制度。三是要形成国际化、市场化、法治化的营商环境,包括:外资服务和事中事后监管系统,提供"一站式"服务;数据分析系统,开展外资进入的动态分析;产业预警系统,推动产业预警制度创新;境外投资服务促进系统,形成多部门共享的信息监测平台。四是探索混业经营监管机制。服务业新模式、新业态层出不穷,如跨境电子商务、融资租赁、互联网金融等。新服务模式大都具有混业经营特点,突破了现有按产业部门分类的政府监管模式。

4. 探索服务业进一步扩大开放的领域

服务业是一个完整系统。从中国国民经济产业分类 20 个部门来看,服务业涵盖了 15 个部门。从世界贸易组织的服务贸易分类标准来看,服务业有 160 个部门,有商业存在、跨境服务、跨境消费等类型,形成(160×3＝480)矩阵框架。服务业开放内容是很丰富的。

上海自贸试验区应建成开放度最高的园区。要实现开放度最高,除了争取先试先行开放政策外,更重要的是在国家统一的政策框架下,力争在与国际规则接轨、体制机制、开放质量、开放效率等方面做得更好,达到开放水平的最高标准。对开放度最高的深层次理解,是指开放水平的最高。

扩区后的上海自贸试验区,需要进一步探索服务业扩大开放的领域。这种探索必须与国家战略和国家需求紧密结合起来。中央强调,制定外资政策是中央事权,要统一管理,目的就是防止外资政策"碎片化"倾向。

国务院要求,上海自贸试验区建设要与上海国际金融中心建设联动。其中,有扩大开放的实质性内容。如全面推动银行、证券和保险业对外开放;放宽外资进入金融服务业的投资限制,逐步扩大外资持股比例;支持符合条件的民营资本在上海自贸试验区内设立自担风险的金融机构。上海自贸试验区建设要服务"一带一路"建设,全面推进人民币跨境双向使用;等等。国务院要求,建设上海亚太知识产权中心、打造面向全球的亚太仲裁中心、推进亚太示范电子口岸网络建设等,这将推动高端专业服务业的开放。

5. 为服务业开放的推广提供可复制推广经验

2016 年,外资准入前国民待遇加负面清单管理将复制推广到全国,内地与港澳地区的服务贸易自由化政策将扩围在全国实施。上海自贸试验区、浦东新区和整个上海,需要作好相应的准备。上海自贸试验区需要细化评估新开放政策。例如,为了具体推进服务业扩大开放措施,通过探索试点,具体调整了哪些原有制度政策? 再如,在扩大开放中,遇到了哪些问题,具体通过什么方法解决的? 还有,政策与外资行为评估,如外资医疗机构允许外资独资建立,还是限于合资合作建立? 倘若允许外资独资建立外资医疗机构,外资行为究竟有哪些变化? 可能出现哪些外部效应? 在试点中出现了哪些新情况? 这些都需要细致评估总结。

第 8 章
工商登记改革与事中事后监管的实践[*]

8.1　上海自贸试验区工商登记改革的作用

　　建立上海自贸试验区是党中央、国务院作出的重大决策,是深入贯彻党的十八大精神、在新形势下推进改革开放的重大举措。

　　根据国务院《总体方案》,上海自贸试验区建设有五大任务:加快政府职能转变、扩大投资领域开放、推进贸易发展方式转变、深化金融领域开放创新、完善法制保障。工商登记改革与上海自贸试验区的两大任务直接关联,即外商投资体制、转变政府职能。

　　第一,工商登记改革与外资投资体制的关联。上海自贸试验区借鉴国际经验,探索建立外商投资负面清单管理和准入前国民待遇。负面清单管理是一种"非列入即开放"的模式,非列入负面清单的外商投资产品或模式,准许进入视同本国企业,享受国民待遇。负面清单管理和准入前国民待遇是国际高标准投资规则的应用。

　　长期以来,中国外资投资管理采用《外商投资产业指导目录(2011 年修订)》,该目录分别给出了鼓励、限制和禁止的外商投资项目类别,相配套的是行政"核准制",即政府审批制度。2013 年 9 月上海市政府颁布负面清单(2013 年版),在上海自贸试验区内实行。对于非列入负面清单特别管理措施的,按照内外资一致的原

---

　　*　本章主要内容发表于《工商行政管理》2014 年第 5 期。

则,外商投资准入由"核准制"改为"备案制",凡列入的仍采用"核准制"。试验区工商登记与商事登记制度改革与之衔接。

第二,工商登记改革与转变政府职能的关联。上海自贸试验区试行国际高标准投资贸易规则,推进政府职能转变。政府管理由注重事先审批转为注重事中事后监管,形成一口受理、综合审批和高效运作的服务模式。建立符合国际规则的信息公开机制,完善信息网络平台,提高行政透明度。

政府管理转向注重事中事后监管,要建立集中统一的市场监管综合执法体系,在工商、质量技术监督、食品药品监管、知识产权、税务等管理领域实现高效监管。建立综合性评估机制,监管和归集行业信息,加强对上海自贸试验区内企业在区外经营活动全过程的跟踪、管理和监督。完善投资者权益有效保障机制,实现各类投资主体的公平竞争。工商登记改革和加强综合监管,是转变政府职能的重要内容。

上海自贸试验区工商登记改革的环境设定是开放型经济体系,是国际高标准投资贸易规则,是内外资一致原则,这是一个重要特征。这也是上海自贸试验区工商登记改革与广东顺德、深圳等地商事登记改革的明显差异之处。

8.2　上海自贸试验区工商登记改革的主要内容

根据国家工商总局《关于支持中国(上海)自由贸易试验区建设的若干意见》(简称"工商 9 条")和《关于同意中国(上海)自由贸易试验区试行新的营业执照方案的批复》等文件的要求,上海自贸试验区工商登记改革的主要内容有四个方面。

第一,加强登记职能,便利外商投资准入。负面清单(2013 年版)采用"保留行业＋特别管理措施"的形式,以中国国民经济行业分类为框架,除社会组织和国际组织两大门类,共涵盖 18 个行业门类、59 个大类,有 190 条特别管理措施,含对外商投资禁止、限制、股权比例限制等措施。实行负面清单管理之后,政府商务部门对照外商投资与负面清单内容,分别采用"备案制"或"审批制"。工商部门在办理外商投资企业登记时,根据内外资一致原则,既要便利外商企业进行工商登记,也要准确判断外资企业所属行业与负面清单的匹配,这强化了工商部门在登记中对外资准入的政策把关。

第二，试点工商登记系列改革。一是试行注册资本认缴登记制。允许"零首付"，放宽注册资本登记条件，除法律、行政法规、国务院另有规定外，取消有限责任公司最低注册资本 3 万元、一人有限责任公司最低注册资本 10 万元、股份有限公司最低注册资本 500 万元的规定，不再限制首次出资额及比例、缴足出资的期限等。二是试行"先照后证"登记制。三是试行年度报告公示制。将企业年检改为企业年度报告公示，企业对年度报告的真实性、合法性负责。四是试行新的营业执照样式。除"农民专业合作社法人营业执照""个体工商户营业执照"以外，其他各类企业营业执照采用统一样式。

第三，实行"一口受理"工作机制。企业设立可以通过电子数据交换方式或者现场办理方式提交申报材料，由工商部门统一接收自贸试验区管委会、工商、质监和税务部门的申请材料，通过部门之间流转完成审批或备案流程，再由工商部门统一送达许可决定、备案文书和相关证照。同时，缩短办事时限，以往外商投资企业至少需要一个月才能结办，现在通过"一口受理"只需 4 个工作日就能办好四项证照。

第四，转变监管方式，维护市场秩序。在"严管"方面，探索运用信息公示、信息共享、信用约束、信用监管等措施，形成企业诚信自律和综合监管机制。具体方法有：一是建立以工商部门经济户籍库为基础的市场主体信用信息公示系统，公示市场主体登记、备案、监管信息；二是建立企业年报公示和抽查制度；三是建立企业经营异常名录制度；四是建立企业信息监管共享制度；五是开展企业分类监管，对违法失信企业进行严格监管；六是推进综合执法，将行政执法与行政司法衔接起来，形成监管部门分工明确、沟通顺畅、齐抓共管的工作格局，营造统一开放、公平诚信、竞争有序的市场环境。

8.3 工商登记改革的若干问题探讨

8.3.1 注册资本"认缴制"比"实缴制"更进步吗？

工商登记改革有一个理论问题。社会上有一种舆论认为，注册资本"实缴"改为"认缴",会不会产生一些虚假成分。譬如,原先创办一家企业是"实缴制"的,其注册资金需要验资确认,银行开具验资证明,这是工商登记注册企业的前提。在"认缴制"环境下,创办一家企业认缴 2 000 万元,或者 3 000 万元注册资本,只要签字就可以了,是不是实际具有相应的经济实力呢? 注册资本"实缴制"改为"认缴制",到底是不是一种进步? 注册资本"实缴制"与"认缴制"的比较,见表8.1。

表 8.1　注册资本"实缴制"与"认缴制"的比较

比较方面	实缴制	认缴制
强制性	硬性规定	自治空间
依法行政	原公司法,以保障债权人利益和维护交易安全为价值目标,法定资本制	新公司法,以保障债权人利益和维护交易安全为价值目标,法定资本制
信用依据	资本信用(注册资本)	资产信用(公司资产)
信息共享	企业年检制(年终 7 个政府部门分别年检盖章)。政府部门之间缺乏信息共享	政府部门信息共享,企业年报公示制度,经营异常名录,社会信用系统
社会监督	缺乏社会监督机制,社会信用体系尚未建立,政府部门分头管理	企业信息公示制;政府信息共享,社会信用系统;法律约束,虚假出资罪和抽逃出资罪,公司法解开面纱原则
政府资源	强调事先审批,相关政府部门裁量权力大,容易发生寻租和腐败现象	简政放权,加强事中事后监管,政府部门整合(大部制),加强基层,提高效率

资料来源:根据相关资料整理得到。

注册资本"实缴制"与"认缴制",两者共同点和差异表现在五个方面。

第一,"实缴制"与"认缴制"都是有法律依据的。"实缴制"根据原公司法,"认缴制"根据新公司法。无论"实缴"还是"认缴"都是以保障债权人利益和维护交易安全为价值目标的。制度框架都是法定资本制,法定资本制对于企业家有两层意思:一是创办公司承担"有限责任",譬如,投资 100 万注册资本创办公司,如果亏损则到此 100 万为止,与个人家庭财产没有关系;二是创办公司要承担相应责任,包括社会责任和法律责任。如果认缴 500 万元注册资本,就要承担 500 万元的责任,如果认缴 2 000 万元,就要承担 2 000 万元的责任,不论实缴还是认缴都要承担相应的责任。

第二，信用依据差异。"实缴制"强调资本信用，即注册资本，注册资本是静态的；"认缴制"强调资产信用，公司资产是动态的。今后企业与企业打交道，不仅要看对方的注册资本，还要查看对方的公司资产。政府建立企业信息库，要求企业进行年报公示，其中可以查询公司资产信息。

第三，信息共享差异。原先政府采用企业年检制，由工商、税务、银行等部门开展年检工作。虽然每年对企业展开年检，但相关检查部门之间是不通气的，信息不共享。与工商登记改革相配套的有政府信息共享、企业年报公示等，能够实现信息共享。

第四，社会监督差异。原先企业创立后缺乏社会监督。改革后通过建立社会信用系统、企业信息公示和经营异常名录（企业黑名单），有利于社会共同监督。"认缴制"确实给了企业家自治空间，但是倘若企业家只有50万资金，其却认缴5 000万注册资本，两者之间存在巨大差额，该企业家又不能自圆其说，有可能犯下两种罪，即"虚假出资罪"或者"抽逃出资罪"，如果被确认，则适用"公司法揭开面纱原则"，要对相关后果承担"无限连带责任"。

第五，政府资源优化配置。原先政府在审批环节配置大量人力资源，相关政府部门拥有很大裁量权力，容易产生权力寻租和腐败现象。同时，还会衍生形成围绕政府审批权力的灰色产业，增加了实体企业的经营成本和负担。现在前置审批减少了，政府人力资源可以配置到更重要的地方，如食品安全、环境污染治理等。

从以上比较分析可见，注册资本"认缴制"与"实缴制"相比，理论而言在信用依据、信息共享、社会监督、政府资源配置等方面更进步了，这是符合社会经济发展要求的。当然，理论分析的结论还需要在改革实践中得到进一步验证。

8.3.2　企业年度报告应该公示哪些信息？

由"年检制"改为"企业年度报告公式制"，这是一项全新的改革事项。具体问题有两个：一是如何建立企业年度报告的基本框架，二是企业年度报告应该公示哪些信息。

上海自贸试验区积极开展企业调研，特别是外资企业调研，听取企业界的意见，同时借鉴国际经验，很快形成试点方案。根据上海试点方案，企业年度报告由合规企业披露信息、经营异常名录和严重违法企业名单构成,于 2014 年试行。根据上海试点方案和实施情况,国家工商总局及时制定出企业年度报告公示的全国方案,并在全国复制推广。

企业年度报告公示的全国方案与上海试点方案相比,具体情况见表 8.2。两者主要异同有:第一,全国方案保留了企业年度报告公示的基本框架;第二,取消了对年销售收入超过 2 000 万元人民币企业提供年度审计报告的要求,披露信息更为简洁;第三,在企业信息库中,增加了政府部门履行职责过程中产生的信息,如企业注册资本变更、企业名称变更、企业产品质量奖励或处罚信息,遵守环境保护制度的信息,等等。第四,细化明确了列入"经营异常名录"和"严重违法企业名单"的条件。

表 8.2　企业年度报告的公示信息方案

方案	上海试点方案(上海自贸试验区)	全国方案(国家工商总局)
披露信息	1. 企业年度报告公示基础信息 2. 年销售收入超过 2 000 万元人民币的企业,需要提供"年度审计报告"和有审计要求	1. 工商部门履行职责过程中产生的信息(政府登录) 2. 其他政府部门履行职责中产生的信息(政府登录) 3. 企业年度报告内容(企业登录) 4. 企业重大事项信息(企业登录)
经营异常名录	1. 未按规定期限履行年度报告公示义务的 2. 通过住所(经营场所)无法联系	1. 未依照本条例规定履行信息公示义务的 2. 通过企业年度报告中载明的所有联系方式无法取得联系的
严重违法企业名单	连续 3 年载入经营异常名录(永久载入),载入企业严重违法违纪企业名单	1. 公示信息隐瞒、弄虚作假的 2. 企业被载入经营异常名录满 3 年的 3. 被吊销营业执照、责令关闭的

8.4　工商登记改革成效和可复制推广经验

上海自贸试验区很好地发挥了探索试点的功能,不仅形成了新的制度规则,也形成了相应的新政府组织架构。通过复制推广,推动了全国范围的工商登记改革,激发出市场活力和企业活力,从而形成公平、公开、公正的营商环境。

8.4.1 初步改革成效

通过一个阶段的运行,上海自贸试验区工商登记改革运行平稳有序。截至 2013 年 12 月 31 日,在上海自贸试验区运行的 3 个月中,共新设企业 3 633 户,其中内资企业达 3 405 户,外资企业达 228 户。试验区原有存量企业约 8 000 多户,新增企业数量已经超过存量企业数量的 1/3。新设企业均实行注册资本"认缴制"。从认缴注册资本来看,内资企业户均约 2 027 万人民币,外资企业户均约 439 万美元,这一数据与上海自贸试验区存量企业总体较为一致,未出现注册资本虚高现象。其主要原因是:通过媒体加强宣传和政策解读,强调在"认缴制"下股东依然要按照约定交纳资本并承担责任,强调投资者的个人诚信机制。

服务类企业发展迅速,跨国公司总部反应积极。上海自贸试验区有 48 家金融机构持牌入驻,包括 9 家中资银行开设分行、12 家外资银行开设支行,另有 200 多家无须金融牌照的金融信息服务、资产管理机构入驻。文化产业是另一个热点,有 20 多家国内外龙头企业进驻,微软和百视通合资的上海百家合信息技术发展有限公司,注册资本达 7 900 万美元,是上海游戏软件产业规模最大的企业之一。在上海自贸试验区制度创新和综合改革的影响下,有 20 多家跨国公司欲在上海自贸试验区升级为地区总部。

各种增值业务模式正在形成。上海自贸试验区挂牌后,新增 65 家融资租赁企业完成海关注册备案手续,占全年注册企业数的 50%。截至 2013 年底,上海海关累计为 31 架飞机、2 台飞机发动机办理了进境备案和出区租赁手续,货值共计 13.39 亿美元。洋山保税港区已引进 7 家单船融资租赁项目公司。上海自贸试验区跨境贸易电子商务平台正式运营。政府监管方式逐步推进,上海自贸试验区政府监管信息平台正在建设之中,企业年报公示在 2014 年 3 月 1 日开始试行。

8.4.2 可复制推广的经验

上海自贸试验区工商登记和综合监管改革正在试行之中,还有待实践检验。

归纳起来,上海自贸试验区工商登记改革的特点是:建立长效机制、开放型环境、业务流程和信息系统、注重营商环境、企业征信系统、试行大部制市场监管等。这些可能有可复制可推广的价值。

第一,根据"工商 9 条"建立工商登记制度。根据国家工商总局的文件要求,上海市工商局进行了一些内容细化,并予以认真、规范的贯彻执行,没有进行任何法外拓展。例如,上海自贸试验区不允许企业登记注册"一址多照"或"一照多址"。通过编制上海自贸试验区产业规划和形态规划,引导企业入驻。"一口受理"流程时间保持在合理水平,即约 4 个工作日。工商登记改革旨在建立与国际接轨的长效机制。

第二,采用内外资一致的综合监管模式。上海自贸试验区对内外资企业、存量增量企业一视同仁,对跨国公司总部,既要服务好,也要开展综合监管。在开放式经济环境下,采用"宽进严管"模式,"严管"不仅要依照国内法律法规,还要参照国际通用规则。例如,就企业年检改为年报公示而言,对于年报需要公示哪些信息、信息失真如何处理、信息造假如何处罚等问题,都需要参照国际规则,事先听取外资企业意见。合理区分企业向工商部门上报的年报信息与向社会公开的年报公示信息。在开放型经济环境下建立起来的内外资一致的工商登记和综合监管模式,将具有可复制价值。

第三,相关业务流程、电脑管理和信息平台。与工商登记改革和综合监管相配套,需要建立一整套规范高效的业务流程、计算机分类信息系统和信息平台,这需要开展系统设计、硬件选型、电脑软件调试、在运行中发现问题和改善等工作。通过上海自贸试验区试行,能够形成相对成熟的运作模式,从而规模化推广。

第四,政府管理注重营造法制化营商环境。逐步完善法律体系作为监管的依据和保障,通过不断修订完善工商、质监、知识产权、劳工就业、环境监管、银行监管、审计会计、税务管理等方面的法律法规,使企业从设立到经营的每一个环节都有法可依、违法必究,行政管理透明,从而实现对外资企业或本土企业营运的有效监管。

第五,建立跨部门的企业征信系统。把现有工商、质监、环保、税务、银行的征信系统或信用平台的信息都集合在一起,形成公共信用系统。这样,能够降低社会公共成本,避免信息不对称和信息分割的现象,为企业运行提供诚信自律的环境。

第六,试行"大部制"市场监督管理体系。2013 年 12 月 31 日,上海市浦东新区市场监督管理局宣布成立。该局是由原浦东新区的工商、质监、食药监部门"三局合一"整合的副局级部门,内设机构由原来的 29 个减少到 17 个,精简了 41.4%;机关编制从 264 名减少至 198 名,精简了 1/4,成立市场监督管理局注册许可分局,进行"大窗口"的市场准入改革。市场监督管理由原来的市级垂直管理,改为属地管理。

改革后市场监督管理局 80% 以上的人员在基层、在一线从事行政执法工作。浦东新区将机关精简的人员充实至街镇和开发区的一线行政执法岗位上,形成与街镇一一对应的 36 个市场监管所,以及各开发区的派出机构。在事中事后监管方面,市场监督管理局成立稽查支队进行重大、突发、跨区的行政执法。这样,逐步构建起一个覆盖生产、流通、消费全过程的监督体系,促进政府管理资源从前置审批向后端监管的转变。

第 9 章
市场准入负面清单（试点版）
的分析和对策建议

9.1　市场准入负面清单的文本分析

9.1.1　《市场准入负面清单草案（试点版）》（2016 年）

《市场准入负面清单草案（试点版）》（2016 年）的主要内容有：（1）根据法治原则、安全原则、渐进原则、必要原则、公开原则汇总审查形成，初步列明了在中国境内禁止和限制投资经营的行业、领域、业务等措施，共 328 项，包括禁止准入类 96 项、限制准入类 232 项。（2）所列事项于 2015 年 12 月 31 日截止。（3）属于试点版，根据改革总体进展、经济结构调整、法律法规修订等情况，按照程序适时调整。

该清单禁止准入类有三个模块：一是分产业的禁止类措施；二是按《产业结构调整指导目录》的禁止类措施；三是兜底条款，即法律法规，国务院决定规定的其他禁止投资经营的行业、领域、业务等。限制准入类也有三个模块：一是分产业的限制类措施；二是按《政府核准的投资项目目录》的限制类措施；三是兜底条款。

经分析，关于《市场准入负面清单草案（试点版）》（2016 年）的文本结构，主要特征如表 9.1 所示。

表9.1 《市场准入负面清单草案(试点版)》(2016年)的结构分析

类别	产业、行业	禁止类			限制类		
		措施(条)	事项(个)	占比(%)	措施(条)	事项(个)	占比(%)
禁止准入类和限制准入类	一、农、林、牧、渔业	6	12	1.6	19	45	5.3
	二、采矿业	1	1	0.1	3	14	1.6
	三、制造业	2	3	0.4	30	131	15.3
	四、电力、热力、燃气及水供应业	2	5	0.7	2	5	0.6
	五、建筑业	7	10	1.3	14	34	4.0
	六、批发和零售业	2	4	0.5	15	65	7.6
	七、交通运输、仓储和邮政业	3	8	1.1	18	86	10.0
	八、住宿与餐饮业	0	0	0.0	2	2	0.2
	九、信息传输、软件和信息服务业	0	0	0.0	10	30	3.5
	十、金融业	2	2	0.3	17	86	10.0
	十一、房地产业	0	0	0.0	1	3	0.4
	十二、租赁和商务服务业	1	1	0.1	22	62	7.2
	十三、科学研究和技术服务业	3	7	0.9	11	59	6.9
	十四、水利、环境和公共设施管理	11	49	6.5	22	65	7.6

续表

类　别	产业、行业	禁止类			限制类		
		措施(条)	事项(个)	占比(%)	措施(条)	事项(个)	占比(%)
禁止准入类和限制准入类	十五、居民服务和其他服务业	3	3	0.4	2	2	0.2
	十六、教育	1	4	0.5	1	16	1.9
	十七、卫生和社会工作	1	1	0.1	10	30	3.5
	十八、文化、体育和娱乐业	4	6	0.8	18	75	8.8
	十九、公共管理 社会保障和社会组织	0	0	0.0	2	7	0.8
	二十、所有行业	0	0	0.0	2	2	0.2
	小计	49	116	15.4	221	819	95.7
产业结构调整	二十一、产业结构	46	637	84.5	/	/	/
投资项目核准	二十二、投资项目核准	/	/	/	10	36	4.2
兜底措施	二十三、其他	1	1	0.1	1	1	0.1
合　计		96	754	100.0	232	856	100.0

注：表 9.1 中"占比"一列按事项占比计算。例如，"禁止类"事项总量为 758 个，"二十一、产业结构"的事项数量为 637 个，"占比"为 (637/758) * 100%＝84.5%，以此类推。

资料来源：笔者根据相关资料整理得到。

1. 市场准入负面清单措施数量和事项数量

笔者统计,该清单禁止和限制措施 328 项内含 1 610 个事项,事项数量是措施数量的 4.9 倍。禁止类措施 96 项内含 754 个事项。凡属于限制类措施的行业,投资进入均需要获得政府核准,限制类措施 232 项内含 856 个事项(行政许可审批点),数量很大。

例如,"教育"产业,其编号为 285,限制类措施"未获得许可或资质条件,不得设立学校、特定教育培训机构和开展相关业务"含 16 个事项,如"本科以上学历教育的中外合作办学(含内地与香港台地区合作办学)机构和项目的设立、变更、重视许可""学位授予资格审批""自费出国留学中介服务机构资格认定""中外合作职业技能培训办学项目审批""开办外籍人员子女学校审判"等。

再如,"卫生与社会工作"产业,其编号为 288,限制类措施"未获得许可或资质条件,不得从事特定医疗服务"内含 7 个事项,如"医疗机构从事婚前医学检查许可""医疗机构从事结扎手术和妊娠手术许可""承担预防接种工作的接种单位指定""医疗机构人体器官移植职业资格认定审批""医疗机构开展人类辅助生殖技术许可""医疗机构从事助产技术服务许可""医疗器械临床实验机构资格认定"等。

2. 禁止类措施主要集中在"产业结构调整"部分

禁止类措施共 96 条,"产业结构调整"部分为 46 条,内含事项 637 个,事项占总量比例为 84.5%。"产业结构调整"禁止措施主要针对农林业、煤炭业、电力、制造业已淘汰的产业、行业或业务,如禁止"天然草场超载放牧""湖泊、水库投饵网箱养殖""采用非机械化开采工艺的煤矿项目"等。

"住宿与餐饮业""信息传输、软件和信息服务业""房地产业"和"公共管理、社会保障和组织"等四个产业没有禁止类措施。禁止类措施数量较多的产业有:"水利、环境和公共设施管理"(11 条)、"建筑业"(7 条)、"农林牧渔业"(6 条)、"文化、体育和娱乐业"(4 条)等。

一项禁止措施可能涵盖若干事项。例如,教育产业有禁止 1 条措施,禁止"从事特定教育活动",内含 4 个事项,如"不得举办实施军事、警察、政治等特殊性质的民办学校""中外合作办学者不得举办实施义务教育和实施军事、警察、政治等特殊性质教育的机构""外国宗教组织、宗教机构、宗教院校和宗教教职人员不得在中国境内从事合作办学机构""禁止开展违反中国法律,损害国家主权、安全和社会公共利益的教育对外交流项目"。

3. 服务业限制措施和事项占总量的 2/3

限制类措施有 232 条,分三部分——按产业划分、投资项目核准和兜底条款。按产业给出的限制措施有 221 条,下设 819 个许可审批事项。其中,第一产业（农业、采掘业）限制措施有 22 项,内含 59 个事项;第二产业（制造业、电力、建筑）限制类措施有 46 项,内含 170 个事项;第三产业限制措施有 151 项,内含 588 个事项;适合所有行业的限制性措施有 2 条。由此可见,服务业的限制措施和事项数量占约总数的 2/3,如何放宽服务业的市场准入,是下一轮改革的工作重点。

"投资项目核准"和"兜底条款"的限制措施分别为 10 条和 1 条。"投资项目核准"限制措施含 36 个事项,涉及农业项目、能源项目、特定交通运输（如集装箱专用码头、民航）、特定信息产业（如电信）、特定原材料、特定机械（如汽车）、特定轻工（如烟草）、特定高新技术（如通用航空航天）、特定城建项目（如城市快速轨道交通项目）、特定社会事业项目（如主题公园）等。投资上述项目,需要获得政府部门核准。

4. 交通运输、金融、文化、公共设施等产业限制措施较多

如图 9.1 所示,在服务业中,不同产业都存在数量不同的限制措施。限制类措施较多的产业有:"交通运输、仓储和邮政业"含 17 条措施和 86 个事项,"金融业"含 17 条措施和 86 个事项,"文化、体育和娱乐业"含 18 条措施和 75 个事项,"批发与零售"含 15 条措施和 65 个事项,"水利、环境和公共设施管理"含 22 条措施和 65 个事项。限制类措施较少的产业有:"住宿与餐饮业"含 2 条措施和 2 个事项,"房地产业"含 1 条措施和 3 个事项,"居民服务业"含 2 条措施和 2 个事项。

9.1.2　上海浦东新区区级政府的审批权限

在全国版《市场准入负面清单草案（试点版）》（2016 年）（以下简称全国版负面清单）的基础上,浦东新区发布了《〈市场准入负面清单（试点版）〉涉及浦东新区区级行政审批事项目录》（以下简称浦东新区版负面清单）。浦东新区版负面清单"说明"部分指出,"按照分级分步的原则,列明了浦东新区的区级行政审批事项。市场准入负面清单涉及的国家和市级行政审批事项,由国家和市级相关部门梳理汇总"。

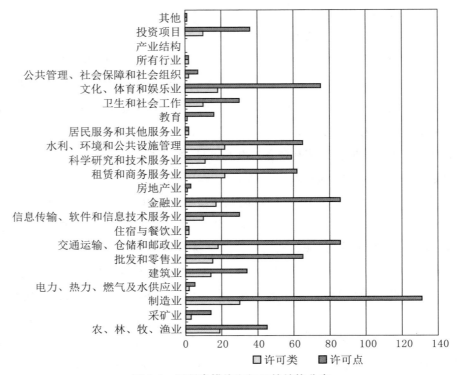

图 9.1 限制类措施和细目的结构分布

资料来源：笔者根据相关资料绘制。

浦东新区版负面清单的特点包括：(1)不包括禁止类措施；(2)涵盖区级政府权限，不包括省市级、国家级审批事项；(3)与全国版负面清单的编制方法保持一致；(4)与全国版负面清单相比更为细化，给出了"区级行政审批事项""实施机关""备注(审批方式实行告知承诺)"等；(5)限制类事项与许可审批点口径大体保持一致，也有个别事项采用分拆方法。

将浦东新区版负面清单与全国版负面清单的限制措施相比，前者的主要特点表现在三个方面。(1)区级许可审批事项占总量比为18.3%，若剔除"投资项目核准"和"兜底条款"，占比为19.2%。换句话说，80%以上的审批权限在上级部门。(2)区级政府审批权限较大的产业，如"住宿与餐饮业"(占比为100%)、"居民服务业"(占比为100%)、"房地产业"(占比为66.7%)。(3)区级行政审批权限较小的产业，如"公共管理和社会保障"(占比为0%)、"金融业"(占比为2.3%)、"信息产业"

表 9.2 浦东新区版与全国版负面清单的比较分析

类别	产业、行业	浦东新区版限制类（条）		全国版限制类（条）		细目差异分析	
		措施	细目	措施	细目	差异（条）	占比（%）
限制准入类和禁止准入类	一、农、林、牧、渔业	6	10	19	45	-35	22.2
	二、采矿业	2	3	3	14	-11	21.4
	三、制造业	10	22	30	131	-109	16.8
	四、电力、热力、燃气及水供应业	1	1	2	5	-4	20.0
	五、建筑业	6	11	14	34	-23	32.4
	六、批发和零售业	5	6	15	65	-59	9.2
	七、交通运输、仓储和邮政业	5	17	18	86	-69	19.8
	八、住宿与餐饮业	2	3	2	2	1	150.0
	九、信息传输、软件和信息服务业	1	2	10	30	-28	6.7
	十、金融业	1	2	17	86	-84	2.3
	十一、房地产业	1	2	1	3	-1	66.7
	十二、租赁和商务服务业	7	13	22	62	-49	21.0
	十三、科学研究和技术服务业	5	5	11	59	-54	8.5
	十四、水利、环境和公共设施管理	8	29	22	65	-36	44.6

续表

类别	产业、行业	浦东新区版限制类（条）		全国版限制类（条）		细目差异分析	
		措施	细目	措施	细目	差异（条）	占比（%）
限制准入类和禁止准入类	十五、居民服务和其他服务业	1	3	2	2	1	150.0
	十六、教育	1	5	1	16	−11	31.3
	十七、卫生和社会工作	6	12	10	30	−18	40.0
	十八、文化、体育和娱乐业	6	11	18	75	−64	14.7
	十九、公共管理、社会保障和组织	0	0	2	7	−7	0.0
	二十、所有行业	0	0	2	2	−2	0.0
	小计	74	157	221	819	−662	19.2
产业结构调整	二十一、产业结构	/	/	/	/	0	0.0
投资项目核准	二十二、投资项目	0	0	10	36	−36	0.0
兜底措施	二十三、其他	0	0	1	1	−1	0.0
合计		74	157	232	856	−699	18.3

注：1. 细目差异＝浦东新区市场准入负面清单的限制类细目数量－全国市场准入负面清单的限制类细目数量；细目占比＝（浦东新区市场准入负面清单的限制类细目数量/全国市场准入负面清单的限制类细目数量）×100％。换句话说，浦东新区的许可审批权限与该数值大体相同，其权限很小。

2. 从数据来看，浦东新区市场准入负面清单的限制类细目，仅占全国版的限制类细目 18.3％。

资料来源：笔者根据相关资料整理得到。

（占比为 6.7%）、"科学研究和技术服务业"（占比为 8.5%）、"批发和零售业"（占比为 9.2%）、"文化产业"（占比为 14.7%）。详细情况见表 9.2。

9.1.3　外资负面清单与市场准入负面清单的衔接

整合外资负面清单与市场准入负面清单，可以得到某个产业的市场准入全貌。以教育产业为例，《外商投资产业指导目录（2017 年修订）》有鼓励类、禁止类和限制类措施各 1 条，《市场准入负面清单（试点版）》（2016 年）有禁止措施 1 条和 4 个事项、限制措施 1 条和 16 个事项。单个许可事项还可以拓展，如"6.学位授予资格审批"，可以拓展为不同学科、不同层次（博士、硕士）的许可审批，具体情况见表 9.3。

表 9.3　教育产业市场准入清单

外商投资负面清单：《外商投资产业指导目录（2017 年修订）》		
鼓励类	344 条	非学制类职业培训机构
禁止类	19 条	义务教育机构
限制类	31 条	学前、普通高中和高等教育机构（限于中外合作办学、中方主导①）
市场准入负面清单（国民待遇）：《市场准入负面清单草案（试点版）》（2016 年）		
禁止类	44 条	禁止从事特定教育活动	1. 不得举办实施军事、警察、政治等特殊性质教育的民办学校 2. 中外合作办学者不得举办实施义务教育和实施军事、警察、政治等特殊性质教育的机构 3. 外国宗教组织、宗教机构、宗教院校和宗教教职人员不得在中国境内从事合作办学活动 4. 禁止开展违反中国法律，损害国家主权、安全和社会公共利益的教育对外交流项目
限制类	285 条	未获得许可或资质条件，不得设立学校、特定教育培训机构和开展相关业务	1. 实施学前教育、初等教育、中等教育、高等教育（含独立学院、民办学校）的学校，实施自学考试助学及其他文化教育的学校和教育机构的设立、变更和终止

---

① 中方主导是指校长或者主要行政负责人应当具有中国国籍，中外合作办学机构的理事会、董事会或者联合管理委员会的中方组成人员不得少于 1/2。

续表

限制类	285条	未获得许可或资质条件,不得设立学校、特定教育培训机构和开展相关业务	2. 高等学校(含独立学院)的设立及变更重要事项审批 3. 开办外籍人员子女学校审批 4. 未获得许可或资质条件,不得设立学校、特定教育培训机构和开展相关业务 5. 本科以上学历教育的中外合作办学(含内地与港澳台地区合作办学)机构和项目的设立、变更、终止许可 6. 学位授予资格审批 …… 13. 校车使用许可初审 14. 民办学校招生简章和广告备案核准 15. 设立宗教院校审批 16. 开办专门的拖拉机驾驶培训学校、驾驶培训班应取得相关资格

市场准入相关政策还需要进一步衔接。例如,根据外资准入负面清单,允许"外资开办外籍人员子女学校",备案即可,但在市场准入负面清单中仍然有"10.开办外籍人员子女学校审批"的条款。这种情况在其他产业中也有。例如,对于"卫生和社会工作"产业,根据外商投资产业指导目录,设立养老机构是鼓励类,备案即可,但在市场准入负面清单中,仍然有"33.养老机构设立许可"的条款。倘若这种许可审批是必要的,应该分层次,说明许可审批的要求内容要提高透明度。

笔者认为,有必要形成针对具体产业的、完整的市场准入清单,这便于企业对号入座,也有利于提高行政透明度,使得境外投资者可以准确了解市场准入"两道门"内容,境内投资者也是如此。

9.1.4 前置审批事项与后置审批事项

根据国家工商总局政策文件,[①]通过改革试点,逐步将部分前置审批项目转为后置审批事项,降低企业准入门槛。目前,前置许可审批事项33项,具体情况见表9.4。

———————————

① 《工商总局关于调整工商登记前置审批事项目录的通知》(工商企注字〔2017〕155号)。

表9.4　工商登记前置审批事项目录

产　　业		事项数量（个）	实施机关
法律和国务规章	1. 烟草专卖	2	国家烟草专卖局
	2. 通用航空	1	民航地区管理局
	3. 教育	1	教育行政部门
	4. 爆炸类物品	2	工业与信息化部等、公安机关
	5. 民用枪支、射击、保安	3	公安机关
	6. 外商投资负面清单范围	1	商务部和授权机构
	7. 卫星电视、出版业	5	新闻出版广电总局
	8. 危险化学品、烟花爆竹生产	3	安全生产监督管理部门
	9. 金融业准入	15	中国人民银行、银监会、证监会、保监会
小　　计		33	

　　根据国务院"证照分离（2015 年版）改革方案"，上海浦东新区选择了 116 项行政许可审批事项，按"完全取消审批""审批改为备案""告知承诺""提高透明度和可预期性""强化准入监管"分类试点。然而，"证照分离（2015 年版）改革方案"的缺陷有：(1)实际覆盖面很小，约占总量的 14%；(2)没有清晰划分前置、后置审批事项；(3)改革力度有限，其中"取消审批""改为备案""告知承诺"的事项比例不高。具体情况见表 9.5。

表9.5　上海浦东新区"证照分离"分类改革方案

改革方案	特　点	数量（条）	举　　例
1. 取消审批	行业自律	10	设立可录光盘生产企业审批
2. 改为备案	行业引导	6	加工贸易合同审批
3. 告知承诺	无严重后果	26	机动车维修经营许可
4. 提高审批透明度	标准化管理	41	会计师事务所及其分支机构设立审批
5. 加强市场准入	涉及公共安全	33	设立经营性互联网文化单位审批
小　　计		116	

9.2 市场准入相关改革的内在逻辑

市场准入相关改革的内在逻辑见图 9.2。外资负面清单和市场准入负面清单形成了中国市场准入的基本框架。对于禁止准入事项,企业和市场主体不得进入,政府行政机关不予审批核准;对于限制准入事项,或由市场主体申请,政府行政机关依法依规审批核准,或由市场主体依照政府规定合规进入;对于市场准入负面清单以外的行业、领域、业务等,各类市场主体皆可依法平等进入。限制类许可审批事项的细化公式为:

$$限制类许可审批事项 = 行为准入 + 经营准入$$
$$= 工商登记前置审批事项 + 政府部门后置审批事项$$
$$= 工商登记前置审批事项 + 全覆盖“证照分离”改革目录$$

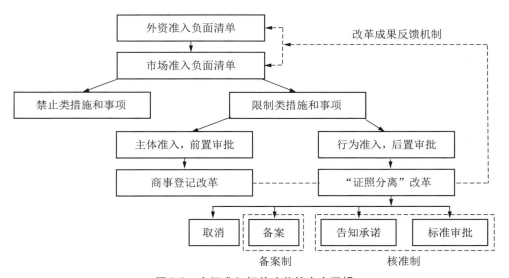

图 9.2 市场准入相关改革的内在逻辑

资料来源:笔者根据相关资料绘制。

根据前述分析，《市场准入负面清单草案（试点版）》（2016 年）限制类许可审批事项有 856 个，若加上"兜底条款"，估算事项数量为 850—1 000 个，减去工商登记前置审批事项 33 个，减去个别合并事项，增加个别分拆事项，后置审批事项有 800 个以上，这应该是全覆盖"证照分离"改革目录的事项数量。然后，通过改革试点，逐步减少许可事项，优化审批流程，加强事中事后监管，激发企业活力，充分发挥市场资源配置的作用。

9.3　主要结论和对策建议

本章分析了《市场准入负面清单草案（试点版）》（2016 年），以及其与外资准入负面清单、工商登记前置审批项目目录、"证照分离"改革方案的逻辑关系。

主要结果有五个方面。第一，国民待遇的市场准入许可审批事项 856 个。自 2013 年以来，中国外资负面清单禁止和限制措施大幅度缩减，但国民待遇的市场准入禁止和限制措施减少并不多。第二，服务业市场准入许可审批事项占总量的 2/3。在服务业中，市场准入限制措施较多的有金融业、交通运输业、文化产业、批发与零售、公共设施管理、租赁和商务服务业、科学研究等。第三，浦东新区政府权限的许可审批事项约占总量的 1/5。第四，政策文件措施需要加强衔接。第五，相关政策文件有清晰的内在联系。《市场准入负面清单草案（试点版）》（2016 年）含 856 许可审批事项，减去工商登记前置审批项目目录的 33 项，可形成后置审批事项 800 多项，这就是"证照分离"改革的基础。

主要对策建议有六条。第一，进一步放宽市场准入限制，特别是服务业准入限制。中国外资负面清单措施大幅度缩减，但国民待遇的市场准入措施缩减少并不多，导致"不对称"现象。本章研究课题组建议，在《市场准入负面清单草案（试点版）》（2016 年）的基础上，是否可以削减 1/3 的行政许可审批事项。进一步放宽服务业准入限制，完善市场监管体制，加快发展服务业，这应该作为下一步改革的重点。按国际惯例，可列入"关键基础设施"和"敏感性行业"的有金融、邮政、供水与废水处理、电信、广播电视、教育和公共医疗等，应该有序稳妥开放；

对于其余的服务行业,可以全面放开市场准入限制。

第二,形成市场准入改革的正向循环。根据市场准入负面清单,可分解成《工商登记前置审批项目目录》和《行政审批许可事项目录》。通过"证照分离"改革,放宽和减少市场准入限制,改革成果可反馈到新版的市场准入负面清单,如市场准入负面清单(2018年版)。

第三,全面深化"证照分离"改革。形成全覆盖的"证照分离"事项清单,将部分许可事项改为"取消""备案"和"告知承诺",应加大改革力度。从长远来看,"告知承诺"是否可以归为备案这一大类,由于政府部门只是进行形式性审批,因而企业承诺也难以承担法律意义上的后果。如果是这样,将来市场准入管理可归为两大类,即"备案制+核准制"。这样做的优点是:方法简明,与外资负面清单管理相一致,与国际通行做法大体相同。

第四,建设"许可审批单一窗口",完善审批流程,提高审批效率。如同上海自贸试验区建设"国际贸易单一窗口",由贸易企业一次性输入数据,而海关、检验检疫、海事、边检、税务、商务等近20个政府部门进行联合审核和快速响应。同理,可以建设"许可审批单一窗口",由企业输入相关数据,而政府部门可以进行信息共享、行政审批并开展综合执法。同时,建立事中事后监管和现场监管综合措施。

第五,探索新型准入模式和新兴行业准入制度。中国市场准入主要针对"法人",法人是虚拟自然人,有些责任难以追究到底,可以借鉴国际上"法人+自然人"的市场准入制度。另外,应该与时俱进,对互联网、共享经济等新兴行业及时总结并完善这些行业的市场准入制度。

第六,在市场准入改革的基础上,加强法制建设。加快外国投资法的立法,进一步完善相关行业的部门法,进一步修改和完善相关行政规章,修改和完善相关行业规定。借鉴国际经验,许可审批应进一步提高行政透明度,包括政策内容的清晰简明、政策发布程序的规范、政府发布要预留时间窗口,以及行政复议制度等。

附表 9.1 "卫生和社会工作"产业的市场准入清单

产业：卫生和社会工作

外商投资负面清单：《外商投资产业指导目录（2017 年修订）》

鼓励类	第 345 条	老年人、残障人士和儿童服务机构
	第 346 条	养老机构
禁止类	/	无
限制类	第 32 条	医疗机构（限于合资、合作）

市场准入负面清单（国民待遇）：《市场准入负面清单草案（试点版）》（2016 年）

禁止类	第 45 条	禁止从事特定医疗服务	1. 个体医疗机构不得从事计划生育手术
限制类	第 286 条	未获得许可或资质条件，不得设置医疗机构	1. 设置医疗机构批准书及医疗机构执业许可证核发 2. 医疗机构执业许可证核发
	第 287 条	未获得许可或资质条件，不得设置血站及造血干细胞库	3. 设立血站、单采血浆站审批 4. 设置脐带血造血干细胞库审批
	第 288 条	未获得许可或资质条件，不得从事特定医疗业务	5. 医疗机构必须按照核准登记的诊疗科目开展诊疗活动 6. 医疗机构设置人类精子库审批 7. 设置戒毒医疗机构或者医疗机构从事戒毒治疗业务批准、备案 8. 医疗卫生机构承担职业健康检查审批 9. 医疗卫生机构承担职业病诊断审批 10. 医疗机构从事遗传病诊断许可 11. 医疗机构从事产前诊断许可 12. 医疗机构从事婚前医学检查许可 13. 医疗机构从事结扎手术和终止妊娠手术许可 14. 承担预防接种工作的接种单位指定 15. 医疗机构人体器官移植执业资格认定审批 16. 医疗机构开展人类辅助生殖技术许可 17. 医疗机构从事助产技术服务许可 18. 医疗器械临床试验机构资格认定

续表

限制类	第289条	未履行法定程序,不得投资经营涉及公共卫生安全的业务	19. 公共场所卫生许可证签发 20. 饮用水供水单位卫生许可证签发 21. 消毒产品生产企业卫生许可证核发 22. 利用新材料、新工艺技术和新杀菌原理生产消毒剂和消毒器械卫生许可批件核发
	第290条	未获得许可或资质条件,不得从事放射性产品相关业务	23. 放射防护器材和含放射性产品检测机构、医疗机构放射性危害评价(甲级)机构认定 24. 医疗机构放射性危害评价(乙级)技术服务机构认定、个人剂量监测机构认定 25. 医疗机构放射性危害严重的建设项目竣工验收 26. 放射源诊疗技术和医用辐射机构许可
	第291条	未获得许可,不得配制和调剂医疗制剂	27. 医疗机构配制的制剂许可;医疗机构配制的制剂品种和制剂调剂审批(包括省内调剂和跨省调剂)
	第292条	未获得许可,医疗机构不得使用特定药品	28. 医疗机构使用麻醉药品和第一类精神药品审批 29. 医疗单位使用放射性药品许可
	第293条	未获得许可,不得购买和使用毒性药品	30. 科研和教学用毒性药品购买审批
	第294条	未获得许可,不得从事涉及饮用水安全的业务	31. 涉及饮用水卫生安全的产品卫生许可 32. 利用新材料、新工艺和新化学物质生产的涉及饮用水卫生安全产品的审批
	第295条	未获得许可或资质条件,不得设立养老机构和其他社会福利机构	33. 养老机构设立许可 34. 社会福利机构设置许可

附表 9.2　"文化、体育和娱乐业"产业的市场准入清单

产业：文化、体育和娱乐业

外商投资负面清单：《外商投资产业指导目录（2017 年修订）》

鼓励类	第 347 条	演出场所经营
	第 348 条	体育场馆经营、健身、竞赛表演及体育培训和中介服务
禁止类	第 20 条	新闻机构（包括但不限于通讯社）
	第 21 条	图书、报纸、期刊的编辑、出版业务
	第 22 条	音像制品和电子出版物的编辑、出版、制作业务
	第 23 条	各级广播电台（站）、电视台（站）、广播电视频道（率）、广播电视传输覆盖网（发射台、转播台、广播电视卫星、卫星上行站、卫星收转站、微波站、监测台、有线广播电视传输覆盖网），广播电视视频点播业务和卫星电视广播地面接收设施安装服务
	第 24 条	广播电视节目制作经（含引进业务）营公司
	第 25 条	电影制作公司、发行公司、院线公司
	第 26 条	互联网新闻信息服务、网络出版服务、网络视听节目服务、互联网上网服务营业场所、互联网文化经营（音乐除外）、互联网公众发布信息服务
	第 27 条	经营文物拍卖的拍卖企业、文物商店
	第 28 条	人文社会科学研究机构
限制类	第 33 条	广播电视节目、电影的制作业务（限于合作）
	第 34 条	电影院的建设、经营（中方控股）
	第 35 条	演出经纪机构（中方控股）

市场准入负面清单（国民待遇）：《市场准入负面清单草案（试点版）》（2016 年）

禁止类	第 46 条	禁止从事违法文物交易行为	1. 国有不可移动文物不得转让、抵押 2. 非国有不可移动文物不得转让、抵押给外国人 3. 禁止公民、法人和其他组织买卖法律规定不得买卖的文物
	第 47 条	禁止从事色情业、赌博业	4. 禁止从事色情业，禁止从事赌博业
	第 48 条	禁止发行、销售境外彩票	5. 禁止在中华人民共和国境内发行、销售境外彩票
	第 49 条	禁止非公有资本投资经营特定文化事业、产业	6. 非公有资本不得投资经营部分文化事业和产业

限制类	第 296 条	未获得许可,不得从事营业性射击场的经营	7. 营业性射击场设立审批
	第 297 条	未获得资质条件和许可,不得从事考古发掘、文物保护和经营	8. 文物拍卖许可 9. 文物保护工程资质审批 10. 考古发掘资质许可 11. 馆藏文物修复、复制、拓印资质许可 12. 文物商店设立许可 13. 限制非特定机构从事文物商业经营活动
	第 298 条	未获得许可,不得赠送、交换、出卖、转让特定档案	14. 对出卖、转让集体所有、个人所有以及其他不属于国家所有的对国家和社会具有保存价值的或者应当保密的档案的审批 15. 赠送、交换、出卖国家所有档案复制件的审批
	第 299 条	未获得许可或资质条件,不得从事特定出版业务	16. 非公有制文化企业参与对外专项出版业务投资比例规定设立出版单位审批 17. 出版单位变更名称、主办单位或者其主管机关、业务范围、资本结构,合并或者分立,设立分支机构审批 18. 出版物批发单位设立、变更审批,出版物零售单位和个体工商户设立、变更审批 19. 音像制作单位、电子出版物制作单位设立、变更审批 20. 音像、电子出版物复制单位设立、变更审批 21. 中学小学教科书出版、发行资质审批 22. 期刊、报纸、连续型电子出版物变更刊期、报纸变更开版审批 23. 图书、期刊印刷备案核准 24. 出版物发行单位设立不具备法人资格的发行分支机构审批 25. 各级各类报刊出版单位、广播电视类媒体和互联网站等媒体与外国新闻机构开展合作审批 26. 新闻出版中外合作项目审批
	第 300 条	未获得许可或资质条件,不得从事特定文化产品的进口业务	27. 经营文化产品进口业务许可 28. 设立出版物进口经营单位及其变更名称、业务范围、资本结构、主办单位或者其主管机关,合并或者分立,设立分支机构审批 29. 进口用于出版的音像制品及音像制品成品审批,出版物进口单位进口电子出版物制成品审批 30. 进口出版物目录备案核准

续表

限制类	第 301 条	未获得许可或未履行法定程序，不得订购、接受和出版境外出版物	31. 订户订购境外出版物审批 32. 接受境外机构或个人赠送出版物审批 33. 出版境外著作权人授权的电子出版物（含互联网游戏作品）审批
	第 302 条	未获得许可，不得从事出版物的出版经营业务	34. 出版新的报纸、期刊、连续型电子出版物，或者报纸、期刊、连续型电子出版物变更名称审批 35. 出版国产网络游戏作品审批 36. 图书、音像、电子出版物、期刊出版机构重大选题备案核准 37. 出版、印刷、出口、发行《圣经》审批
	第 303 条	未获得许可，不得设立报刊记者站	38. 设立报刊记者站审批
	第 304 条	未获得资质条件，不得从事记者行业	39. 新闻记者证核发
	第 305 条	未获得许可，不得设立著作权集体管理组织及分支机构	40. 著作权集体管理组织及分支机构设立审批
	第 306 条	未获得许可或资质条件，不得从事广播电视设施的生产、经营	41. 卫星地面接收设施的生产、进口、销售、安装和使用许可 42. 卫星电视广播地面接收设施进口证明核发 43. 广播电视设施迁建审批 44. 无线广播电视发射设备订购证明核发 45. 广播电视设备器材入网认定审批 46. 广播电台、电视台设立、终止审批 47. 广播电台、电视台变更台名、台标、节目设置范围或节目套数审批 48. 乡镇设立广播电视站和机关、部队、团体、企业事业单位设立有线广播电视站审批 49. 限制境外机构设立驻华广播电视办事机构 50. 境外人员及机构参加广播影视节目制作审批 51. 付费频道开办、终止和节目设置调整，以及播出区域、呼号、标识、识别号审批 52. 电影发行单位设立、兼并、合并审批 53. 电影制片单位设立、变更、终止审批 54. 电影放映单位设立审批 55. 广播电视专用频段频率使用许可证核发 56. 经营广播电视节目传送业务审批 57. 广播电视视频点播业务审批 58. 境外卫星电视频道落地审批

续表

限制类	第306条	未获得许可或资质条件,不得从事广播电视设施的生产、经营	59. 广播电视设施迁建审批 60. 无线广播电视发射设备订购证明核发 61. 广播电视设备器材入网认定审批 62. 广播电台、电视台设立、终止审批 63. 广播电台、电视台变更台名、台标、节目设置范围或节目套数审批 64. 乡镇设立广播电视站和机关、部队、团体、企业事业单位设立有线广播电视站审批 65. 限制境外机构设立驻华广播电视办事机构 66. 境外人员及机构参加广播影视节目制作审批 67. 付费频道开办、终止和节目设置调整,以及播出区域、呼号、标识、识别号审批 68. 电影发行单位设立、兼并、合并审批 69. 电影制片单位设立、变更、终止审批 70. 电影放映单位设立审批 71. 广播电视专用频段频率使用许可证核发 72. 经营广播电视节目传送业务审批 73. 广播电视视频点播业务审批 74. 境外卫星电视频道落地审批
	第307条	未获得许可和资质条件,不得制作和传播广播电影电视内容	75. 中外合作摄制电影片审批 76. 广播电视节目制作经营单位设立审批 77. 设立电视剧制作单位审批 78. 广播电台和电视台以卫星等传输方式进口、转播境外广播电视节目审批 79. 影视节目制作机构与外方合作制作电视剧审批 80. 国产电视剧片审查 81. 电影剧本(不含一般题材)备案核准和电影片审查 82. 引进用于广播电台和电视台播放的境外电影、电视剧及其他广播电视节目审批 83. 引进专门用于信息网络传播的境外影视剧及其他节目审批
	第308条	未获得许可,不得举办特定文化交流活动	84. 举办境外出版物展览审批 85. 举办中外电影展、国际电影节审批 86. 举办国际性广播电视节目交流、交易活动审批 87. 地方对等交流互办单一国家电影展映活动审批

续表

限制类	第 309 条	未获得许可或资质条件，不得从事文艺演出业务	88. 设立文艺表演团体许可 89. 营业性演出许可 90. 设立演出经纪机构许可
	第 310 条	未获得许可，不得举办特定体育活动	91. 举办健身气功活动及站点审批 92. 举办国际性或全国性航空体育竞赛活动审批 93. 经营高危险性体育项目许可
	第 311 条	未获得许可，不得从事彩票发行、销售活动	94. 限制彩票发行、销售
	第 312 条	未获得许可或资质条件，不得设立娱乐场所	95. 设立娱乐场所许可
	第 313 条	未通过内容审核，不得面向国内销售游戏游艺设备	96. 游戏游艺设备内容审核

第 10 章

《外商投资产业指导目录（2011 年修订）》
与 BIT 负面清单

10.1 《外商投资产业指导目录（2011 年修订）》的评述

《外商投资产业指导目录(2011 年修订)》[以下简称《指导目录》(2011 年版)]是中国外资准入指导性政策文件,该文件规定了鼓励、限制和禁止外商投资的产业目录,如禁止类目录含 12 个门类 39 条,而非鼓励、限制和禁止类理论上属于允许类。

《指导目录》(2011 年版)对于中国引进外资发挥了重要作用,已经成为外商观察中国对外开放度的重要政策文件之一。30 多年来,中国在引进外资和先进技术方面取得了巨大成就。2013 年全年非金融领域新批外商直接投资企业达 22 773 家,实际使用外商直接投资金额达 1 176 亿美元。中国已经成为全球主要的外资目的地。

然而,在实践中也发现《指导目录》(2011 年版)存在的一些不足。

一是与国际投资规则不接轨。尽管《指导目录》(2011 年版)有对外资禁止类行业的内容,但从总体上讲仍是具有正面清单属性的。国际上更多采用负面清单管理模式,即非列入即开放的思维。《指导目录》(2011 年版)列出的外资鼓励、限制或禁止行业,表明了中国对于外资的态度,但没有阐述外资待遇的程度,如国民待遇、最惠国待遇等,以及国际投资规则语汇。这种不接轨影响到中国与其他国家的投资保护协定谈判,也影响到中国企业的跨国经营和投资保护。

二是条款内容不够规范、透明度不高。例如,《指导目录》(2011 年版)限制类有"限制棉花（籽棉）加工"，没有具体量化指标，政府审批弹性很大，从完全禁入到完全开放都有可能性，外商企业难以事先估计。再如，"限于合资、合作"，从理论上说若中方股比占 0.1％，也可满足条件，这与外商独资区别不大。还有，各项条款内容与中国投资法律法规的衔接性有待增强。

三是与行政审批制（核准制）全面挂钩。由于与《指导目录》（2011 年版）配套的管理模式是"核准制"，即行政审批制度，因而政府部门有很大的裁量权。外资准入审批制度保证了对外资进入的监控，但也存在许多弊病：其一，政府资源过多配置在审批环节，阻碍市场机制发挥作用；其二，以人治代替法治，缺乏透明度；其三，重审批而轻监管，容易诱发寻租和腐败行为。

10.2　BIT 负面清单及其与《指导目录》（2011 年版）的比较分析

10.2.1　《美国 2012 年 BIT 范本》

双边投资协定是国家之间为鼓励、促进和保护本国公民在对方境内的投资而签署的双边条约。2012 年美国贸易谈判代表办公室发布了美国（《美国 2012 年 BIT 范本》），其内容有 3 节 37 个条款，以及相关附件。其主要特点表现在四个方面。

第一，更为宽泛的投资定义。《美国 2012 年 BIT 范本》中的投资，包括外商直接投资和外商间接投资（股票、债券、期货）、动产和不动产投资，还包括知识产权、许可、授权等。从涵盖投资的范围来看，包括缔约另一方的投资者在条约生效后即存在的，或者此后设立、获得、扩大的在缔约方领土内的投资。

第二，更为宽泛的投资保护内容范围。投资保护内容有：国民待遇、最惠国待遇、待遇的最低标准、征收与补偿、与投资有关的转移自由、透明度、投资和环境、国有经济、竞争中立、投资与劳工、信息披露、金融服务、通过国内法和国际法仲裁、仲裁程序透明度、国家间争端解决等。

第三，外资准入不符措施涵盖面有很大弹性。《美国 2012 年 BIT 范本》在环境保护和国家安全保留方面的约定宽泛。该范本指出，"缔约双方认识到通过削弱或降低国内环境法律所承担的保护义务来鼓励投资是不恰当的"。在"根本安全"条款中,明确了"履行有关维持或恢复国际和平与安全的义务和保护其自身根本安全利益必要的措施"。

第四,外资准入负面清单的框架规范。《美国 2012 年 BIT 范本》正文采用定义方式规定例外条款,三个附件列出外资准入负面清单。附件一中的外资准入不符措施,采用"棘轮"制,随着时间的推移,这些政策只能放宽,不能加严;附件二中的不符措施,今后可以加严,但事先需要锁定产业,如保留行业或新兴产业等;附件三是关于金融服务业的,其也采用"棘轮"制设计。外资准入负面清单的框架和要素见表 10.1。

表 10.1 《美国 2012 年 BIT 范本》中负面清单的框架和要素

要　　素	内容说明
1. 部门	国民经济行业分类中的大、中、小类行业
2. 特定义务	国民待遇、最惠国待遇、业绩要求和高管董事会条款,或者其他
3. 层级	全国层面,或者地方层面
4. 描述(法律依据)	相关法律依据、明文规定是什么
5. 措施	外资准入不符措施的具体表述

资料来源:《美国双边投资协定 2012 年范本》。

10.2.2　《指导目录》(2011 年版) 与 BIT 负面清单的比较

从功能作用、框架规范和管理模式等三个维度对《指导目录》(2011 年版)与BIT 负面清单开展比较,至少涉及 16 项内容,其中有 15 项内容有明显差异和变化,因此可以发现这是一个重大系统转换。具体内容见表 10.2。

表 10.2 《指导目录》(2011 年版)与 BIT 负面清单的比较

类	内　　容	《指导目录》(2011 年版)	BIT 负面清单	基础	技术
功能作用	1. 功能作用	外商投资产业指导	缔约国双边投资保护	☆☆	
	2. 法理依据	国内法律法规	国内法律法规、习惯国际法	☆☆	
	3. 投资口径	窄口径,外国直接投资	宽口径,"直接＋间接投资"	☆☆	

续表

类	内容	《指导目录》(2011 年版)	BIT 负面清单	基础	技术
功能作用	4. 行为主体	东道国政府，主动开放	缔约方政府，国际公约	☆	
	5. 文件形式	政府规章（部委政府令）	双边投资协定的三个附件		☆
	6. 清单形式	正面清单	负面清单	☆	
	7. 空间范围	行使主权或管辖权区域	行使主权或管辖权区域	☆	
	8. 政策协调	《外商投资产业指导目录》	"东道国＋BIT"负面清单	☆☆	
框架规范	9. 框架要素	自主决定	谈判，五要素框架结构		☆
	10. 外资待遇	无明确表述	国民待遇、最惠国待遇等		☆
	11. 不符措施	禁止类，限制类（模式限制、股比限制）	禁止类，跨行业，限制类（模式、股比、业绩、高管）		☆
	12. 透明度	表述不清晰、不规范	力求清晰和规范表述		☆
	13. 调整空间	调整空间大、自主调整	调整空间小，不能自主调整	☆☆	
管理模式	14. 对象管理	主要针对外商企业的管理	内外资一致的管理模式	☆☆	
	15. 准入管理	核准制（政府行政审批制）	"备案制＋核准制"	☆	
	16. 其他	外资企业引进来	引进来，本国企业走出去	☆	

注：1."基础"表示基础类问题，"技术"表示技术类问题。2."☆"表示存在，"☆☆"表示很重要。

资料来源：《外商投资产业指导目录（2011 年修订）》，中国（上海）自由贸易试验区网站；《美国 2012 年 BIT 范本》，美国贸易代表办公室网站。

从表 10.2 可以看出，这一系统转换含基础性和技术性两个层面的工作，其中有六项重大基础性工作。

第一，BIT 负面清单的双边投资保护作用。参照《美国 2012 年 BIT 范本》的表述，双边投资保护协议的目的有：(1)国民和企业到对方投资的更好合作；(2)促进私人资本的流动和经济发展；(3)提高国民生活水平；(4)为投资提供诉请和执行权力的途径；(5)保护健康、安全、和平等。编制中方 BIT 负面清单涉及如何向美方要价，这种要价对中国企业和国民应该有一份说明。

第二，BIT 负面清单的投资宽口径问题。《美国 2012 年 BIT 范本》关于投资采用宽口径，中方 BIT 负面清单究竟采用何种口径？目前，《指导目录》(2011 年版)主要涉及外商直接投资的设立企业和投资项目,若要拓展投资口径,中国金融领域的外资准入负面清单管理该如何表述? 中国企业可以到美国上市,美国企业是否可以到中国上市? 未来趋势和开放步骤是什么?

第三,BIT 负面清单所需的国内法律法规支持。《美国 2012 年 BIT 范本》的负面清单有"描述"(法律依据)和"措施"要素的对应。中国编制《指导目录》(2011 年版)是有法律法规依据的,但这种依据没有达到"一对一"的程度。中国投资法律体系还有待完善,协调性有待增强。例如,今年中国制定的《中华人民共和国旅游法》中没有涉及旅游业外资准入问题,是否意味着旅游业是全面开放的?

第四,BIT 负面清单难以被调整和修改。BIT 负面清单一旦签约和生效,具有国际公约法律效应,调整困难,因此需要有前瞻性战略考虑。在这一方面,韩国经验可以借鉴。在韩美自由贸易协定的负面清单附件二中,韩方不仅给出了许多跨部门的措施,而且尽可能把所有相关产业都列入附件二中,甚至附件二的产业门类数量大于附件一的产业门类数量,这为今后可能的变化预留了很大空间。

第五,东道国负面清单与 BIT 负面清单的关系。中国有关外资准入的政策文本,将转化为"中国外资准入负面清单"和"中方 BIT 负面清单"。中国负面清单与BIT 负面清单是有区别的,前者是东道国主动开放的政策文件,后者是国际公约。然而,因为两者反映的都是中国外资准入政策,因而具有高度相关性。从韩国情况来看,两者确实是高度相关的,东道国负面清单的产业涵盖更大些,而 BIT 负面清单的专业词汇更规范些。

第六,建立内外资一致的市场准入制度和管理模式。外资负面清单管理的预期执行效果取决于三个因素:一是负面清单文本质量;二是东道国的保留措施;三是东道国国民待遇的质量。其中,第一个因素是东道国对国际社会的双边承诺或多边承诺,后两个因素则取决于东道国经济发展的法制化水平和行政管理水平。因此,还需要全面提高政府管理水平。

从理论上说,对事物的描述源于对事物本源的认识,若对事物本源有清晰认识,有关事物描述的技术性问题都是可以解决的。因此,只要对新形势下中国外资准入开放度和结构有清晰认识,把握好开放与经济增长的关系,把握好外资进入和国家安全的关系,本着实事求是的精神,编制中国外资准入负面清单和中方 BIT负面清单的技术问题都可以迎刃而解。

10.3　中美 BIT 谈判中方负面清单的对策建议

第一,明确编制中方 BIT 负面清单的指导思想和原则。从外界期望来看,理应包含进一步扩大开放、提高透明度、与国际投资规则接轨、维护国家利益和国家安全等内容。进一步扩大开放,意味着中国外资准入负面清单文本应该比《指导目录》(2011 年版)有更大的开放度。事实上这也是党的十八届三中全会通过的《决定》的精神。2013 年 9 月国务院颁布的《总体方案》及"附件:服务业扩大开放的措施"、2014 年 6 月国务院颁布的《中国(上海)自由贸易试验区进一步扩大开放的措施》都提出新开放的行业。

第二,着手解决编制中方 BIT 负面清单的重大基础问题。需要研究解决双边投资保护、外资准入投资口径、法理基础、留有余地、两张负面清单、管理模式、开放度与国家安全等基础性问题,借鉴国际经验,形成共识。这一重大系统转换工作的完成,需要国家多个部委的协同工作,以及开展必要的试点工作。同时,加强政府之间、学者之间的国际交流。

第三,着手解决编制中方 BIT 负面清单的技术性问题。包括与国际投资规则体系的接轨,提高文本和条款表述的科学性、规范性和透明度。具体包括:(1)参照国际投资保护协定范本的框架要素,表述中国开放型经济体系的新政策;(2)对外资准入行业或模式的限制,尽可能有量化指标和清晰内容,避免模糊表述;(3)对外资准入股比限制设定若干等级,如不超过 25％、50％、60％等;(4)尽可能完整表述中方 BIT 负面清单附件二的内容;(5)提高负面清单编制和颁布程序的规范性。

第四,明确中国外资准入的敏感性行业。从保护国民生命健康、保护资源、保护环境、文化传承、国家安全等角度,中国应该确立对外资禁止或限制的敏感性行业(或称为战略性产业),并以法律形式加以明确。在国际上,这类法律有两种类型:一是通过多部部门法或专题法明确某部门或特定领域禁止或限制外资准入的要求,如美国;二是制定一部法律,对禁止或限制外资准入的条款进行总体性阐述,如俄罗斯。得到法律支撑的外资准入政策体系,更加具有稳定性和透明度,符合国际惯例。

　　自贸试验区负面清单(2014年版)对中国外资准入敏感性行业初步界定为，"将农业、采矿业、金融服务、电信服务、航空服务、基础设施等涉及资源、民生和国家安全的领域，以及中药、茶叶、黄酒、手工艺品等中国传统产业领域的管理措施予以保留"。对此还需要进一步研究。

　　第五，加快外资准入负面清单管理的试点和推广。上海自贸试验区正在试行外资负面清单管理模式。随后逐步有新的自贸园(港)区获得国家批准。因此，商务部是否有可能及时推出全国版负面清单供各地参照执行，或者宣布上海自贸试验区负面清单为其他自贸园(港)区"试行版"。拓展负面清单管理的试行空间，获取更多的改革样本数据，以期进一步完善和提高，从而在全国推广。

　　第六，进一步完善外资管理的政策体系和管理制度。在国际上，外资管理政策体系主要内容有：准入制度、企业监管制度、土地政策、行业或地区鼓励政策、税收优惠政策、特殊区域政策、反垄断和国家安全审查制度等。中国需要全面梳理外资管理配套政策体系，使得外商企业有更清晰的全景图。在外资准入管理中，也需要考虑到地区经济存在差异等因素，更好发挥中西部地区优势产业的作用，以及对港澳台地区的特定安排。

第 11 章
美国金融业负面清单与自贸试验区金融创新[*]

本章试图分析《美国 2012 年 BIT 范本》等协定的金融服务条款,以及美国金融业准入负面清单内容。研究问题包括:美国金融业准入负面清单内容是什么? 中美金融业开放政策差异是什么? 中美 BIT 谈判对上海自贸试验区金融创新的路径影响如何? 对于这些问题的解答,具有理论意义和现实意义。

11.1 《美国 2012 年 BIT 范本》的金融服务业条款和负面清单

11.1.1 《美国 2012 年 BIT 范本》的金融服务业条款

1. 投资和国民待遇的定义

《美国 2012 年 BIT 范本》有 3 节,共计 37 个条款和若干附件。该协定对投资的定义是"宽口径"的,包括外国直接投资和外国间接投资(纯金融投资),以及准入前和准入后国民待遇。"投资"指一个投资者直接或间接拥有或者控制的具有投资特征的各种资产,包括资本或其他资源的投入、收益或利润的期待,或者风险的承担,等等。投资形式有企业、债券、期货、期权、交钥匙、特许、收入分享合同、知识产权、许可、授权、租赁、质押等。"国民待遇"指缔约一方给予另一缔约方投资者的待遇应不低于其于相似情形下在设立、获取、扩大、管理、经营、运营、出售或其他投资

* 本章主要内容发表在《科学发展》2017 年第 4 期。

处置方面给予国内投资者的待遇。

2. 金融服务和金融机构的定义

《美国 2012 年 BIT 范本》对金融服务和金融机构的定义也是"宽口径"的，与 GATS(服务贸易总协定)的金融服务定义保持一致。GATS 金融服务附件第 5 (a)条将金融服务定义为"一成员方金融服务提供者提供的任何金融性质的服务"，具体包括保险和与保险相关的业务、银行和其他金融服务(保险除外)，以及能"提供的任何金融性质的服务"——其中包括"电子支付服务提供者"，这与中国对金融机构的定义存在某些差异。

3. 金融审慎例外及其适用例外

金融审慎例外可排除协定中任何条款所强调的缔约一方应当履行的义务。具体包括三个方面。(1)措施种类，一是保护金融消费者的措施，即"保护投资者、储户、保单持有人或者以金融服务提供者为受托人的信托委托人利益的措施"；二是宏观审慎监管措施，即"确保金融体制完整和稳定的措施"。(2)适用范围，该例外适用于整个协定的各项条款。(3)法律后果，援引本条的一方即可违背在协定项下承诺的义务，可根据保护根本安全(essential security)提出需要采取的例外措施。

4. 审慎金融服务措施的透明度要求

《美国 2012 年 BIT 范本》第 10 条要求有关投资法律和判例要及时公开；第 11 条规定了具体的透明度要求，包括公开渠道；第 29 条要求提高仲裁程序的透明度。缔约方援引金融审慎例外作为抗辩，除了按照《美国 2012 年 BIT 范本》第 11 条第 2 款到第 4 款关于透明度——信息公开的规定外，还应当遵循第 20 条透明度的规定，例如，提前公布即将实行的新政策措施，事先征询各方意见，等等。

5. 金融服务投资争端解决机制

《美国 2012 年 BIT 范本》规定，除属于审慎措施而享受例外之外，金融争端即可进入争端解决程序。具体规定还有：(1)仲裁庭尚未认定仲裁员的，争议双方应当选任有金融法律专长或实践经验的人担任仲裁员；(2)首席仲裁员的选任应该符合规定程序，应特别考虑其对金融服务法律和实践的专业程度；(3)争端解决机制。

11.1.2　《美国 2012 年 BIT 范本》附件 3 "金融服务业负面清单"

外资负面清单是由禁止和限制措施所形成的清单,又称不符措施清单,对于清单所列内容,外资不能享受国民待遇或最惠国待遇。不符措施类型有:国民待遇、最惠国待遇、业绩要求、高层管理和董事会等。《美国 2012 年 BIT 范本》有三个附件"投资准入负面清单"。附件 1 "棘轮条款"(缔约方政府今后只能放宽,不能加严);附件 2 "可以回退条款"(今后可以放宽或加严);附件 3 "金融服务业负面清单"(含棘轮条款和回退条款)。具体情况见图 11.1。

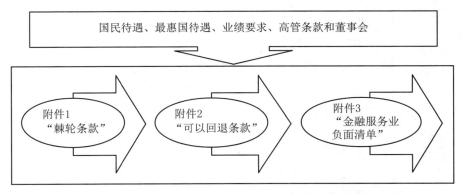

图 11.1　《美国 2012 年 BIT 范本》三个附件"外资准入负面清单"

11.2　美国外资准入负面清单及比较分析

11.2.1　有关国际协定的美国外资准入负面清单

由于《美国 2012 年 BIT 范本》至今尚未签署过协议文本。此前,2005 年《美国—乌拉圭投资协定》、2007 年《美韩自由贸易协定》、2008 年《美国—卢旺达投资协定》,均采用负面清单形式。这些协定的美国外资准入负面清单分别有 29 条、36 条和 30 条不符措施。其中,第一产业开放,第二产业除原子能、采矿等基本开放,第三产业金融业是重点,不符措施分别为 14 条、18 条、14 条。具体情况见表 11.1。

表 11.1　按产业分布来看的美国外资准入负面清单措施数量(条)

产　业	《美国—乌拉圭投资协定》				《美韩自由贸易协定》				《美国—卢旺达投资协定》			
	附1	附2	附3	小计	附1	附2	附3	小计	附1	附2	附3	小计
第二产业	2	0	0	2	2	0	0	2	2	0	0	2
1. 原子能	1	0	0	1	1	0	0	1	1	0	0	1
2. 采矿	1	0	0	1	1	0	0	1	1	0	0	1
第三产业	4	5	14	23	7	4	18	29	4	5	14	23
3. 通信服务	1	2	0	3	1	1	0	2	1	2	0	3
4. 交通运输	3	1	0	4	3	1	0	4	3	1	0	4
5. 商业服务	0	0	0	0	2	0	0	2	0	0	0	0
6. 社会服务业	0	1	0	1	0	1	0	1	0	1	0	1
7. 专业服务业	0	0	0	0	0	0	0	0	0	0	0	0
8. 少数民族服务	0	1	0	1	0	1	0	1	0	1	0	1
9. 金融服务	0	0	14	14	0	0	18	18	0	0	14	14
10. 所有类	3	1	0	4	3	2	0	5	3	2	0	5
合计数	9	6	14	29	12	6	18	36	9	7	14	30

　　资料来源:2005 年《美国—乌拉圭投资协定》、2007 年《美韩自由贸易协定》、2008 年《美国—卢旺达投资协定》。

11.2.2　《美韩自由贸易协定》的美国金融业准入负面清单

　　从内容来看,不同协定的美国金融业负面清单大体保持一致,其原因是法律体系是编制负面清单的基础,而美国法律体系比较稳定。其中,《美韩自由贸易协定》的美国金融业负面清单内容较完整,主要特点表现在五个方面。

　　1. 美国金融业准入不符措施共 18 条

　　分为两个子行业,分别是"银行及其他(保险除外)" 14 条、"保险业" 4 条。不符措施所涉义务有 5 种类型,即"国民待遇"11 条、"最惠国待遇"5 条、"金融机构市场准入"10 条、"高管与董事会"3 条、"跨境贸易"3 条。美国金融业准入负面清单没有涉及"业绩要求"和"股权比例限制"。

2. 美国"银行及其他(保险业除外)"准入不符措施 14 条

可细分为银行业 9 条、证券业 2 条、特别条款 2 条、保留地方层级不符措施规定 1 条,该保留措施对银行业、证券业都适用。

美国银行业有 3 条禁止类措施;其中,2 条是设立类禁止措施,如第 3 条"联邦法和州法都不允许通过外国公司分支机构在美国设立信用合作社、储蓄银行或是储蓄协会"(后两者也叫存款机构),第 9 条"外资银行不得在阿拉巴马州、堪萨斯州、马里兰州、北达科他州和怀俄明州建立联邦分支或代理处";1 条是业务类禁止措施,如第 6 条"外资银行不能加入美联储,因此也不能投票选举联邦储备银行的董事"。银行业还有 6 条限制类措施,含 2 条资质限制、4 条业务限制措施。资质限制措施,如第 1 条"国民银行的所有董事必须是美国居民,货币监理署董事中美国居民必须占多数"。业务限制措施,如第 7 条"美国不承诺外资银行通过建立分支、吸收银行的部分分支从母州(准据法定义下的)向他州的扩张"等。

美国证券业机构设立基本开放。证券业没有禁止准入措施,而 2 条限制措施涉及"互惠"要求,如第 10 条"在美国行使债券发行契约的唯一受托人的职权受制于互惠测试"、第 11 条"美国政府债务证券一级承销商的指定受制于互惠原则"。互惠条件是指外资金融机构要给予地方政府提供某些资金或贡献。

银行类的 2 条特殊条款涉及美国与加拿大之间的关系、美国金融业内部管理等,与外资准入关系不大。例如,第 12 条"在加拿大有主要经营场所的美国经纪自营商应按照根据加拿大的监管要求在加拿大的银行维持其存款准备金"。第 13 条"美国可以给予政府扶持企业(GSEs)特殊优惠"。

3. 美国"保险业"准入不符措施 4 条

保险业准入有 1 条禁止措施、1 条业务限制措施、2 条保留措施。第 15 条是禁止准入措施,"外资保险公司的分支机构不能为美国的政府合同提供担保"。第 16 条是业务类限制准入措施,"用联邦担保抵押基金建造船体的海上船只,当其价值的 50% 以上由非美国保险公司提供保险时,被保险人必须证明风险实质上源于美国市场"。保险业的 2 条保留措施,分别保留了美国地方政府层级的不符措施,保留了以 GATS 为底线的不符措施。①

4. 美国金融业准入负面清单有很大弹性

其一,保留了地方层级金融业准入不符措施(包括所有州,以及哥伦比亚和波多黎各地区)。美国是联邦制国家,外国金融机构要同时面对联邦政府、地方政府的门槛限制。例如,各州对保险公司董事会中美国公民的数量和比例有不同的规定,路易斯安那州要求是 100%,华盛顿州要求是 75%,俄克拉荷马州和宾夕法尼亚州要求是 2/3。在保险经纪人方面,怀俄明州禁止将许可发放给非本州的居民。阿拉巴马州规定非居民不能经营人寿、健康等险种。其二,"保险业"保留了以GATS 为底线的进一步增加不符措施的权利。其三,美国对外国银行市场网络和业务范围有严格限制,已进入美国的外国银行每增设一个经营网点都必须重新申请。

5. 美国金融业国家安全审查

2007 年《外国投资与国家安全法案》和 2008 年《外国人兼并、收购和接管规则》都规定,要集中审查影响"关键基础设施"和"关键技术"的交易,以及可能导致外国政府或代表外国政府的实体控制某些行业的交易。"银行及金融业"属于"关键基础设施"范畴,外资进入需要通过美国国家安全审查,这是除准入负面清单外的一道重要门槛。目前,美国对外资进入金融领域的审核更加严格。

比较《美国 2012 年 BIT 范本》与《跨太平洋伙伴关系协定》(简称 TPP 协定),两者篇幅分别为 50 页和 270 页。后者内容更为详尽和具体,增加了新金融服务、跨境服务、自律监管组织、支付和清算系统、后台办公功能的行使、自律监管组织和金融服务委员会等内容,附件内容也有增加。TPP 协定中美国金融业准入负面清单有 17 条不符措施,与《美韩自由贸易协定》中美国金融业准入负面清单的措施数量差异很小,且内容基本一致。TPP 协定中美方减少了有关"外资银行通过合并母州外的银行设立分支机构实行州际扩张适用母州的国民待遇,除非本清单另有规定"的表述。该不符措施与地方层级保留措施有部分

① 第 18 条,"美国有权保留或进一步采取任何不符措施的权利,只要不与服务贸易总协定(GATS)十六条规定的义务相违背"。

重叠。

11.2.3　中国与美国金融业准入负面清单的比较分析

2013 年 9 月,上海自贸试验区试行外商投资准入前国民待遇加负面清单管理,对于负面清单之外的外商投资,由"审核制"改为"备案制"。颁布实施的《自由贸易试验区外商投资准入特别管理措施(负面清单)》(2015 年)有 122 条不符措施,含金融业 14 条不符措施。

比较中美金融业准入负面清单,①两者的主要差异有:(1)中美金融业准入不符措施数量分别为 14 条和 18 条,投资口径和承担义务差异较大。中国负面清单投资定义是"窄口径"(主要指外商直接投资)的,以及针对"准入前国民待遇";美国投资定义是"宽口径"的,以及针对"国民待遇、最惠国待遇,或其他"。(2)中美金融业禁止类措施分别为 2 条和 4 条,分布差异很大。中国金融业的 2 条禁止措施均在证券业,属于"业务"禁止准入措施,如第 73 条"不得成为证券交易所的普通会员和期货交易所的会员"、第 74 条"不得申请开立 A 股证券账户以及期货账户"。美国金融业的 4 条禁止措施,在银行业的有 3 条,在保险业的有 1 条,既有"设立"禁止,也有"业务"禁止。(3)中美金融业限制类措施形式不同。中国"股比"限制和"控股"限制数量较多,有 6 条措施,美国则没有。(4)美国金融业准入有 3 条保留措施,留有很大余地和弹性,中国则没有。(5)负面清单构成要素不同。美国负面清单有 5 个要素,包括部门、所涉义务、政府层级、措施、描述,中国负面清单则相对简单些。具体情况见表 11.2。

由此可见,中国与美国金融业准入负面清单在投资口径、主要义务、措施形式、清单规范等方面均存在较大差异。这种差异的存在,既源于中美经济发展水平的差异,也源于发展历程的差异。中美 BIT 谈判和金融业开放是两个国家互相沟通、互相开放、建立彼此能接受的规则体系的过程。

---

① 即《美韩自由贸易协定》美国金融业负面清单与《自由贸易试验区外商投资准入特别管理措施(负面清单)》(2015 年)。

表 11.2　中国与美国金融业外资准入负面清单的比较

国家	行　业	总计(条)	禁止(条)		限制类型(条)				保留条款(条)		备注
			设立	业务	资质	股比	控股	业务	地方	权利	
中国	合计	14	0	2	4	5	1	2	/	/	Pre-NA
	1. 银行业	5	/	/	3	1	/	1	/	/	
	2. 证券业	6	/	2	/	3	/	1	/	/	
	3. 保险业	3	/	/	1	1	/	1	/	/	
美国	合计	18	2	2	2	/	/	9	2	1	NA, MFN
	1. 银行及其他	14	2	1	2	/	/	8	1	/	
	a. 银行业	9	2	/	2	/	/	4	#	/	
	b. 证券业	2	/	/	/	/	/	2	#	/	
	c. 特别条款	2	/	/	/	/	/	2	#	/	
	2. 保险业	4	/	/	/	/	/	1	1	1	

注：1.外资准入资质限制有类型要求、资质要求、高管与董事会等形式；2."＃"表示水平措施，涵盖美国"银行及其他"行业有地方层级保留措施，包括银行业、证券业和其他；3."Pre-NA"表示准入前国民待遇，"NA"表示国民待遇，"MFN"表示最惠国待遇。

资料来源：《自由贸易试验区外商投资准入特别管理措施（负面清单）》（2015 年），国务院办公厅，2015 年 4 月 8 日；《美韩自由贸易协定》美国文本附件 3"外资准入负面清单"。

11.3　中美 BIT 谈判与上海自贸试验区金融开放创新

11.3.1　中美 BIT 谈判对中国金融业发展的影响

金融业的核心功能是服务于国民经济发展。随着中国建设开放型经济的脚步加快，与不同国家签署投资协定和自由贸易协定，中国金融业将从内生型金融规则体系向国际通行金融规则体系转变。综合分析中美 BIT 谈判对中国金融业发展的影响，有以下三个方面。

（1）对中国金融业基本框架的影响。对接国际规则体系，对于中国金融服务定义、金融业准入负面清单、跨境金融服务、新金融服务、自律监管组织、透明度、投资争端解决机制等都有借鉴意义。例如,美国金融机构分类为非保险类与保险类,即"银行及其他"(保险除外)与"保险业"。再如,"电子支付服务提供者"是否属于金融机构?如何建立跨境金融服务和新金融服务的框架?

(2)对中国金融业开放和政策文本的影响。应进一步推进中国金融业开放创新,结合中国实际,向国际规则靠拢,扩大开放力度。应拓展外资负面清单的口径,从外资直接投资拓展到直接加间接投资,以及"准入前+准入后"国民待遇。应进一步完善中国金融业法律体系,提高金融业开放的法理基础和稳定性。应深入研究国际规则内涵,例如,为何美国强调"国民银行中的所有董事必须是美国公民"。

(3)对中国金融业运行和监管机制的影响。开展外资准入负面清单管理后,进而加强政府事中事后管理。东道国政府要提供国际化、法治化的营商环境,也要防范本国金融风险和国际金融风险跨国转移。应综合运用金融综合监管体系、"金融审慎例外"条款,以及国家安全审查制度等,着力化解和防范各种风险。同时,要明确国际投资争端解决机制和实施要件。具体情况见表11.3。

表 11.3　BIT/TPP 金融服务条款对中国金融业框架的影响

类　别	BIT/TPP 条款内容	差异和难点问题
金融服务定义	有关金融服务,"保险类+非保险类"(银行和其他金融服务)。有关金融机构,获准从事经营的金融机构,受到管理或监督的金融中介或其他企业	中国金融业是否包括电子支付服务提供者
金融业外资准入负面清单	国民待遇、最惠国待遇、业绩要求、高级管理人员和董事会组成。不能配额限制(TPP协定)	中国开放政策、法理基础、投资限制规范
金融审慎例外	有关"保护根本安全利益"的例外措施,可排除协议中任何条款强调的缔约方履行义务	中国金融审慎例外措施内容和透明度
跨境金融服务	分两类:非保险类(银行和其他)、保险类	跨境金融服务的政策
新金融服务	新金融服务的组织和法律形式、审核要求	新金融服务的政策
自律监管组织	含自律组织成员要求、自律组织要求,并应符合国民待遇和最惠国待遇义务	如何建立国际化的金融自律监管组织

续表

类　别	BIT/TPP 条款内容	差异和难点问题
透明度	金融监管透明度,法规最终公布日与生效日期之间的合理期限、沟通机制等	如何提高透明度
投资争议解决机制	政府之间的投资争端、投资者与国家之间的争端。解决机制:仲裁庭、仲裁程序、裁决等	如何建立中国金融业投资争端解决机制

资料来源:《美国 2012 年 BIT 协定》和 TPP 协定。由笔者整理而成。

11.3.2　上海自贸试验区金融创新先试先行

根据国家战略,上海正在推进建设国际金融中心,对接国际投资贸易规则,建设各类金融服务平台,集聚国际金融机构和组织,开展金融综合监管。上海自贸试验区促进金融开放创新,先试先行,发挥国家"试验田"和"示范区"的作用。

第一,深入推进和开展金融业负面清单管理。对接国家需求,深化试点"金融服务业外资准入负面清单管理"。主要内容有:试行金融服务业进一步扩大开放措施,整合"外资准入负面清单管理"和"市场准入负面清单管理"(内外资一致),探索金融业负面清单管理模式,完善金融业准入"备案制+核准制"和金融综合监管,提高金融业市场准入和综合监管的透明度和行政效率。

第二,先试先行,不断提升金融业开放水平。对比美国金融服务业准入负面清单,中国金融业开放还有空间。今后,可以完全对外资开放"证券业机构设立"和"保险机构设立"两个领域。同时,进一步规范"银行业"外资机构准入,逐步开放"银行业务",逐步开放"证券业业务"和"保险业务"。逐步实现投资定义"宽口径",由外国直接投资向外国间接投资拓展,对接国际通行做法,结合中国实际,逐步开放"纯金融"领域。

第三,发展新金融服务,防范金融风险,确保国家金融安全。如互联网金融、电子支付、后台支持服务系统、金融业跨境服务等。新金融服务还伴随混业经营。通过实践,确定新金融服务的规则以及开放政策。发挥"金融审慎例外"的作用。金融审慎例外的措施种类有:有关保护金融消费者的措施,宏观审慎监管措施,确保金融体制完整和稳定的措施。落实金融业国家安全审查制度,确保中国金融运行安全。

附表 11.1 2007 年《美韩自由贸易协定》美国文本附件 3"金融服务业准入负面清单"

序号	行业	子行业	所涉义务	法律层级	措施	描述
1	金融服务	银行及其他(保险除外)	高管及董事会(13.8)	中央	12 U.S.C. 72	国民银行的所有董事必须是美国国民,货币监理署董事中美国国民必须占多数
2	金融服务	银行及其他(保险除外)	国民待遇(13.2),金融机构市场准入(13.4)	中央	12 U.S.C. 619	外资对爱洽法公司*的所有权仅限于外资银行及其美国的分支机构,但国内的非银行企业可以所有这样的公司
3	金融服务	银行及其他(保险除外)	国民待遇(13.2),金融机构市场准入(13.4)	中央	12 U.S.C. 1463 12 U.S.C. 1751	联邦法和州法都不允许通过外国公司分支机构在美国设立信用合作社、储蓄银行或是储蓄协会(后两者也叫存款机构)
4	金融服务	银行及其他(保险除外)	国民待遇(13.2),金融机构市场准入(13.4)	中央	12 U.S.C. 3104(d)	外资银行想要吸收留存国内 10 万美元以下的小额存款,必须设立被保险银行及其独立部门的小额存款,这个要求不适用于 1991 年 12 月 19 日参与了被保险吸收活动的外资银行分支
5	金融服务	银行及其他(保险除外)	国民待遇(13.2)	中央	15 U.S.C. 80b	外资银行在美国提供证券咨询和投资管理服务必须须登记注册;而面向国内银行及其美国分支(包括其它们为注册投资公司提供咨询。注册要求包括记录保持,检查,报告提交和支付一笔费用
6	金融服务	银行及其他(保险除外)	国民待遇(13.2)	中央	12 U.S.C. 221, 302, 321	外资银行不能加入美联储,因此也不能投票选举所有银行的董事。外资所有的银行分支不受制于该措施

续表

序号	行业	子行业	所涉义务	法律层级	措施	描述
7	金融服务	银行及其他(保险除外)	金融机构市场准入(13.4)	中央	12 U.S.C. 36、1828、1831	美国不承诺外资银行通过建立分支,吸收银行的部分分支从母州(准据法定义下的)向他州的扩张
8	金融服务	银行及其他(保险除外)	金融机构市场准入(13.4)	中央	12 U.S.C. 1831	外资银行通过合并母州外的银行设立分支机构实行州际扩张适用母州的国民待遇,除非本清单另有规定
9	金融服务	银行及其他(保险除外)	国民待遇(13.2)、金融机构市场准入(13.4)	中央	12 U.S.C. 3102、3103	外资银行不得在阿拉巴马州,堪萨斯州,马里兰州,北达科他州和怀俄明州建立联邦分支或代理处。 不得在特拉华州,佛罗里达州,乔治亚州,爱达荷州,路易斯安那州,密西西比州,得克萨斯州和西弗吉尼亚州,俄克拉荷马州,密苏里州建立联邦分支。 对信托权利的一些限制也适用于联邦分支和代理处。 注:引述的联邦措施表明特定的州法限制应当适用于联邦分支和代理处的建立

注:* 爱治法公司:美国跨国银行根据 1919 年修订的联邦储备法允许设立的最为重要的、经营国际银行业务的海外分支机构形式。
资料来源:《美韩自由贸易协定》2007 年。

附表 11.2　2007 年《美韩自由贸易协定》美国文本附件 3 "金融服务业准入负面清单"

序号	行业	子行业	所涉义务	法律层级	措施	描述
10	金融服务	银行及其他（保险除外）	最惠国待遇（13.3），金融机构市场准入（13.4）	中央	15 U.S.C. 77	在美国行使债券发行契约的唯一受托人的职权受制于互惠测试
11	金融服务	银行及其他（保险除外）	最惠国待遇（13.3），金融机构市场准入（13.4）	中央	22 U.S.C. 5341—5342	美国政府债务证券一级承销商的指定受制于互惠原则
12	金融服务	银行及其他（保险除外）	最惠国待遇（13.3）	中央	15 U.S.C. 78	在加拿大有主要经营所的美国经纪自营商应按照加拿大的监管要求在加拿大的银行维持其存款准备金
13	金融服务	银行及其他（保险除外）	国民待遇（13.2）	中央	联邦家庭贷款银行，联邦家庭贷款抵押公司，联邦国民抵押贷款协会，农业信用银行，联邦农业抵押公司，学生贷款营销协会	美国可以给予政府扶持企业（GSEs）特殊优惠，包括但不限于：（1）GSEs 的资本、盈余储备和收入可以免于某些税收；（2）GSEs 发行证券可以免于联邦证券下的注册以及定期报告要求；（3）美国财政部可以在自由裁量权内购买 GSEs 发行的债券

续表

序号	行业	子行业	所涉义务	法律层级	措施	描述
14	金融服务	银行及其他(保险除外)	国民待遇(13.2)、最惠国待遇(13.3)、金融机构市场准入(13.4)、高管及董事会(13.8)	地区	所有州,以及哥伦比亚和波多黎各地区所有现存的不符措施	—
15	金融服务	保险	国民待遇(13.2)、跨境贸易(13.5)	中央	31 U.S.C. 9304	外资保险公司的分支机构不能为美国的政府合同提供担保
16	金融服务	保险	国民待遇(13.2)、跨境贸易(13.5)	中央	46 C.F.R. §249.9	用联邦担保抵押基金建造体的海上船只,当其价值的50%以上由非美国保险公司提供保险时,被保险人必须证明风险实质上源于美国市场
17	金融服务	保险	国民待遇(13.2)、最惠国待遇(13.3)、跨境贸易(13.5)、高管及董事会(13.8)	地区	所有州,以及哥伦比亚和波多黎各地区所有现存的不符措施	—
18	金融服务	保险	金融机构市场准入(13.4)	所有		美国有权保留或进一步采取任何不符措施的权利,只要不与服务贸易总协定(GATS)十六条规定的义务相违背

第四，提升金融业运行规则制度的先进性。在经济全球化的环境下，率先实行高标准的、开放、透明、可预期的规则制度，这种规则制度具有示范效应和溢出效应。一方面，要对接国际通行规则，与中国国情相结合，通过实践不断验证；另一方面，基于"创新、活力、联动、包容"理念，努力成为国际金融新规则制定和实践的参与者、引领者。

第五，跨部门、跨领域系统集成，提高金融运行效率。运用大数据、"互联网＋"、信息平台等，将金融领域的信用体系建设、金融监管平台建设等，与社会信用体系、产业预警体系、公共信用信息服务平台、企业年度报告公示平台、国际贸易"单一窗口"、事中事后综合监管平台等更好地结合起来。加强政府监管部门之间的信息共享、社会信息共享，提高信息透明度、可视化和工作效率，建立公开、公平、公正的市场环境。

第 12 章
负面清单管理与中国文化领域开放政策的分析

12.1 自贸试验区外资负面清单探索和文化领域开放

2013 年 9 月底,上海自贸试验区率先开展外资负面清单管理,先后编制了负面清单(2013 年版)和负面清单(2014 年版),2015 年 4 月,沪粤津闽自贸试验区挂牌,国务院颁发了四个自贸试验区适用的负面清单(2015 年版)。

推进外资准入前国民待遇加负面清单管理,除开制定负面清单政策文本,自贸试验区相配套的管理措施有:外资准入由"核准制"改为"备案制+核准制";工商登记改革;除了负面清单外,实行内外资一致的市场准入制度;服务业扩大开放政策;政府事中事后监管模式;促进境外投资政策,等等。与此同时,国家发改委先后颁布了《外商投资产业指导目录(2011 年修订)》和《外商投资产业指导目录(2015 年修订)》,后者已在全国范围内实施。具体情况见图 12.1。

从全国范围来看,《外商投资产业指导目录(2015 年修订)》与《外商投资产业指导目录(2011 年修订)》相比,文化开放政策变化不大,对外资限制和禁止条款均为 13 条,含 8—9 条禁止措施,新增加"禁止经营文物拍卖的拍卖企业、文物商店"措施。与《外商投资产业指导目录(2011 年修订)》相配套,外资准入需要经过政府审批,政府部门有裁量权和一定控制权。

从自贸试验区范围来看,从负面清单(2013 年版)、负面清单(2014 年版)到沪粤津闽自贸试验区合用的负面清单(2015 年版),文化开放政策有了很大变化,主

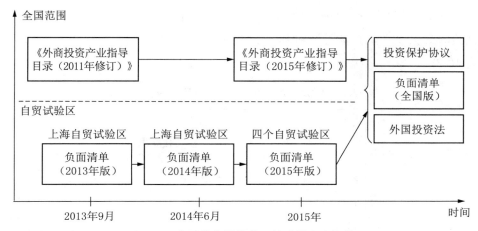

图 12.1　中国外商投资管理的政策文本调整

资料来源:作者根据相关资料整理得到。

要表现在四个方面。

第一,产业涵盖放宽,文化领域涉及"文化、体育和娱乐业产业"的广播电视、新闻出版、电影制作、非物质文化遗产、文化娱乐等行业,还有"信息产业"的互联网和相关服务业,以及"批发零售行业"等。

第二,限制或禁止外资口径扩大。如负面清单(2015 年版)涉及外资进入的许可制度、专项报批和审批制度,以及增加了"非物质文化遗产、文物及考古"行业,在文化遗产行业含外资限制措施 1 条、禁止措施 4 条。

第三,禁止和限制外资措施及其内容变化。与同期《外商投资产业指导目录(2015 年修订)》文化领域外资限制禁止 13 条(含禁止类 9 条)相比,负面清单(2015 年版)有 26 条(含禁止类 12 条),其中有 2 条在通信类产业,删除了"高尔夫球场、别墅的建设"禁止项,新增外资禁止 4 项,即"禁止投资和运营国有文物博物馆""禁止不可移动文物及国家禁止出境的文物转让、抵押、出租给外国人""禁止设立与经营非物质文化遗产调查机构""禁止设立文艺表演团体"等,新增的限制项措施有政府许可和审批类措施。

第四,相关措施试点和调整。也有新增后又删除了的措施,如负面清单(2013 年版)曾增加了"禁止直接或间接从事和参与网络游戏运营服务"一条措施,在负面清单(2015 年版)中又删除了。

由于自由贸易试验区外资政策具有试验属性,负面清单(2015 年版)还属于试验的政策文本,还需要经过压力测试和不断完善,具体情况见表 12.1 和表 12.2。

表 12.1　全国版"外商投资产业指导目录"的比较分析

政策文件	实施日期	不符措施数量(条)			行业分布				备　注
					通信服务(条)		文化娱乐(条)		
		合计	限制	禁止	限制	禁止	限制	禁止	
《外商投资产业指导目录(2011年修订)》	2011 年	13	5	8	0	0	5	8	《外商投资产业指导目录(2011 年修订)》在文化、体育和娱乐业,在禁止类措施中含"高尔夫球场、别墅的建设、经营",别墅建设也可视为建筑类。另外,有鼓励类措施 2 条:(1)演出场所经营(中方控股);(2)体育场馆经营、健身、竞赛表演及体育培训和中介服务
《外商投资产业指导目录(2015年修订)》	2015 年	13	4	9	0	0	4	9	《外商投资产业指导目录(2015 年修订)》与《外商投资产业指导目录(2011 年修订)》相比,产业分类保持不变,总体上限制类措施减少 1 条,禁止类措施增加 1 条。从内容上看,删除了限制类措施"娱乐场所经营(限于合资、合作)",增加了禁止类措施"经营文物拍卖的拍卖企业、文物商店"。鼓励类措施 2 条保持不变

资料来源:由笔者整理得到。

表 12.2 自贸试验区"外资准入负面清单"的比较分析

政策文件	实施日期	行业分布						备 注
		零售批发（条）		通信服务（条）		文化体育娱乐（条）		
		限制	禁止	限制	禁止	限制	禁止	
负面清单（2013年版）	2013年	0	2	1	3	4	8	（1）负面清单（2013年版）与《外商投资产业指导目录（2011年修订）》相比，在文化领域，增加了"禁止直接或间接从事和参与网络游戏运营服务""禁止投资互联网上网服务营业场所（网吧活动）""限制投资电信、广播电视和卫星传输服务"。（2）在产业分类结构上作了调整，部分内容列入批发零售业，如"禁止经营文物拍卖的拍卖企业、文物商店"；部分内容列入"通信类（信息传输、软件和信息技术服务业）"，如"投资新闻网站、网络视听节目服务等"。（3）根据国务院《总体方案》的服务业扩大开放措施，在演出经纪和娱乐场所两个行业，允许外商独资经营
负面清单（2014年版）	2014年	0	1	1	3	3	5	负面清单（2013年版）与《外商投资产业指导目录（2011年修订）》相比，总体变化不大，实质性删除了"禁止投资互联网上网服务营业场所（网吧活动）"措施，尽管在限制和禁止措施数量上有所变化，但这是由措施合并和删除对内资企业也同样限制或禁止内容造成的

续表

政策文件	实施日期	行业分布						备　注
		零售批发(条)		通信服务(条)		文化体育娱乐(条)		
		限制	禁止	限制	禁止	限制	禁止	
四个试验区负面清单(2015年版)	2015 年	0	0	1	1	13	11	四个试验区负面清单(2015 年版)有较多调整。(1)对外资限制和禁止类措施明显增加。(2)产业分类有新的变化。(3)新增加外资禁止措施:"113.禁止投资和运营国有文物博物馆""114.禁止不可移动文物及国家禁止出境的文物转让、抵押、出租给外国人""115.禁止设立与经营非物质文化遗产调查机构""117.禁止设立文艺表演团体"

资料来源:由笔者整理得到。

自 2013 年 9 月以来,上海自贸试验区试行外资负面清单管理。由于上海自贸试验区的前身是"上海综合保税区",因而其紧邻海港和空港,远离上海市中心城区,园区内无居民。上海自贸试验区的企业大都从事国际贸易、港口服务、保税业务、供应链管理、物流等业务,从事文化领域的企业不多。同时,由于负面清单(2013 年版)和负面清单(2014 年版)对于文化领域的政策变化不大,因而企业反应波澜不惊。

国务院《总体方案》提出了 6 大领域 18 个行业服务业扩大开放措施,含文化服务领域,对于开放"演出经纪"和"娱乐场所"有 2 条措施,分别是"取消外资演出经纪机构的股比限制,允许设立独资演出经纪机构,为上海市提供服务",以及"允许设立外商独资的娱乐场所,在自由贸易试验区内提供服务"。目前,这两条措施均有外资项目洽谈或落地,如南中(上海)文化传播有限公司和德国大众俱乐部项目。

据本章研究课题组调查,外资企业普遍反映,希望中国外资政策能够"开放、透明、可预期";而法律事务所反映,希望新开放政策有法律条款支持,这样更为可靠和稳定。

12.2　美韩自由贸易协定负面清单和文化领域开放

《美国 2012 年 BIT 范本》给出了外资负面清单的协议范式,在协议正文条款中列出不开放领域,同时以附件形式给出外资准入负面清单。外资负面清单是 BIT 协议范本的三个附件。其中,附件 1 的外资准入不符措施,采用"棘轮"制设计,随着时间的推移,这些政策只能放宽,不能加严;附件 2 的不符措施,今后可以加严,但需要锁定产业,如新兴产业或保留行业;附件 3 涉及金融业。

由于《美国 2012 年 BIT 范本》尚未有实际应用案例,因而这里以 2007 年美韩自由贸易协定开展相关分析。

2007 年美韩自由贸易协定给出了双方文化领域开放的框架,其主要特点有:第一,文化领域外资准入,实际涉及通信、文化娱乐与体育两大板块;第二,措施要素有"保留行业＋准则＋不符措施＋法律依据"等,分别列入协议文本的附件一和附件二;第三,涉及准则有 NT 国民待遇、MFN 最惠国待遇、MA 市场准入、LP 商业存在、SMBD 高管及董事会、PR 业绩要求等;第四,清晰给出不符措施内容和对应法律法规;第五,预设过渡期安排。

在文化领域,美国与韩国同为全球主要的文化娱乐服务出口国。美国的负面清单不涉及文化领域,持全面开放态度。韩国考虑到国家文化安全而给出了较为严格的规定,包括 5 个保留行业和不符措施、4 个有权保留或采取进一步行业不符措施等,限制措施也比较多样化,有审批限制、从业者国籍限制、从业范围限制、股比限制、高管国籍限制、业绩要求等。

韩国文化领域现行不符措施,主要集中在国民待遇和市场准入方面,对进口出版物和外国人员提供的演出服务都有推荐限制,对新闻机构和期刊出版企业的负责人员,包括主要执行者、高管以及股东都有严格的国籍要求,还为本国电影市场设定了排外保护,为本国电影发展提供了竞争空间。对未来保留采取不符措施权利的文化娱乐领域,韩国选择了 4 个行业,包括"电影宣传、广告与后期制作服务""文化遗产的保护与重建""乡村观光""报纸的出版印发"。

值得注意的是,韩国在不符措施中提供了一些过渡期安排,例如,在电信服务第2条描述中规定在协议生效两年内放开股权持有限制,在广播服务中也对韩语播报的内容比例有类似的安排。这样的安排给了韩国通信行业一个缓慢放开的缓冲期间,避免一下子放开对产业形成的可能冲击。

在美韩自由贸易协定中,韩国方面负面清单附件1和附件2涉及的文化领域开放的内容,分别见表12.3、表12.4;韩国方面涉及通信业、文化娱乐与体育领域开放的不符措施内容,分别见表12.5、表12.6。

表 12.3　韩国负面清单附件 1 涉及的文化领域

行　业	子行业/描述	涉及准则
通信服务	(1) 电信服务	国民待遇、市场准入
	(2) 快递服务	国民待遇、市场准入、商业存在
	(3) 广播服务	国民待遇、市场准入、商业存在、业绩要求、高管及董事会
文化娱乐与体育	(1) 出版物分销服务	国民待遇
	(2) 演出	国民待遇
	(3) 新闻机构	国民待遇、市场准入、商业存在、高管及董事会
	(4) 期刊出版(报纸除外)	国民待遇、市场准入
	(5) 电影放映服务	最惠国待遇、业绩要求

资料来源:由笔者根据相关资料翻译并整理得到。

表 12.4　韩国负面清单附件 2 涉及的文化领域

行　业	子行业/描述	涉及准则
通信服务	(1) 非垄断邮政服务	国民待遇
	(2) 国有电子信息系统	国民待遇、最惠国待遇、商业存在、业绩要求、高管及董事会
	(3) 广播	国民待遇、市场准入、商业存在、业绩要求、高管及董事会
	(4) 基于用户订阅的视频服务	国民待遇、市场准入、商业存在、业绩要求、高管及董事会
	(5) 对影视作品的合拍要求	最惠国待遇、商业存在

续表

行　　业	子行业/描述	涉及准则
通信服务	(6) 规定广播和视听节目是否由韩国制作	国民待遇、商业存在
	(7) 采取措施提高韩国风格数字视听服务的可获得性	国民待遇、高管及董事会
	(8) 广播	最惠国待遇
文化娱乐与体育	(1) 电影宣传、广告、后期制作服务	国民待遇、最惠国待遇、商业存在、业绩要求
	(2) 博物馆及文化服务(文化遗产保护和重建)	国民待遇、商业存在、业绩要求、高管及董事会
	(3) 农、渔及田园观光	国民待遇
	(4) 报纸出版(印刷和分销)	国民待遇、商业存在、高管及董事会

资料来源:由笔者根据相关资料翻译并整理得到。

表 12.5　韩国通信业的外资准入不符措施

行业	涉及准则	描　　　述
电信服务	国民待遇、本地存在、市场准入	服务与投资的跨境贸易: 1. 公共基础设施电信服务执照或是公共非基础设施电信服务的登记注册的授予对象仅可以为韩国法律下成立的法人。 　上述法人中外国政府或人员持有的表决权股份不得超过49%。 　外国政府或人员以及视同外国人员不得成为韩国电信公司(KT)的最大股东,除非所持股份少于5%。 2. 本协议生效之日起两年内,韩国需要允许以下行为: 　(a) 视同外国人员可以持有韩国法律下成立的公共基础设施电信服务提供商(韩国电信公司和 SK 电信除外)100%的表决权股份。 　(b) 上述持有 100%表决权股份的视同外国人员可以获得或者持有公共基础设施电信服务的执照。 3. 外国政府及其代表或外国人员不得获取或持有无线电广播电台执照。 4. 外国人员不得跨境向韩国提供公共电信服务,除非通过与拥有韩国执照的公共电信服务提供商签订商业协议。

行业	涉及准则	描　　述
广播服务	国民待遇、本地存在、市场准入、业绩要求、高管及董事会	服务与投资的跨境贸易： 1. 无论是外国国民还是韩国国民，只要在外国企业担任高管，就不得担任地面广播、卫星广播运营商，有线系统运营商，信号传输网络业务运营商，声频有线运营商等的高管。 2. 韩国广播公司（KBS）和韩国教育广播公司（EBS）的所有董事会成员必须为韩国公民。 3. 上述地面广播及各类相关运营商的执照只可对韩国政府、地方政府和韩国法人发放。 4. 涉及多类型栏目（multi-genre programming）、家庭购物、新闻播报内容的上述各类相关运营商获取执照需要审批，其他只需登记。 5. 外国政府、人员及视同外国人员不得持有： 　（a）涉及多类型栏目及新闻播报的相关运营商的股权。 　（b）卫星广播运营商超过 33% 的股份。 　（c）不涉及多类型栏目及新闻播报相关运营商超过 49% 的股份。 6. 本协定生效起 3 年内，韩国需放开上述 5（c）项限制。 7. 为提高透明度，个人不得持有涉及多类型栏目和新闻播报运营商 30% 以上的股份，除非其主要播报宗教内容。该限制不适用于韩国政府以及特殊法律下成立的公司。 8. 对特定传输形式下各频道各类栏目设置一定比例播报韩语内容的要求，并自协议生效之日起进行一定放宽。（具体略）

　　注：1. 视同外国人员指由外国政府或人员为最大股东且持有 15% 及以上的表决权股票的韩国法人，但不包括持有少于 1% 的公共基础设施电信服务供应商表决权股份的法人。

　　2. 基础设施供应商是指拥有传输设施的供应商。

　　3. 非基础设施供应商是指没有传输设施，而是通过拥有执照的基础设施供应商的传输设施提供其公共电信服务的供应商。

　　4. 传输设施是指连接传输点与接收点的有线或无线（包括电路）传输设施。

资料来源：由笔者根据相关资料翻译并整理得到。

表 12.6　韩国文化娱乐与体育的外资准入不符措施

行业	涉及准则	描　　述
出版物分销服务	国民待遇	服务的跨境贸易： 1. 想要进口下列外国出版物用于国内分销的人员必须获得文化旅游部部长的推荐： 　（a）反政府危险实体或组织发行的出版物； 　（b）小说、漫画、相册、画报、杂志。 2. 国内出版物的分销会在事后根据需要进行审核程序。

续表

行业	涉及准则	描　　述
演出服务	国民待遇	服务的跨境贸易： 想在韩国参加公开演出外国人员或是想要邀请外国人员参加在韩国的公开演出需要得到韩国媒体分级委员会的推荐
新闻机构	国民待遇、本地存在、市场准入、高管及董事会	服务与投资的跨境贸易： 1. 外国的新闻机构只有通过与拥有无线电台执照的韩国新闻机构（比如韩国联合通讯社）签订合同才能进行新闻通讯 2. 下列人员不得在韩国提供新闻机构服务： 　（a）外国政府； 　（b）外国人员； 　（c）高管为非韩国公民或非定居在韩国的本国企业； 　（d）外国人员持股 25％以上的韩国企业 3. 下列人员不得担任韩国联合通讯社以及新闻机构推广委员会的高管： 　（a）外国国民； 　（b）非定居韩国的韩国国民 4. 外国新闻机构只能出于单一收集新闻的目的在韩国设立分公司或办事处，不能进行新闻通讯 5. 下列人员不得获取无线电台执照： 　（a）外国国民； 　（b）外国居民及其代表； 　（c）外国企业
期刊出版	国民待遇、本地存在、市场准入、高管及董事会	服务与投资的跨境贸易： 1. 期刊出版企业的出版商和主编必须为韩国国民 2. 下列人员不得在韩国出版期刊： 　（a）外国政府或人员； 　（b）高管非韩国国民的韩国企业； 　（c）外国人员持股超过 50％的韩国企业 3. 外国期刊出版人员想在韩国设立分支或办事处需要得到文化旅游部部长的批准。自本协定生效之日起，这样的分支或办事处可以在韩国印发在他国领域编辑的母语期刊
电影放映服务	最惠国待遇、业绩要求	服务与投资的跨境贸易： 电影运营商每年必须在韩国每个电影屏幕上放映至少 73 天韩国电影

资料来源：由笔者根据相关资料翻译并整理得到。

12.3 文化领域开放的政策思考和相关建议

1. 文化领域外资政策的法理基础

外资准入负面清单涉及限制类和禁止类,凡限制类外商符合要求并经过政府审批的仍可以进入,凡禁止类则不可以进入。禁止类措施需要有法律支撑和法理基础,并需要一一说明。若现有法律难以支撑,而且有必要禁止外资,则需要考虑立法,若不必要,则要删除这一项禁止。当然,限制类措施也需要有法理基础。

2. 把握保护文化与促进文化领域有序开放的平衡

中共十八届三中全会《决定》指出,推进金融、教育、文化、医疗等服务业领域有序开放。目前,关于金融、教育、医疗等服务业领域的开放,均有切实措施和步骤,许多内容正在沪粤津闽自贸试验区中开展试点和压力测试。文化领域既要考虑如何保护中华文化,又要进一步扩大开放,要把握好两者之间的平衡。保护中华文化,要实现有效保护、关键点保护。

例如,对于"禁止经营文物拍卖的拍卖企业、文物商店"措施,还可以评估和商榷。其一,是否内资企业可以投资文物拍卖商店呢?实际并不可以,也不可以予以国民待遇,那是否必要对外资特设负面清单措施呢?其二,外商投资者不能开设文物商店,但可以开设艺术品商店,不能做文物拍卖,可以做艺术品拍卖,此项措施只是禁止了外商投资中国拍卖行的一项具体业务形式。其三,这是否成为保护中国文物的关键点呢?其实,若采取文物保护措施,在更大范畴不准文物买卖、出口等即可,禁止内外资企业从事文物买卖行为(包括拍卖),没有文物买卖,就不需要文物商店了。

3. 关注应对投资新模式和混业发展新趋势

文化开放要研究和解决新问题。过去外商投资行为主要是股权投资、绿地投资或收购兼并,现在投资形式更为多元化。由于新技术、新业态和新模式不断出现,其形式往往是混业发展的,行业分类界限不清、十分模糊,分行业的政府监管模式有力也使不上。例如,对于电影院和娱乐场所混业经营,如何执行相关外资政策？又如,目前互联网网站实际上在发布新闻、发布视听节目、发布各类金融信息,下一步如何监管和应对其行为?

4. 开放政策透明度和可操作性

提高行政透明度是外资政策的一个基本要求,需要提高政策透明度和可操作性。例如,获得许可证的申请部门是中央政府还是地方政府、工作程序、获得许可证条件、所需工作日等。根据国际经验,外资负面清单管理的成功要素有三个,一是政策文本的开放度和透明度,二是政府部门的执行力和公信力,三是国民待遇的质量。

5. 文化领域开放的国际准则使用

根据美韩自由贸易协定的文化领域开放负面清单,其涉及产业涵盖(通信、文化娱乐与体育两大板块)、措施要素(保留行业＋准则＋不符措施＋法律依据)、负面清单弹性安排(预设过渡期安排、协议文本的附件一和附件二)、国际准则(NT国民待遇、MFN 最惠国待遇、MA 市场准入、LP 商业存在、SMBD 高管及董事会、PR 业绩要求等)可知,负面清单(2015 年版)文化领域开放,尚未涉及 SMBD 高管及董事会、PR 业绩要求等准则,需要进一步完善。

6. 文化领域开放的弹性和过渡期安排

文化领域开放的弹性和过渡期安排的内容很多。例如,投资保护协定的附件二,行业管理措施可加严的弹性安排。再如,在投资保护协定中的文化领域过渡期安排。还有中国《外商投资法》新规定的过渡期安排,其在文化领域如何具体落实和实施,等等。这些都需要一并加以考虑,从而实现外资政策的稳定、透明、可预期。

第 13 章
美国 FTA 与 BIT 外资准入负面清单的分析[*]

美国签署的自由贸易协定(FTA)和 BIT 都设有专门附件作为负面清单,详细列明缔约国目前或未来有权采取的限制措施(包括行业、行业细分、涉及原则、法律依据和表述说明)。本章以 2005 年美国—乌拉圭双边投资协定、2007 年美国—韩国自由贸易协定、2008 年美国—卢旺达双边投资协定作为分析蓝本和研究对象,从负面清单的行业选择、涉及原则和限制措施等方面加以分析,并进行系统梳理以期为自贸试验区的政策制定提供一些参考和借鉴。

13.1 美国自由贸易概况和国际投资规则

美国是世界上签订 FTA 和 BIT 最多的国家之一。迄今为止,美国与别国签署的 FTA 中已有 20 个生效,包括:以色列(签署日期为 1985 年,以下均为协议签署日期)、加拿大(1992 年 8 月)、墨西哥(1992 年 8 月)、约旦(2000 年 10 月)、新加坡(2003 年 5 月)、智利(2003 年 6 月)、澳大利亚(2004 年 5 月)、摩洛哥(2004 年 6 月)、哥斯达黎加(2004 年 8 月)、多米尼加(2004 年 8 月)、萨尔瓦多(2004 年 8 月)、危地马拉(2004 年 8 月)、洪都拉斯(2004 年 8 月)、尼加拉瓜(2004 年 8 月)、巴林(2004 年 9 月)、阿曼(2006 年 1 月)、哥伦比亚(2006 年 2 月)、秘鲁(2006 年 4

---

* 本章主要内容发表在《外国经济与管理》2015 年第 3 期。

月）、韩国（2007 年 6 月）、巴拿马（2007 年 6 月）。除此之外，美国与别国签署的
BIT 中有 42 个已生效，包括美国—阿根廷双边投资协定、美国—保加利亚双边投
资协定等。美国的 BIT 是与别国就双边投资合作签订的协议，目的是保护美国的
私人投资，推动东道国市场发展，促进美国出口。BIT 的内容主要涉及投资保护的
范围、投资待遇、征收与补偿、货币汇兑和争端解决等。BIT 和 FTA 均设有专门附
件作为负面清单。

　　按照国际约束力的强弱，负面清单将保留限制措施的服务和投资分为两类：第
一类是服务和投资允许保留现有的限制措施；第二类则不但允许维持现有的限制
措施，而且缔约方同时还保留对相关行业现有的限制措施进行修订或设立更严格
的新的限制措施的权利。可以看出，第二类负面清单中缔约方保留了较大的自主
权，对外来服务和投资的限制程度更高。

　　美国的负面清单一般包含三个附件。第一个附件是第一类负面清单，第二个
附件是第二类负面清单。与附件 1 相比，附件 2 的负面清单通常只列明设限行业
和法律依据，大多以"保留采取或维持任何措施的权利"来表述，在最大程度上扩展
了缔约国不符措施的范围。第三个附件是将金融服务的不符措施单独列出。在金
融服务负面清单中，根据约束力的不同，也区分了两种类型的不符措施。由于美国
金融服务国际竞争力较强，近年来，在美国签署的 BIT 和 FTA 中，都对金融服务
单独规定，以追求高标准的自由化。

　　以美国—韩国自由贸易协定、美国—乌拉圭双边投资协定、美国—卢旺达双边
投资协定为例，美国对韩国的负面清单共 23 条不符措施，对乌拉圭和卢旺达的负
面清单则是一致的，均为 16 条不符措施，涉及行业主要为交通运输业、能源资源
类、通信业和金融业等。乌拉圭的负面清单共 20 条不符措施，涉及行业主要为渔
业、广播电视业和银行业等。卢旺达的负面清单仅 5 条不符措施，除了保险业外，
针对所有产业。具体情况见表 13.1。

表 13.1　美国—韩国/乌拉圭/卢旺达第一类负面清单——现有不符措施列表（进入美国）

行　业	细分行业	涉及原则	韩国	乌拉圭	卢旺达
能源	原子能	NT	√	√	√
商业服务	—	NT、LP	√		

行　业	细分行业	涉及原则	韩国	乌拉圭	卢旺达
资源	采矿和管道运输	NT、MFN	✓	✓（无管道运输）	✓（无管道运输）
交通运输	航空运输	NT、MFN、SMBD	✓	✓	✓
交通运输	专业航空服务	NT、MFN、SMBD	✓		
交通运输	运输报关服务	NT	✓	✓	✓
通信	无线电通信	NT	✓	✓	✓
专业服务	专利代理其申请前其他服务	NT、MFN、LP	✓		
所有产业	—	NT、MFN	✓	✓	✓
所有产业	—	NT、MFN	✓	✓	✓
所有产业	—	NT、PR、MFN、SMBD、LP	✓	✓	✓

注：NT 指国民待遇，PR 指业绩要求，MFN 指最惠国待遇，SMBD 指高管与董事会成员要求，LP 是指当地存在，MA 指市场准入。该表格按缔约国的国家发展水平，由相对最发达到最不发达排列。

资料来源：美国贸易代表办公室网站，由笔者翻译和整理。

13.2　美国负面清单的主要特点

13.2.1　产业开放：兼顾国别差异和产业特征

美国在负面清单的设计过程中，主要基于对自身产业竞争力、发展潜力的客观分析，结合对缔约国相应产业发展态势和政策的统筹考量，设置有利于美国获得最大国家利益的负面清单。

就三个缔约国而言，近年来韩国综合国力不断增强，电子、汽车等高附加值产业优势显著，发展态势乐观。而乌拉圭和卢旺达则属于欠发达国家，其产业结构单一，经济发展滞缓，尤其是卢旺达，国内仅仅依赖农业艰难维系。对比美国与卢旺达、美国与乌拉圭签订的双边投资协定，两份协定中美国对缔约国的开放行业、行业细分、限制措施均完全一致。而美国与韩国签订的双边投资协定则更为细致和详尽。第一,在美国和韩国自由贸易协定的第一类负面清单中,罗列了美国的区域性不符措施,即所列的不符措施只在美国相应几个州实施;第二,在美国和韩国的第一类负面清单中,增加了管道运输、专业航空服务、专业服务和商业服务四个行业,后三个均为跨境服务贸易,而在与乌拉圭和卢旺达签订的双边投资协定负面清单中,只有运输服务属于跨境服务贸易(表 13.1);第三,在美韩自由贸易协定的第二类负面清单中,增加了总协定中关于服务贸易的修正条款(表 13.2)。

表 13.2　美国—韩国/乌拉圭/卢旺达第二类负面清单
——有权保留或进一步采取不符措施的行业(进入美国)

行　业	细分行业	涉及原则	韩国	乌拉圭	卢旺达
通信		MFN	✓	✓	✓
社会服务		NF、PR、MFN、SMBD、LP	✓	✓	✓
少数民族事务		NF、PR、SMBD、LP	✓	✓	✓
运输		NF、PR、MFN、SMBD			✓
交通运输	海上服务与操作	NF、PR、MFN、SMBD、LP	✓		
所有产业		MA	✓		
所有产业		MFN	✓		✓

注:NT 指国民待遇,PR 指业绩要求,MFN 指最惠国待遇,SMBD 指高管与董事会成员要求,LP 是指当地存在,MA 指市场准入。
资料来源:同表 13.1。

对比表 13.1—表 13.3 的负面清单,美国涉及产业较为集中,主要包括金融业、商业服务业、信息通信业和交通运输业,前三项都是美国的优势产业。由此看出,在对外开放、吸引国外投资者资金的同时,美国依然对其优势产业进行适度保护,控制风险,避免全盘放开。以金融业为例,在金融服务负面清单(表 13.3)中,对保险业、银行及其他金融服务行业分为中央和地方两个法律层级,提出多项不符措施,包括保险业 4 项(地方层面 1 项)、银行及其他金融服务行业 14 项(地方层面 1 项),尤其对于外资银行和政府债券等几个关键领域作出重点阐述。

表 13.3　美国—韩国/乌拉圭/卢旺达的金融服务负面清单(进入美国)

行业	细分行业	涉及原则	韩国	乌拉圭	卢旺达
金融业	银行及其他金融服务	NT、MFN、SMBD	✓	✓	✓
金融业	银行及其他金融服务	MA	✓		
金融业	保险	NT	✓	✓	✓
金融业	保险	MA	✓		
金融业	保险	NT、PR、MFN、SMBD	✓	✓	✓

注:NT 指国民待遇,PR 指业绩要求,MFN 指最惠国待遇,SMBD 指高管与董事会成员要求,LP 是指当地存在,MA 指市场准入。

资料来源:同表 13.2。

对于相对劣势产业或不占优势产业,美国则予以谨慎开放、审慎保护的做法。以交通运输行业为例,交通运输行业已然成为韩国贸易顺差的一大来源。2013年,韩国向美国出口运输设备位列所有出口国首位,占运输设备出口总额的17.8%,运输服务出口在世界位列第三名,而美国则是这一行业的贸易逆差国,竞争力远不及韩国。因此,美国在第一类和第二类负面清单中共四处设定了交通运输业对外开放的不符措施,包括:(1)美国限制外国为飞机营运目的进行的直接投资,飞机注册只限于四类符合特定条件的企业或个人;(2)如果韩国接受了专业航空服务的理念,并凭借本协议第 12 章提供了有效的互惠措施,那么韩国国民就可被授权投资专业航空服务领域;(3)运输报关服务只限美国公民可以获取执照,从事该业务的公司中必须有一人持有报关员执照;(4)对于海上运输服务和美国籍船只运作,美国保留采取或维持任何措施的权利。通过这些不符措施,限制韩国投资者对美国交通运输行业的投资,从而给予美国国内处于弱势竞争地位的交通运输行业生存和调整的空间。

13.2.2　不符措施:形式多样,恰当运用

从表 13.1—表 13.3 可以看出,美国与卢旺达双边投资协定以及美国与乌拉圭双边投资协定中的负面清单,涉及的原则有四种,分别为:国民待遇、业绩要求、最

惠国待遇、高管与董事会成员要求(例如,要求主要负责人是美国公民)。美国与韩国自由贸易投资协定的负面清单中,除了上述四种原则外,还包括当地存在(如在美国境内设立企业)和市场准入(如要求获得美国行政部门的授权),这两种主要适用于美韩之间的服务贸易。其中,涉及国民待遇和最惠国待遇的原则最多。

美国对负面清单不符措施的设计,可谓形式多样化、措辞灵活、运用恰当。以金融业为例,共涉及七种不符措施。

(1) 绝对禁止。外资保险公司的分支机构不得向美国政府合同提供履约保证(保险业)。

(2) 比例限制。用联邦担保抵押基金建造船体的海上船只,当其价值的 50% 以上由非美国保险公司保险时,被保险人必须证明风险大部分来自美国市场(保险业)。

(3) 岗位限制。国家银行的所有董事必须为美国居民,货币监理署的国籍要求可以放宽至不超过 50%(银行及其他金融服务业)。

(4) 区域限制。所有州,以及哥伦比亚和波多黎各地区所有现存的不符措施(保险业)。

(5) 市场准入。作为在美国发行证券的唯一受托人的权利受制于互惠测试(银行及其他金融服务业)。

(6) 政府优惠。美国可以对上述政府扶持企业(GSE)给予优惠,包括不限于下列优惠:一是 GSE 的资本、准备金和收入免于部分税收;二是 GSE 发行证券免于注册,以及联邦证券法要求的定期报告;三是美国财政部可以在自由裁量权内购买 GSE 发的债(银行及其他金融服务业)。

(7) 其他特殊规定。在加拿大有主要经营场所的、在美国法律下注册的经纪自营商根据加拿大的监管应该在加拿大的银行维持其要求的准备金(银行及其他金融服务业)。

在三份附件中,绝对禁止和比例限制的应用最为广泛。后者主要表现为外国人持股比例、外籍高管比例、外籍员工比例等,这些有效地限制了外国投资者对被投资企业的控制权和主导权。

13.3 缔约国对美国设置的负面清单模式及其特征

13.3.1 乌拉圭：谨慎选择，灵活限制

从美国对外投资的行业分布来看，2013年，其对控股公司（非银行）投资达1 700.13亿美元，占50.25%；制造业达677.36亿美元，占20.02%；金融（存款机构除外）和保险业达264.74亿美元，占7.83%；矿业达231.65亿美元，占6.85%；批发贸易业达176.36亿美元，占5.21%；其他行业达149.59亿美元，占4.42%；信息行业达115.54亿美元，占3.42%。

乌拉圭是典型的单一型产业国家，农牧业发达，主要生产并出口肉类、羊毛、水产品、皮革和稻米等。相比于美国，其在金融行业、服务贸易与高新技术产业上处于劣势地位。因此，在与美国签订的BIT中，乌拉圭充分考量本国产业劣势，结合美国对外投资热点领域，将金融保险和信息行业列入其负面清单。

在国有企业方面，乌拉圭将其列入第二类负面清单。乌拉圭规定，现有关于石油精炼及进口、配电、配水、基础电信行业的垄断性国有企业，其收益的转移权和处置权应当归属于乌拉圭政府，同时保留对现有的限制措施进行修订或设立更严格的新的限制措施的权利。除此之外，金融服务负面清单清楚表明，乌拉圭政府和国有企业的存款只储蓄在两个指定的乌拉圭金融机构中，禁止外国投资者参与，这充分保障了乌拉圭国有资产和政府行为的自主性。负面清单具体内容见表13.4。

针对美国与缔约国签订BIT条款的时间点，在这之前签订的其他国际双边或多边协定中，各国都拥有针对不同环境采取或者维持任何举措的权利。而在此之后签订的其他协定中，各国分别在特定的几个行业拥有针对不同环境采取或者维持任何举措的权利。除了这一普遍情况，乌拉圭在BIT中特别指明：依据南方共同市场约定，在BIT之后订立的关于地面交通的协定，乌拉圭拥有针对不同环境采取或者维持任何举措的权利。即在"地面交通"这一行业，乌拉圭还需要遵循南方共同市场协定对此的约定。

表 13.4　美国—乌拉圭负面清单(进入乌拉圭)

类型	行业	细分行业	涉及原则	说　　　明
第一类负面清单	渔业		NT、PR、SMBD	1. 在距离乌拉圭的内湖和领海 12 英里以内开展商业捕鱼和其他海洋捕捞的,须驾驶悬挂有乌拉圭国旗的船只并获许可;船长、捕捞指挥员须为乌拉圭人,且至少一半以上的船员为乌拉圭籍 2. 悬挂外国国旗的船只允许在 12—200 英里内进行商业捕捞,并且需要获得行政部门的授权和登记 3. 鱼的加工和销售可能会受到全部或部分在乌拉圭境内完成的要求
	通信	平面媒体	SMBD	要求乌拉圭国民担任该报纸、杂志和期刊的责任编辑或经理
	通信	广播电视	NT、MFN、SMBD	1. 免费的无线电视和收音机广电服务只能由乌拉圭国民提供。该广电企业的所有股东或合作方必须为定居在乌拉圭的国民 2. 广电企业的高管、董事会成员和主要负责人必须是乌拉圭人 3. 编辑必须是乌拉圭人
	交通运输	铁路运输服务	NT、MFN、SMBD	铁路客运或货运营运商须从行政部门获得许可证;要求铁路运输企业至少 51% 的实收资本由定居在乌拉圭的国民或企业持有,且该企业至少 51% 的董事会或经理层人员由定居在乌拉圭的国民担任
	交通运输	公路运输	NT、SMBD	经营国内客运业务、国际客运和国际货运业务的企业,其一半以上的实收资本和控制权须由乌拉圭国民持有;经营国内货物点对点运输无限制
	交通运输	海洋运输服务和辅助服务	NT、MFN、SMBD	工作人员须满足以下条件:经由主管机关授权的,50% 的工作人员(包括船长)须为乌拉圭人;未经主管机关授权的,船长、首席工程师,以及无线电操作员或首席军官必须为乌拉圭人
	交通运输	航空服务	NT、PR	51% 以上的股份由定居在乌拉圭的国民持有,所有机组人员和其他工作人员必须为乌拉圭籍,除非另有授权

类型	行业	细分行业	涉及原则	说　　明
第二类负面清单	交通运输	公路、铁路、机场、港口服务和基础设施	NT、PR、SMBD	对于公路、铁路、机场、港口服务和基础设施建设，乌拉圭有权保留或进一步采取不符措施
	交通运输	铁路运输服务和辅助服务	PR	如果在乌拉圭法律中是"充分，透明，非歧视的"，则有权保留或进一步采取不符措施
	交通运输	地面交通	MFN	依据南方共同市场约定，在此之后订立的关于地面交通的协定，乌拉圭拥有针对不同环境采取或者维持任何举措的权利
	能源	水和天然气配送服务	PR	对于水和天然气的配送服务，乌拉圭有权保留或进一步采取不符措施
	邮政		NT	对于限制收据、加工、运输、交付国有企业定期发票，乌拉圭有权保留或进一步采取不符措施
	社会服务		NT、PR、MFN、SMBD	对于公共污水处理、供水、社会福利、公共教育、公共培训、健康等社会服务，乌拉圭有权保留或进一步采取不符措施
	传统节日活动		NT	对于如游行、狂欢节等传统节日和活动，乌拉圭有权保留或进一步采取不符措施
	所有产业		NT、PR、SMBD	对于由于社会和经济因素而产生的少数民族问题，乌拉圭有权保留或进一步采取不符措施
	所有产业		NT、PR、SMBD	1. 对于现有垄断性国有企业(石油精炼及进口、配电、配水、基础电信)的收益的转移和处置，乌拉圭保留采取或维持限制措施，以确保其收益归属于乌拉圭政府 2. 然而这种转移和处置，仅限于限制初始转移或处置，而非后续行为
	所有产业		MFN	1. 对于在此之前签订的国际双边或多边协定，乌拉圭拥有针对不同环境采取或者维持任何举措的权利 2. 对于在此之后签订的条款，拥有针对不同环境采取或者维持任何举措的权利，包括以下四个方面：(1)航空；(2)渔业；(3)电信；(4)海上事务(包括打捞)

类型	行业	细分行业	涉及原则	说　　明
金融类负面清单	金融业	银行	NT、SMBD	1. 分行或外资金融机构的分支机构不得以其法律和章程禁止乌拉圭国民参与该银行的董事会、管理层或其他任何职位(国民权利同等) 2. 银行存款保险占存款总额的上限因存款货币(乌拉圭比索或外币)的不同而有所差别(鼓励货币)
	金融业	保险	NT	Banco de Seguros del Estado 公司是提供劳工赔偿保险的唯一合法公司,因此它可能会获得竞争优势(指定公司)
	金融业		NT	除非行政部门另外授权,乌拉圭政府和国有企业的存款只存在 Banco de la República Oriental del Uruguay 或者 Banco Hipotecario del Uruguay 两个机构(指定机构)

注:NT 指国民待遇,PR 指业绩要求,MFN 指最惠国待遇,SMBD 指高管与董事会成员要求。

资料来源:同表 13.3。

纵观乌拉圭设置的负面清单,不符措施多达 20 项,对于渔业、广播电视业和银行业,均提出多条限制措施。除了应用普遍的绝对禁止和比例限制措施之外,针对乌拉圭本国国情和产业特征,灵活运用多种类型的不符措置。例如:差别设置[银行存款保险占存款总额的上限因存款货币(乌拉圭比索或外币)的不同而有所差别——ANNEX Ⅲ—银行]、区域限制(在距离乌拉圭的内湖和领海 12 英里以内开展商业捕鱼和其他海洋捕捞的,必须驾驶悬挂有乌拉圭国旗的船只。鱼的加工和销售可能会受到全部或部分在乌拉圭境内完成的要求——ANNEX Ⅰ—渔业)、国民权利比较(分行或外资金融机构的分支机构不得以其法律和章程禁止乌拉圭国民参与该银行的董事会、管理层或其他任何职位——ANNEX Ⅲ—银行)等。具体情况参见表 13.4。

13.3.2　卢旺达:广泛开放,宽松自由

卢旺达是世界上最不发达的国家之一,其发展水平与美国相差甚远。国内经济以农牧业为主,粮食不能自给。在与美国签订的 BIT 中,除了保险业单列出一项限制条件以外,卢旺达设置的负面清单很少,给予美国非常自由宽松的双边贸易

环境。对于美国的优势领域,如服务贸易、电信、电子商务、农产品等,卢旺达的国内市场大力开放,使得美国获利良多。

表13.5罗列了卢旺达对美国的开放产业和不符措施,不符措施类型包括:比例限制(在卢旺达境内运营的保险公司须由卢旺达国民持股30%以上——ANNEX Ⅲ—保险)、年限限制(在卢旺达境外注册的非营利组织,不得超过5年,但可延长;在境内注册的无期限限制——所有产业)、投资限额(卢旺达和东南非共同市场成员国的投资者,投资金额不低于10万美元;美国投资者投资金额不能低于25万美元——ANNEX Ⅰ—原子能)、起止时间限制(在卢旺达境内运营的保险公司必须为2009年9月1日或卢旺达颁布《保险法》的孰晚日——ANNEX Ⅲ—保险)。除此之外,卢旺达的负面清单未列明任何其他措施,原因在于:一方面,卢旺达属于世界上最贫困的国家之一,国家经济发展落后,仅靠农业艰难维系,投资环境并不乐观,因此急需美国"救援式"投资扶助;另一方面,在与美国签订BIT时,卢旺达处于谈判弱势方,由于综合国力影响谈判话语权,因而卢旺达对美国设置的各类限制措施是这三个缔约国中最少的,在绝大多数行业几乎可以说是"敞开国门、一路绿灯"。具体情况见表13.5。

表 13.5 美国—卢旺达负面清单(进入卢旺达)

负面清单类型	行业	细分行业	涉及原则	说　　明
第一类负面清单	所有产业		NT、MFN	卢旺达和东南非共同市场成员国的投资者,投资金额不低于10万美元;美国投资者投资金额不能低于25万美元
	所有产业		NT	在卢旺达境外注册的非营利组织,不得超过5年,但可延长;在境内注册的无期限限制
第二类负面清单	所有产业		NT、PR、SMBD	对于卢旺达国内的经济社会弱势群体,卢旺达有权保留或进一步采取不符措施
	所有产业		MFN	1. 对于在BIT之前签订的国际双边或多边协定,有权保留或进一步采取不符措施 2. 对于在BIT之后签订的其他协定,在以下三个行业,有权保留或进一步采取不符措施: (1)航空; (2)渔业; (3)电信

续表

负面清单 类型	行业	细分 行业	涉及原则	说　明
金融类 负面清单	金融	保险	NT	1. 在卢旺达境内运营的保险公司需由卢旺达国 民持股 30％以上；实施保险业市场准入应当 始于以下日期孰晚日： (1) 2009 年 9 月 1 日； (2) 卢旺达颁布《保险法》 2. 消除不符措施

注：NT 指国民待遇，PR 指业绩要求，MFN 指最惠国待遇，SMBD 指高管与董事会成员
要求。

资料来源：同表 13.4。

13.4　对中国外资准入政策的启示

通过以美国为谈判分析国，基于美国签订的三份负面清单——2005 年美国—
乌拉圭双边投资协定、2007 年美国—韩国自由贸易协定、2008 年美国—卢旺达双
边投资协定——进行创新性分析，我们可以发现在美国进入他国和他国进入美国
等方面的清单设计各有特点，具有一定的规律可循，主要体现在行业选择、涉及原
则和限制措施等方面。毫无疑问，美国签订的负面清单在以上三个方面的具体特
点，有助于我们明晰和把握中美负面清单谈判的核心点，也有助于为中国未来的清
单设置提供具体政策点和制定细则。

第一，针对本国产业结构和特征，选择对外开放行业。中国和韩国的发展程度
较接近，应明晰中国相较于美国的优势产业和劣势产业，对于优势产业应该极力争
取宽松自由的境外投资环境和投资政策，对于劣势产业要设置一定的保护措施，避
免导致本就处于不利竞争地位的国内企业雪上加霜。

第二，合理设置限制措施，对重要性及敏感度不同的行业采用不同限制强度、
多样性条款，最大程度地维护国家利益。以乌拉圭的铁路运输业为例，乌拉圭在第
一类负面清单中提到：铁路客运或货运营运商必须从行政部门获得许可证；要求铁

路运输企业至少51%的实收资本由定居在乌拉圭的国民或企业持有,并且该企业至少51%的董事会或经理层人员由定居在乌拉圭的国民担任。这一规定,在美国投资者涌入乌拉圭交通运输行业之际,为其国内关键领域铁轮运输行业留下了调整和发展的空间,避免控制权的丧失。

第三,对于影响力尚不清晰的产业,可以设置"互利互惠"的缓冲带。在美国和卢旺达签订的 BIT 中,就第二类负面清单的"运输行业"而言,美国援引了多达25条国内法案和相关条例,罗列了诸项限制条件,最后一条为"视在卢旺达该领域获得的市场准入条件而定:包括船舶清洗、渠道运行、装卸货物等在内的近陆侧港口活动"。相似地,在美国和韩国签订的 FTA 中,美国就专业航空服务指出:"如果韩国接受了专业航空服务的理念,并凭借本协议第12章提供了有效的互惠措施,那么韩国国民就可被授权投资专业航空服务领域"。这类限制条件为缔约国双方形成了"你来我往,互利互惠"的缓冲带。

第四,将国有企业列入第二类负面清单,保留对现有的限制措施进行修订或设立更严格的新的限制措施的权利。诚然,各国国情不同,市场成熟度和国有企业竞争能力也各有差别。中国一直致力于调整国有企业产业结构,从而增强其市场竞争力,但是现阶段要求国有企业与民营企业所谓"公平地"对外开放,显然不能一蹴而就。将国有企业列入第二类负面清单,有利于充分保障国有企业的自主性,显著减小对美投资开放对于中国国有企业的不利冲击。

第五,充分权衡双边投资协定对已签订或将要签订的其他双边或多边协定的影响力,使谈判内容具有长期性和前瞻性。对于重点行业,即使在 BIT 签订之后,仍然应当具有针对不同环境采取或者维持任何举措的权利。

第 14 章
外资国家安全审查制度的国际借鉴

14.1 美、德、俄、日等国外资国家安全审查制度概述

14.1.1 美国外资国家安全审查制度

1. 美国的法律框架

为应对日本企业的并购,美国国会于 1988 年通过《埃克森—佛罗里奥法案》(以下简称《法案》),标志着美国从法律层面建立了规制外资和保障国家安全的制度。《法案》规定,凡有充分证据证明外国并购所获利益会危及美国国家安全,美国总统有权暂停或中止收购(Graham and Marchick,2006)。2007 年和 2008 年,美国又相继出台了《外国投资与国家安全法》(以下简称 FINSA)以及《外国人合并、收购、接管条例:最终规定》(以下简称《最终规定》),进一步细化外资并购国家安全审查对象和标准等内容。

2. 美国的工作机制

外国在美投资委员会(CFIUS)于 1975 年正式组建。在成立之初,CFIUS 的职责仅是对外国投资的实情调查,不具监管职责。直到 1988 年,时任美国总统里根签发行政令,赋予 CFIUS 执行外资审查的职责(Jackson,2014)。

CFIUS 是一个跨部门运作的政府机构,成员几经变化,现由政府机构代表人员(财政部、司法部、国土安全部、商务部、国防部、劳动部、国务院、能源部、贸易代表办公室、科技政策办公室)与政府办公室观察员(行政管理和预算办公室、经济顾

问委员会、国家安全委员会、国家经济委员会、国土安全委员会)组成,主席由美国财政部长担任。尽管 CFIUS 的成员众多,但各成员分工明确,共同履行安全审查职责。CFIUS 部分成员的职责如表 14.1 所示。

表 14.1 CFIUS 部分成员职责一览

成 员	职 责
财政部	承担沟通、协调和服务性工作。具体包括:(1)针对每个案件,指定领导部门,负责案件缓和协议的谈判、调整、监督和执行;(2)向 CFIUS 提交阶段性报告;(3)给国家情报部、司法部和与案件有关的部门领导报告
司法部	保护与国防和核心基础设施相关的敏感信息及技术,通过防止和打击计算机犯罪,保护通信系统和通信私密性
国土安全部	负责核心基础设施和国防技术基础领域的外资并购审查
商务部	在内部成立工作小组,成员包括国际贸易管理署、产业安全局等。其中,国际贸易管理署负责分析与评估并购交易安全风险问题;产业安全局负责军民两用品的出口管制,同时也负责实施确保国防工业基础牢固性与先进性计划,如国防重点与系统分布方案等
国防部	依据所申报交易对以下五方面进行分析后,向 CFIUS 提出个案意见书:(1)被并购方技术的重要性,如军事重要程度、机密程度是否属于出口管制;(2)被并购方对美国国防工业的重要性,例如,若是唯一供应商,考量寻求新供应商需要的安全和经济成本;(3)特定外国并购方可能触发的安全风险,如并购方是否为外国政府控制、是否有违反出口管制的记录;(4)被并购方是否是国防部履行职责所依赖的核心基础设施的组成部分;(5)交易所引起的安全风险可否根据国防部有关规定或与各方当事人协商采取措施加以消除
劳动部	把关减缓协议中任何违反劳动法的条款
国家情报部门	协助情报收集和分析工作。国家情报部门在有关人员提交书面通知后20 天内提交其调查报告,也可根据其他法律提前开始调查

资料来源:根据李芳红:《中美外资并购国家安全审查制度比较研究》(华东政法大学学位论文,2008 年)与张举胜:《美国外资并购国家安全审查制度研究》(中国政法大学学位论文,2011 年)重新整理而成。

3. 美国的审查对象

《最终规定》将并购方定义为:(1)任何外国公民、外国政府及外国实体;(2)任何被外国公民、外国政府或外国实体所控制的实体。其中,外国政府不限于国家和地方政府,还包括其各自部门、代理人和被委托人。外国实体指根据外国法律成立并且其主要营业场所在美国之外或者在一个或一个以上的外国证券交易所上市的任何分支机构、合伙企业、集团或集团分部、协会、财团、信托公司、公司或公司的任何部门及组织。

4. 美国的审查标准

FINSA 与《最终规定》引入"受管辖的交易"(covered transaction)这一概念来概括提交 CFIUS 审查和调查的并购交易。"受管辖的交易"是指任何合并、收购或接管行为造成外国人控制美国业务实体的交易,且该笔交易在 1988 年 8 月 23 日之后被提出或待定。CFIUS 负责对此类交易进行审查以判断交易是否会危害国家安全,是否并购方被国外政府所掌控,是否交易会导致外资控制本国关键性基础设施(critical infrastructure)进而危害国家安全(Jackson,2014)。其中,关键性基础设施是"国家安全"中的一个重要名词,最早出现在 2001 年美国《爱国者法案》中,它是指无论从物理特性还是实际情况来看都对美国至关重要的系统和资产,如果这些系统和资产不能运转,将对安全、国家经济安全、国家公众健康安全,或者上述事项之和产生负面影响。

2002 年,美国国会通过《国土安全法》,将确认什么是"关键性基础设施"的责任转移到国土安全部。此后,国土安全部通过一系列指令确认了 18 个行业和部门为关键性基础设施,包括:(1)农业与食品;(2)国防工业基地;(3)能源;(4)公共健康与医疗;(5)国家纪念馆与雕像;(6)银行与金融业;(7)饮用水及水处理系统;(8)化学制品;(9)商业设施;(10)水坝;(11)应急服务;(12)商用核反应堆、核材料与核废弃物处理;(13)信息科技;(14)电信;(15)邮政与航运;(16)交通运输系统;(17)政府设施;(18)核心制造业。

5. 美国的审查程序

美国的审查程序分为四个阶段,依次是申报或通报、初审、调查以及总统裁决,具体流程如图 14.1 所示。从进入审查阶段之日起计算,整个审查过程最长为 90 天。

14.1.2 德国外资国家安全审查制度

1. 德国的法律框架

2008 年 8 月 20 日,为应对日益增多的外国投资者对德国企业进行的并购活动,尤其是日趋活跃的主权财富基金参股德企的投资活动,德国内阁通过了《外国贸易与支付法》修正案(以下使用德语简称 AWG)。AWG 在获得议会批准后,于 2009 年 4 月 24 日正式生效,德国从法律层面建立了外资并购国家安全审查制度(参见第 2 章第 7 条)。为了与 AWG 相衔接,2010 年 8 月和 2013 年8 月,德国相继对《对外贸易与支付条例》(以下简称《条例》)进行修订,增加了外资并购安全审查的内容,可参见 2010 年版条例第 52—53 条以及 2013 年版条例第 55—62 条。

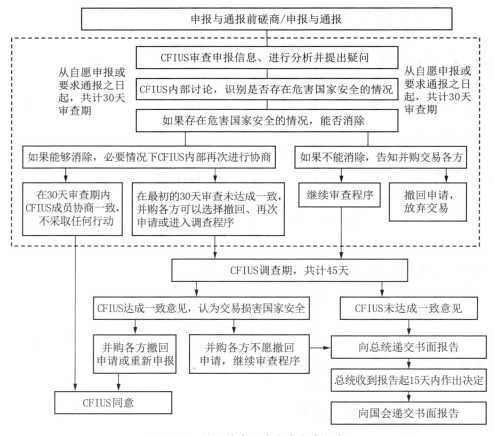

图 14.1　美国外资国家安全审查程序

资料来源:Graham 和 Marchick(2006),由笔者翻译。

2. 德国的工作机制

根据 AWG,当欧洲境外的投资者收购德国企业并可能对德国安全或社会基本利益造成威胁时,德国联邦经济与技术部(以下使用德语简称 BMWI)有权禁止该项交易。

3. 德国的审查对象

AWG 及《条例》规定,审查对象(即并购方)一般为非欧盟企业或个人。也就是说,并购方来自欧盟以外,或者来自欧洲自由贸易联盟(Europe Free Trade Association)以外。然而,《条例》(2013 年版)第 55 条和第 56 条规定,若遇以下两种情况,交易也须接受审查:(1)尽管并购方来自欧盟内部,但持有并购方表决权 25％及以上的股东来自第三国。例如,如果英国企业被第三国投资者(如美国企业)持有超过 25％的股份,英国企业收购德国企业 25％的股份时也会受到调查;(2)有证据表明存在规避审查的安排或者交易。

对于企业是否属于欧盟境内,德国法律依据实际有效的营业场所进行判定。对于不具有法人资格的分支机构,其与自身代表的法律主体所具有的国籍应当一致;对于具有法人资格的分支机构,即便企业是非欧盟人所设立,但只要在其他欧盟成员国正常经营,也应被视为欧盟境内的企业。

4. 德国的审查标准

《条例》修正案规定,当非欧盟投资者收购任意行业中德国企业的有投票权股份达到 25％及以上时,须对并购行为进行审查。在并购方式上,既包括直接收购,也包含间接收购。直接收购是指非欧盟企业或个人直接收购德国企业 25％及以上的投票权股份。而间接收购是指非欧盟企业或个人购买另一家公司的股份,而该公司又是德国被收购企业的股东。在这种情况下,只要非欧盟投资者持有中间公司 25％的投票权,该中间公司又至少持有德国企业 25％的股份即可。由此,完全发生在德国之外的交易也可能适用德国关于外资收购的法律。

5. 德国的审查程序

德国的审查一般分为两个阶段:第一阶段,BMWI 决定是否对外资并购交易启动复审程序;第二阶段,BMWI 基于德国公共秩序或安全的考虑,决定是否禁止外资并购交易或者对该外资并购交易附加特定的并购限制条件。具体流程如图 14.2 所示。

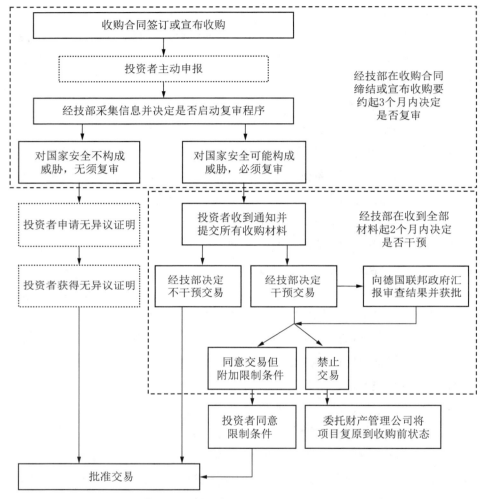

图 14.2 德国外资国家安全审查程序

资料来源:由笔者绘制。

14.1.3 俄罗斯外资国家安全审查制度

1. 俄罗斯的法律框架

自 2003 年起,随着外国资本开始大量收购俄罗斯企业,俄罗斯有关部门开始担心本国经济安全的基础将会受到冲击和动摇。2005 年,俄罗斯总统普京首次提出政府应在短期内出台专项法律,对涉及国家安全、国防军工和战略性矿产资源的行业实施国家监控。2007 年,普京再次表达类似观点,并宣布俄罗斯准备效仿美国通过立法限制外国投资。2008 年 5 月,俄罗斯国家安全审查制度的基础法律《俄联邦有关外资进入对保障国防和国家安全具有重要战略意义的商业实体的程序法》(以下简称《程序法》)正式出台。《程序法》中第 2 条、第 5—7 条,以及第 9—12 条分别对审查对象、审查标准以及审查程序作出了详细规定。

2. 俄罗斯的工作机制

《程序法》规定,任何外国投资者控制俄罗斯战略性商业实体的交易,将由全权负责监督在俄外国投资的执行权力机构(简称全权负责机构)与政府委员会进行审查和裁决。

尽管《程序法》并未对全权负责机构作出详细的解释和说明,不过美国审计署(GAO)的一份报告指出该负责机构是俄罗斯联邦反垄断署,下设外资控制战略性企业调查部。在审查过程中,俄罗斯反垄断署主要负责接收申请以及进行初审,而进一步审查和最终裁决权则归属俄罗斯外资审查政府委员会。俄罗斯外资审查政府委员会是一个由俄罗斯总理领导并横跨多个部门的机构。两者的最大区别在于,俄罗斯外资审查政府委员会的权力更大,拥有外资审查的最终决定权(美国的审查最终由总统裁定)。

3. 俄罗斯的审查对象

《程序法》第 2 条第 1 款明确提出,外国投资者或团体获得对保障国防和国家安全具有战略意义的商业实体的股权或份额,以及进行能够使外国投资者或团体对该类商业实体进行控制的交易,将接受审查。从该法条中可以看出,俄罗斯国家安全审查的对象即外国投资者或团体。

《程序法》中外国投资者的定义参照 1999 年《俄罗斯联邦外商投资法》第 2 条。具体包括:有权进行投资的外国法人、外国非法人组织、外国公民、长期居住在俄联邦境外的无国籍人员、国际组织和外国政府。另外,外国投资者还包括在俄联邦领土建立但由外国投资者控制的组织。至于团体的定义,根据《程序法》第 3 条第 3 款的要求,应当参照俄罗斯联邦《保护竞争法》第 9 条,即由一组自然人与法人构成的团体。

4. 俄罗斯的审查标准

依据《程序法》,俄罗斯国家安全审查关注的焦点是外国投资者是否取得战略性企业的控制权。这里有两个问题需要厘清:第一,何谓战略性企业;第二,如何认定"取得控制权"。

针对何谓战略性企业,《程序法》第 6 条明确规定了 13 大类 42 种经营活动被视为战略性行业,如国防军工、核原料生产、航空航天活动等。凡涉足上述行业的企业均被视为战略性企业。

针对如何认定"取得控制权",《程序法》第 5 条给出了明确规定:(1)控制人直接或间接持有商业实体注册资本中 50% 以上的有投票权股份;(2)依据合同或其他交易,左右商业实体所采取的决定,包括企业活动的环境;(3)有权任命商业实体的单人执行权力机构和(或)合议执行权力机构中超过 50% 以上的成员,并(或)有毫无限制的权力选择董事会(监事会)或其他合议管理机构中超过 50% 以上的成员;(4)掌握商业实体的管理公司;(5)直接或间接持有商业实体注册资本中少于 50% 的有投票权股份,但由于该控制人与其余拥有商业实体有投票权股份的股东保持良好关系,因而控制人可以左右商业实体所采取的决定。另外,当商业实体涉及利用俄联邦级矿产地时,审查标准更为严格。

5. 俄罗斯的审查程序

俄罗斯的国家安全审查分为三个阶段:全权机构负责接受申请、交易初审以及政府委员会最终裁决,具体流程如图 14.3 所示。整个审查程序的最长时限为 3 个月,在特殊情况下可能延长至 6 个月。

14.1.4 日本外资国家安全审查制度

1. 日本的法律框架

日本对外资审查的法律依据是其 1949 年 12 月 1 日颁布的《外汇及外国贸易法》(以下简称《贸易法》)。《贸易法》第 5 章对外国直接投资有较为详细的规定,其中要求政府部门在发现外国投资危害国家安全、公共秩序、公共安全以及干扰经济平稳运行时,应当禁止外资进入或者设置条件。1980 年 10 月,日本内阁针对"对内直接投资"颁布了《日本内阁关于对内直接投资的法令》(以下简称《法令》),对《贸易法》第 5 章中的相关条款进行了解释和补充。

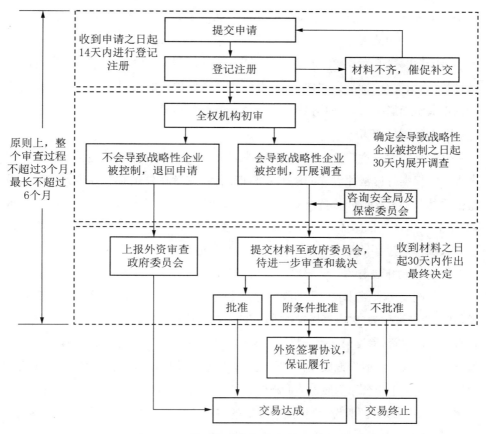

图 14.3 俄罗斯外资国家安全审查程序

资料来源:由笔者绘制。

2. 日本的工作机制

《贸易法》授权日本财务省(原大藏省)作为主要的审查机构,财务大臣负责审查资本交易,其有权变更或者中止交易。除财务省外,还有其他各相关产业的主管部门配合审查,包括经济产业省、国土交通省、厚生劳动省和法务省等。

早在 2001 年之前的大藏省时期,为了审查对内直接投资等事项,并协助大藏大臣(即现在的财务大臣)就投资活动是否危害国家安全陈述意见,日本《外汇及外国贸易管理法》(现《贸易法》)在大藏省设置了 17 个审议会。审议会不直接主管国家安全审查,只是在审查过程中为大藏大臣提出意见并提供咨询。并且审议会并不是一个独立部门，它设置于大藏省内部，不能单独就国家安全审查作出决定。

3. 日本的审查对象

《贸易法》第5章第30条第3款规定，若外国投资者的对内投资行为涉及：(1)损害国家安全、扰乱公共秩序、阻碍公共安全保护；(2)对日本经济的平稳管理带来重大负面影响时，应向财务省或其他主管部门申报，接受安全审查。显然，审查对象即外国投资者。

《贸易法》第5章第26条第1款将外国投资者分为四类，具体包括：(1)非居民个人；(2)根据外国法律设立的法人及其他团体，或者在外国有总办事处的法人及其他团体；(3)直接或间接持有某一公司的表决权总数达50%及以上且属于(1)或(2)中的法人及其他团体；(4)管理人员(指董事或其他与之相当者)或有代表权的管理人员中超过半数是非居民个人的法人及其他团体。

4. 日本的审查标准

当外国公司取得日本企业的股份时，从国家安全保障、能源政策等方面的考虑出发，其会受到被称为"对内直接投资管制"的限制。从《贸易法》的内容来看，需要进行审查的外国投资(参见第5章第26条第2款)包括：(1)非日本个人或团体取得任何非日本上市公司的股份或股权；(2)在成为非日本居民后，将曾经作为日本居民时所取得的日本非上市公司的股份或股权转让给外国投资者；(3)非日本个人或团体收购日本公司10%以上的股份，并且该情况下的持股比例包含取得人和与其有"特别关系"的外国投资者所持有的股份；(4)外国投资者持有日本公司1/3及以上的有投票权股份，从而促成对公司的营业目的造成实质性改变；(5)非日本个人或团体在日本设立分支机构；(6)以超过内阁规定的贷款数额贷款给在日本设有分支机构的法人，且贷款期超过1年(贷款人为银行等金融机构的正常贷款行为除外)；(7)其他由日本内阁规定，与上述行为等同的对内直接投资。另外，《法令》第3条补充规定，以下行为属于对内直接投资：尽管多个外国投资者(非日本个人或团体)其各自取得日本公司的股权低于10%，但股权之和超过10%，且这些投资者同意共同行使表决权。

5. 日本的审查程序

日本的审查程序分为四个阶段，依次是投资方申报、财务省审查、审议会陈述意见以及财务大臣作出裁决，具体流程见图14.4。日本政府曾表示，整个审查过程最短可在两周完成，最长则需要5个月。

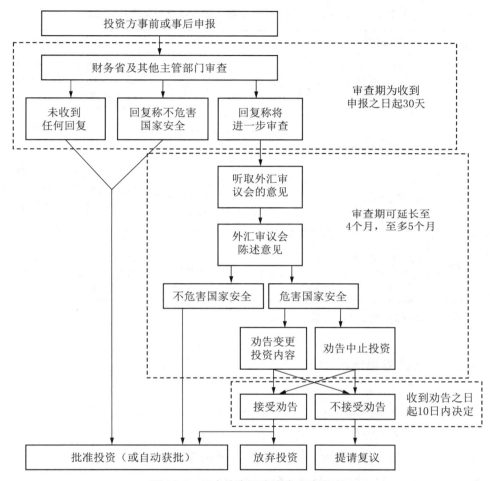

图 14.4　日本外资国家安全审查程序

资料来源:由笔者绘制。

14.2　美、德、俄、日等国外资国家安全审查制度比较

　　表 14.2 对美、德、俄、日等国,在法律框架、工作机制、审查对象、审查标准以及审查程序方面的做法与特点进行了总结。

表 14.2　对美、德、俄、日等国外资国家安全审查制度模式的总结

国别	法律框架	工作机制	审查标准	审查程序
美国	"法律＋政府规章""外资法＋捎带性法律"	外资并购审查、外国投资委员会	关键性基础设施、实际效果	自审查阶段起 90 天,申报或通报→审查→调查→总统裁决
德国	"法律＋政府规章"、捎带性法律	外资并购审查、经济与技术部、单一部门	有投票权股份	最长 5 个月,初审→复审
俄罗斯	法律、外资法	外资并购审查、外资审查政府委员会、委员会	战略性行业、"实际效果＋有投票权股份"	一般不超过 3 个月,投资方提出申请→全权机构初审→政府委员会裁决
日本	"法律＋政府规章"、捎带性法律	外资审查、财务省、单一部门	有投票权股份	最长 5 个月,投资方申报→财务省审查→审议会陈述意见→财务大臣作出裁决

资料来源:笔者根据相关资料整理而成。

14.2.1　法律框架比较

法律体系或法律文件的表现形式分为两种:以"法律＋政府规章"为主的复合型与以"法律"为主的单一型。具体而言,美、德、俄、日等国均颁布了针对外资安全审查或外资并购安全审查的法律,但并非所有国家都颁布了与之配套的细则、指南、条例或规定,例如俄罗斯。"法律＋政府规章"的形式似乎更被各国所广泛接受,原因是法律的规定一般是相对原则和抽象的,需要借助细则、指南等形式,使之具体化、可操作化。

立法模式主要有以下三种:"专门＋混合模式"("外资法＋捎带性法律")、"专门立法模式"(外资法)以及"混合立法模式"(捎带性法律)。其中,采取"专门立法模式"的国家有俄罗斯,如《投资法》和《程序法》。采取"混合立法模式"的国家有德国和日本,如 AWG 和《贸易法》。美国采用"专门＋混合模式",如 FINSA 属于针对性法律,《法案》则依附于《国防生产法》。比较之下,"专门立法模式"并辅以与之配套的细则或条例,能够形成比较完整和清晰的法律体系,从而更好地平衡吸引外

商投资与保卫国家安全之间的关系。

法律口径分为两类：一类是外资安全审查，属于"宽口径"；另一类是外资并购安全审查，属于"窄口径"。"宽口径"不仅包括并购或收购行为，也囊括建立新企业或设立分支机构（如日本）等投资行为。"窄口径"只限于并购行为，例如通过收购被并购方具有投票权的股份从而获得控制权（如德国等）。

14.2.2　工作机制比较

从美、德、俄、日等国的做法来看，审查机构的性质分为两类。一类是单一的政府部门，如德国 BMWI、日本财务省。另一类是由多部门组成的政府机构，如美国的 CFIUS、俄罗斯的外资审查政府委员会。

选择某一政府部门作为审查机构的做法，有利也有弊。利处在于与跨部门机构相比，单一部门审查机构省去了在部门间协调的时间和精力，有利于缩短审查周期，同时，审查工作也不会因为部门间意见不一而受阻。不过单一部门的模式使得审查机构被赋予重大的权力，可能集调查权、裁判权、处罚权于一身，会使交易当事人担心审查程序是否公平。另外，许多审查案件涉及特定行业，例如，收购农副企业涉及农业部，收购电信公司涉及工信部，因此在审查过程中也需要其他部门的参与，跨部门合作使各个部门之间可以就各自擅长的领域提供经验和建议，弥补可能的专业空白，促进监管水平的提高。

相对而言，跨部门的政府机构似乎更为合理。不过同为跨部门机构，也存在些许差异，如被赋予的权力大小。美国的 CFIUS 仅具有审查权，无权擅自采取任何阻碍投资的行动。CFIUS 需要做的仅仅是在审查工作完毕后，将建议提交给美国总统，由后者最终决定。而俄罗斯的外资审查政府委员会的权力更大，拥有外资审批的最终决定权。这其中涉及审查权与决定权（或批准权）究竟是分离还是集中的问题。相对而言，将审查权与决定权分离设置有利于通过进一步的程序使审查机构的行为受到上一级机关的监督，防止审查机构专权独断而不合理地阻碍投资。

14.2.3 审查标准比较

简单地讲,外资或外资并购安全审查的标准即投资是否会损害国家安全。这其中牵涉何谓"国家安全"的问题。然而,由于各国对"国家安全"的理解不同,在国家安全审查的立法和实践中,到底哪些行为"损害国家安全",各国很难形成统一的定论,因此造成了国与国之间审查标准的差异。为了便于审查,各国普遍罗列"特定行业",规定"控制方式"或是列举"考虑因素"作为审查标准。上述三种做法并非相互矛盾的,它们经常同时使用,进而确立审查标准。

利用"特定行业"确立审查标准的国家有美国和俄罗斯。美国规定当被并购方所属的产业或部门涉及关键性基础设施时,将会启动审查程序。俄罗斯则规定,当外资进入战略性行业时,将对其开展审查。由于两国关注的重点行业不同,加之经济发展水平存在差异,造成"特定行业"不尽相同,但核心都是为了维护本国的军事安全、产业安全、技术安全、文化或环境安全。

几乎所有国家都根据"控制权"来确立审查标准,只是实现控制的方式存在差异。第一种方法是以"效果"界定控制权,代表国家如美国,即并购方可以直接或间接对美国企业的战略方向或日常营运产生影响力或主导力,如获取经营权的交易(如迪拜港收购案)。此类控制一般不以取得股份的多少来衡量。第二种方法是以"股份"界定控制权,代表国家有德国和日本。例如,德国规定持有德国企业25%及以上有投票权股份的交易,须接受审查。最后一种方法是以"双重标准"界定控制权,即同时使用"效果"和"股份"来考察外资是否获得控制,代表国家如俄罗斯。俄罗斯除了对持有投票权股份的比例进行了规定,也将并购方掌握被并购方的管理公司以及左右被并购方所采取的决定纳入审查标准。

14.2.4 审查程序比较

各国的审查期限略有差别,一般需要3—5个月完成,例如,美国从进入审查阶段之日起最长需要90天,俄罗斯整个审查程序最长时限为3个月,德国和日本不超过5个月。部分国家设置了延长期,如俄罗斯。其中,俄罗斯规定特殊情况下可能延长至 6 个月。

裁决权归属分为两类：一是审查权与裁决权合一，如德国、俄罗斯和日本；二是审查权与裁决权分离，例如美国的审查机构是 CFIUS，最终裁决方是美国总统。尽管审查期限和裁决权归属不尽相同，但各国皆采用多阶段的审查程序，大致可以分为审查启动前、启动、审查、裁决和事后监督五个环节，各国具体做法见表 14.3。

表 14.3　外资国家安全审查程序总结

国别	启动前	启动	审查	裁　　决	事后监督
美国	非正式磋商	自愿申报＋机构通知	二次审查	批准＋附条件批准＋禁止	国会
德国	无	机构通知＋自愿申报	二次审查	批准＋附条件批准＋禁止	司法
俄罗斯	无	强制申报	二次审查	批准＋附条件批准＋禁止	无
日本	无	强制申报	一次审查	批准＋劝告变更＋禁止	行政＋司法

资料来源：由笔者整理而成。

裁决分为三种：批准、附条件批准和禁止。如果投资不构成危害国家安全，则批准投资，这类结果占据所有投资的绝大多数。附条件批准是各国普遍采用的一种灵活措施，如美国、德国和俄罗斯。它是指当投资可能威胁国家安全时，通过一些灵活措施，既不禁止投资，又能将国家风险纳入可承受可控制范围。投资方为此需要签署缓和协议（mitigation agreements），以此换取对一项投资的批准。对危害国家安全又不同意签署缓和协议的投资，采取禁止或中止的处理方法。综上，批准与禁止是每个国家针对外商投资必有的处理方式，而附条件批准是一种补救方式，如今被多数国家采纳。

部分国家针对审查机构或上一级机构和个人的决定建立了监督机制，如美国、德国和日本。但是，这三个国家的监督机制各有不同，美国采用国会监督，德国采取司法监督，日本则将行政监督置于司法监督之前。此外，美国、德国、俄罗斯和日本还建立了投资者维权机制，不服裁决的投资者可以申请行政复议，甚至被允许在一定期限内提起司法诉讼。

14.3 对中国外资安全审查制度的借鉴意义

14.3.1 中国外资国家安全审查制度的分析

中国法律框架的特点是：聚焦外资"宽口径"①，构建国际上普遍采用的"法律＋政府规章"法律体系，以及采取"专门立法模式"[《中华人民共和国外国投资法（草案征求意见稿）》]，表明中国开始尝试将外资国家安全审查制度提升至立法层级。此举一方面提高了审查规定的效力，另一方面体现了中国对外资安全审查的重视，能够与发达国家的法律制度对标。

中国的审查机构是由国务院发展改革部门和国务院外国投资主管部门（商务部）共同牵头的部际联席会议，属于委员会性质。联席会议不具有最终裁定权，必须报请国务院决定，这与美国的做法相似。联席会议以及审查权与决定权分离的设置能有效遏制寻租空间，提升审查的公平性和专业性。但文件中并未明确联席会议的其他组成成员，也未提及各部门应承担的职责。

中国的审查对象为外国投资者，也分为个人和组织。个人依据国籍判定，组织依据注册地和实际控制人判定。例如，在中国境内投资且不具有中国国籍的自然人，或者依据其他国家和地区法律设立的企业，抑或在中国境内设立由外国投资者投资的企业。但无论是《关于建立外国投资者并购境内企业安全审查制度的通知》还是《中华人民共和国外国投资法（草案征求意见稿）》，均未对国有企业或主权财富基金设置更为严格的准入门槛。

中国是以"控制权"和"考虑因素"来界定审查标准的，并未列举"特定行业"。在"控制权"的认定上，依据"股份"和"效果"双重标准。例如，直接或间接持有50％以上的股份，并对经营、财务、人事或技术施加决定性影响。这一举措能够有效抵御多种形式的控制行为。"考虑因素"包括国防安全、关键技术研发能力及领

---

① 早期的《关于建立外国投资者并购境内企业安全审查制度的通知》聚焦外资并购"窄口径"，《中华人民共和国外国投资法（草案征求意见稿）》则转向"宽口径"。

先地位、关键基础设施、信息网络安全、能源粮食等关键资源、经济社会平稳有序等，与美国的做法类似。不过，"关键基础设施"等词偏概念化，在实行中只具有导向性，缺乏详细的阐述。

中国的审查程序包括如下环节：外资或第三方提请、商务部决定是否审查、联席会议一般审查、联席会议特别审查、国务院最终裁决。在以上任何环节中，若认为交易不会危害国家安全，则终止审查。根据《中华人民共和国外国投资法（草案征求意见稿）》，一般审查和特别审查合计应当在 90 个工作日内完成，若情况复杂则可延长至 120 个工作日内。中国审查程序的特点是：（1）审查权和裁决权分离；（2）启动前引入非正式磋商，但投资者不能与审查机构商讨如何消除安全担忧等实质性问题，只能商谈程序性问题（Hartge，2013）；（3）启动环节以自愿申报为主，辅以第三方（国务院有关部门、全国性行业协会、同业企业及上下游企业）提出建议与机构通知，弥补投资者不履行申报的不足；（4）审查环节采用二次审查，首先由联席会议进行一般审查，若认为并购交易可能对国家安全造成影响，联席会议将启动特别审查程序；（5）裁决方式包括批准、附条件批准和禁止，具有灵活性；（6）缺少事后监督机制及投资者维权机制。

14.3.2　借鉴意义和相关建议

自 2011 年起，《关于建立外国投资者并购境内企业安全审查制度的通知》和《中华人民共和国外国投资法（草案征求意见稿）》相继出台，标志着中国外资国家安全审查制度初步落地并进入试点实践阶段，预示着中国外资监管机制改革正式提上日程。然而，中国安全审查的工作机制、审查标准、审查程序等方面仍存在缺陷，急需充分借鉴发达国家的做法，从以下几方面进一步完善。

第一，明确审查机构的组成成员及其职权，确定成员间协调合作的机制。2011 年发布的《关于建立外国投资者并购境内企业安全审查制度的通知》第 3 条规定，审查机构是由发改委、商务部牵头，相关部门参与的部际联席会议。然而，《关于建立外国投资者并购境内企业安全审查制度的通知》中未明确参与联席会议的相关部门，也没有明确各部门的职责及协调合作的具体方式。中国应当明确联席会议的其他组成部门，含财政部、国防部、商务部、国家安全部、工业和信息化部、农业部、国有资产监督管理委员会等。中国应当明确联席会议各成员的职责,并且在决定开展审查之后,根据案件的实际情况确定一个牵头部门,避免部门间推诿卸责。

第二,区分并购企业的类型,针对国有企业或代表外国政府利益的投资者制定特殊的规定。中国并未以"并购方的身份"来区分审查对象,并未针对外国政府控制或者代表外国政府利益的投资者制定特殊的规定。然而,国有企业和主权财富基金等具有外国政府背景的投资者的投资行为兼具商业性和政治性,应针对它们适度制定更为严格的审查方式,以保障中国的国家安全。

第三,出台实施细则,增加对"关键基础设施""关键技术"和"关键资源"等词的解释,明确其范围,并根据国际形势随时调整"考虑因素",使审查标准兼顾操作性和动态性。《中华人民共和国外国投资法(草案征求意见稿)》和《关于建立外国投资者并购境内企业安全审查制度的通知》并未提及"特定行业",对"关键基础设施""关键技术"和"关键资源"等词也缺乏具体解释。这可能造成外资安全审查的外延扩大化和不确定性增加,不但会浪费政府资源和延误许多无须接受审查的交易,而且会打击外商投资的积极性,无益于对国外先进技术和管理经验的引入。建议颁布实施细则,罗列须报审的行业,如通信业、军用航空业、石油天然气产业等。"考虑因素"应当定期根据国际形势及行业或企业竞争力的变化作出调整,防止因新情况的出现而无法对危害国家安全的投资进行审查。

第四,建立事后监督机制,防止权力滥用。审查结束后缺乏相应的监督机制。根据规定,联席会议对相关投资进行审查,结束后交国务院最终裁决。在该决定程序后,并没有规定相应的监督机制,这会增加权力滥用的可能性,甚至产生权力寻租问题。对于当前监督机制缺位的问题,可以参考美国的经验。美国法律规定,CFIUS必须在每个具体案件审查完毕后向美国国会进行报告,并且还须每年向美国国会提交当年审查情况的报告。在中国,监督主体可以为全国人大常务委员会。联席会议应在每一项投资审查结束后,以书面形式向全国人大常务委员会报告所审查和调查的详细内容,全国人大常务委员会有权对裁决的合法性提出质询。此外,联席会议每年须向全国人大报告当年的国家安全审查情况。

第五,建立审查结束后的维权机制,给予投资方正当的权利。根据现有的规定,国家安全审查决定不得提起行政复议和行政诉讼。然而,联席会议作出的决定应当视为国务院部门的具体行政行为,依据《中华人民共和国行政复议法》,投资方不服规定的,有权在一定期限内向联席会议申请行政复议。可借鉴德国和日本,如果并购方对复议结果仍然不服,允许其在一定期限内向人民法院提起诉讼。需要指出的是,所有这些维权途径和规定应在法律条文中得以体现。并且鉴于外资国家安全审查的专业性、技术性以及复杂性等特点,诉讼所关注的应当是法律与形式问题而非事实问题。

第三篇

未来政策展望

第 15 章
负面清单的评估和改进[*]

15.1　上海自贸试验区负面清单管理

长期以来,中国外资投资准入采用《指导目录》(2011 年版)。《指导目录》(2011 年版)分别列出了鼓励、限制和禁止外商投资的产业目录,相配套的是行政核准制。

2013 年 9 月 29 日,负面清单(2013 年版)颁布实施。负面清单(2013 年版)给出了特别管理措施和相关行业。对于负面清单所有非列入行业,外商准入采用备案制;对于负面清单列入行业,仍采用行政核准制,具体情况见图 15.1。

《指导目录》(2011年版)和政府"逐项核准制"	国民经济行业门类	鼓励类行业	
		限制类行业	
		禁止类行业	
		没有明确列举的行业	

* 本章主要内容取自孙元欣等:《上海自由贸易试验区负面清单(2013 版)及其改进》,该文曾获 2014 年上海市第十二届哲学社会科学优秀成果内部探讨奖。

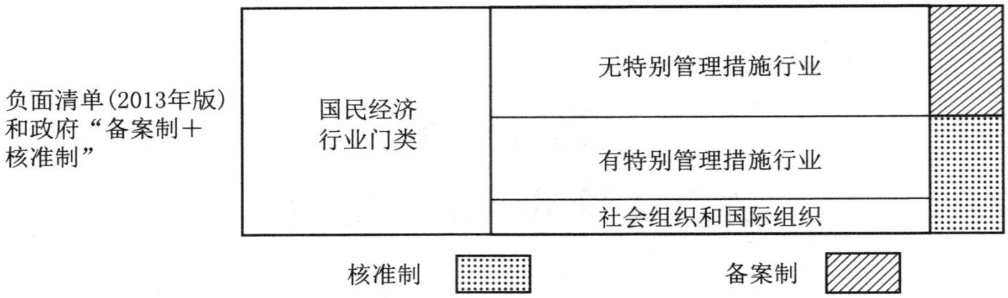

图 15.1 两种管理模式的比较

负面清单管理的积极意义在于：(1)负面清单行业覆盖面较全；(2)负面清单非列入行业采用备案制，简化了外商准入手续；(3)政府管理从事前审核管理向事中、事后监管转变。

15.2 负面清单（2013年版）的评估

15.2.1 负面清单（2013年版）列入行业占比较高

负面清单(2013年版)涵盖国民经济 20 个门类的 18 个门类(除社会管理和国际组织 2 个门类)，共有 190 条特别管理措施。

由于负面清单(2013年版)存在多个行业适用单项或多项特别管理措施，也存在单个行业适用多项特别管理措施。经核对，列入负面清单(2013年版)的小类行业有 509 个，占国民经济 18 个门类 1 068 个小类行业的比例为 47.7%；这一结果远远高于媒体报道的 17.8%(17.8%＝190 条措施/1 069 个小类行业)。具体情况见表 15.1。

表 15.1 负面清单(2013年版)适用小类行业数量和占比

产业类别	特别管理措施适用的小类行业(个)	小类行业总量(个)	占比(%)
18 个产业门类	509	1 068	47.7
第一产业	96	97	99.0

续表

产业类别	特别管理措施适用的小类行业(个)	小类行业总量(个)	占比(%)
第二产业	167	565	29.6
第三产业	246	406	60.6
F 批发和零售业	67	113	59.3
G 交通运输、仓储和邮政业	25	40	62.5
H 住宿和餐饮业	0	12	0.0
I 信息传输、软件和信息服务	13	17	76.5
J 金融业	29	29	100.0
K 房地产业	2	5	40.0
L 租赁和商务服务业	32	39	82.1
M 科学研究和技术服务业	13	31	41.9
N 水利、环境和公共设施管理	6	21	28.6
O 居民服务、修理和其他服务	0	23	0.0
P 教育	17	17	100.0
Q 卫生和社会工作	12	23	52.2
R 文化、体育和娱乐业	30	36	83.3

资料来源:根据国民经济行业分类代码表和负面清单(2013 年版)整理得到。

15.2.2　不同产业列入负面清单的占比有差异

第一产业、第二产业和第三产业列入负面清单的小类行业比例分别为 99.0%、29.6% 和 60.6%。显然,第一产业(农业和采掘业)和第三产业(服务业)负面清单列入行业比例较高。从服务业看,金融业、教育对外商准入比较谨慎,列入负面清单的小类行业比例均为 100%。住宿和餐饮业、居民服务业产业整体均没有被列入负面清单,是全面开放的。

房地产业有 5 个小类行业,其中物业管理(K7020)、自有房地产经营活动

（K7040）、其他房地产业（K7090）3 个小类行业没有列入负面清单，房地产开发经营（K7010）和房地产中介服务（K7030）列入负面清单，分别有 3 条和 1 条特别管理措施。

15.3 负面清单（2013 年版）有待改进之处

15.3.1 外商投资政策之间的协调性

首先，上海自贸试验区有负面清单（2013 年版），也有正面清单，即国务院《总体方案》的"服务业扩大开放清单"（简称开放清单），涉及金融、航运、商贸、专业、文化和社会服务等六大领域服务业扩大开放。

负面清单（2013 年版）与开放清单存在交叉。根据开放清单，外资企业被允许从事游戏机、游艺机销售及服务（F5179），而在负面清单（2013 年版）中电子产品批发中类行业（F517）整体都是开放的，开放清单特别指出开放该行业的意义不大。再如，负面清单（2013 年版）限制投资银行（J662），开放清单允许设立外资银行（J6620），对其采用"大门关、小门开和审核制"方法。同样情况的还有专业健康医疗保险机构、国际船舶管理企业等。上海自贸试验区中申办外资银行需要行政审批，这从逻辑上也说得通，因为投资银行被列入负面清单（2013 年版），不属于备案制范畴。

其次，不同政策文件的产业分类法存在差异。负面清单（2013 年版）和开放清单采用中国国民经济行业分类标准，而《海峡两岸服务贸易协议》和《内地与香港关于建立更紧密经贸关系的安排》（CEPA）的服务业开放行业分类，采用《服务贸易总协定》的分类法。不同政策文件产业分类法的差异，也造成了执行过程中的疑惑。

上海自贸试验区外资准入既有负面清单，又有正面清单，存在"关大门，开小门，审核制，进不去"的现象，也存在"玻璃门"现象，这使得外商企业感到困惑。

15.3.2　负面清单权威性和层次定位不清晰

与国家部委条例或意见相比,负面清单(2013 年版)和开放清单的权威性究竟如何定位? 从道理上说,开放清单是国务院颁发的《总体方案》的附件,负面清单(2013 年版)替代的是《指导目录》(2011 年版),两者均属于国家级政策文件,具有较高的权威性。然而,在外商准入实施过程中,国家部委条例或意见却往往具有决定性作用。

15.3.3　负面清单（2013 年版）与《指导目录》（2011 年版）高度相似

据统计,负面清单(2013 年版)共有 190 条特别措施,其中禁止字样有 38 条,限制字样有 74 条,其余 78 条涉及外商股权比例限制,或者合资限制和其他。经过逐一对比可知,负面清单(2013 年版)与《指导目录》(2011 年版)的限制类和禁止类基本一致,不仅全部复制自后者,还增加了近 30 条特别管理措施。这一情况部分削弱了开放战略的主旨。

15.3.4　上海自贸试验区地域范围有限，试验结果缺乏外部效度

外商企业在进行投资决策时不仅会考虑政策的开放度,还要综合考虑区位条件、土地空间、土地成本、进入时机等因素。实行负面清单管理,在上海自贸试验区 28 平方公里的有限空间内的外商投资反应,与放大到更大空间下的外商投资反应可能不一样,存在不同的政策效果和风险因素。倘若上海自贸试验区政策效果缺乏外部效度,将减弱其可复制可推广的价值。

15.3.5　负面清单（2013 年版）理论基础有待梳理

负面清单(2013 年版)特别管理措施达 190 条,可以将其归类进入哪些类别,其理论基础是什么,如何形成清晰的、可开展国际比较的总体架构,也需要进一步

梳理和研究。国际上制定负面清单的理论和惯例,见表15.2。

表 15.2 国际上负面清单的理论和惯例

类　型	内　　容
一般例外	WTO缔约方经常引用的有:为保护人类、动植物的生命或健康所必需的措施,与保护可用尽的自然资源有关的、与限制国内生产或消费一同实施的措施,为保证与该总协定一致的法律的实施所必需的措施
以负面清单形式保留的不符措施	(1)国家安全审查制度。(2)关键基础设施保护,指对可能造成地区或国家基础设施严重破坏的事件的防范和应对,如粮食、邮政、能源、金融、供水与废水处理、教育、电信、广播电视、公共医疗等
保留措施	保障措施是指在双边或多边协议中约定,准许缔约方在特定情况下撤销或停止履行约定义务,以保障某种更重要的利益。允许缔约方对本国产业实行合理、适度的保护

15.4　负面清单（2014年版）的改进方向

(1)扩大对外开放,提高外商投资政策的协调性。

进一步扩大对外开放,以开放促改革,以改革促发展,更好地体现中国开放战略,同时维护国家的核心利益。加强对负面清单(2014年版)的理论研究,提高外商投资政策的协调性,明确不同政策文件之间的从属关系。对于外商投资政策的关键词,如"限制""禁止"等,也要给出明确定义。

(2)负面清单(2014年版)行业分类法的改进。

外商准入负面清单常见于国家之间的自由贸易协定,主要针对服务业开放,其采用的是《服务贸易总协定》的产业分类法,如美国—新加坡自由贸易协定等。负面清单(2014年版)应重点深化服务业开放措施,建议采用国际通用分类法,与《海峡两岸服务贸易协议》和CEPA一致,与国际投资保护谈判有更好的衔接。

(3)完善负面清单管理的配套行政体系。

根据国际经验,采用负面清单的效果取决于三个因素:一是负面清单的文本质量;二是东道国的保留措施;三是东道国国民待遇的质量。其中,第一个因素取决于东道国对国际社会的双边或多边承诺,后两个因素则取决于东道国经济发展的法制化水平和行政管理水平。负面清单管理实施效果,与转变政府职能、提高信息透明度和工作效率有直接关系。

（4）负面清单管理空间范围扩容。

适时扩大负面清单实施的空间范围,使得中国开放战略发挥更大的作用;同时获得更多的外商投资案例,并及时总结经验教训,为负面清单经验可复制、可推广打下更好的基础。

第 16 章
自贸试验区负面清单转化为
全国负面清单的路径和措施[*]

16.1 《美国 2012 年 BIT 范本》投资规则的借鉴和比较

准入前国民待遇加负面清单（或称不符措施列表）是一种"非列入即开放"的模式，对于没有被列入负面清单的行业，外资准入享受国民待遇。国民待遇有两种类型：准入前国民待遇和准入后国民待遇。

比较和梳理《美国 2012 年 BIT 范本》与负面清单（2013 年版），可以发现两者在投资概念、功能定位、内容指向、涵盖范围、调整空间这五个方面存在差异，《美国 2012 年 BIT 范本》有很大的借鉴价值，两者的比较情况见表 16.1。

表 16.1 《美国 2012 年 BIT 范本》与负面清单（2013 年版）的比较

比较类别	内容	《美国 2012 年 BIT 范本》负面清单	负面清单（2013 年版）
投资	投资定义	广义定义，主要有八种形式	狭义定义，主要指外国直接投资
	投资过程	"准入前＋准入后"国民待遇	准入前国民待遇
功能	列表形式	负面列表	负面列表
	行为主体	缔约方政府	东道国主动开放

---

* 本章主要内容发表在《科学发展》2014 年第 6 期。

续表

比较类别	内容	《美国 2012 年 BIT 范本》负面清单	负面清单(2013 年版)
功能	表现形式	国际条约(双边投资协定的附件)	政府文件(上海市政府公告)
	功能作用	缔约国双边投资保护	外商投资产业指导
	法理依据	缔约方法律法规、习惯国际法	国内法律法规
内容	具体内容	国民待遇、最惠国待遇、业绩要求、高级管理人员和董事会	国民待遇、不含业绩要求、高级管理人员和董事会等
范围	产业门类	涵盖所有国民经济产业门类	限定 18 个产业门类(不包括社会组织和国际组织两大门类)
	空间范围	缔约方领土,"可行使主权或管辖权的任何区域"	上海自贸试验区(面积达 28 平方公里)内
调整	调整空间	空间小:基本不允许新增或加严限制,附件 2 内容可以加严	空间大:若干年调整一次,允许新增或加严限制

资料来源:负面清单(2013 年版),中国(上海)自由贸易试验区网站;《美国 2012 年 BIT 范本》,美国贸易代表办公室网站。

第一,投资概念和投资过程涵盖的差异。《美国 2012 年 BIT 范本》投资是"宽口径"的,包括直接投资和间接投资,具体有八种投资形式,如投资企业、股权、债权、期货、期权、交钥匙、知识产权、许可、租赁、质押等。《美国 2012 年 BIT 范本》涵盖准入前国民待遇(设立、获取、扩大)和准入后国民待遇(管理、经营、运营、出售或其他投资处置方式)。负面清单(2013 年版)投资是"窄口径"的,主要针对外资准入前设立阶段和直接投资,不包括获取和扩大阶段,也不包括债券、期货期权投资、特许经营、知识产权等投资形式。两者具体对比情况见图 16.1。

第二,行为主体和功能作用的差异。《美国 2012 年 BIT 范本》是缔约方之间的国际公约,其负面清单是该协议的三个附件,列举了外商投资与国民待遇或最惠国待遇的不符措施。负面清单(2013 年版)是中国政府主动开放的政策文件。从功能作用来看,前者是缔约方之间的双边投资保护,既保护外商进入,也保护本国企业对外投资,而后者主要是东道国对外商投资的产业指导。

第三,不符措施内容指向的差异。《美国 2012 年 BIT 范本》从国民待遇、最惠国待遇、业绩要求、高级管理人员和董事会等多个方面展开,对这些方面均可提出

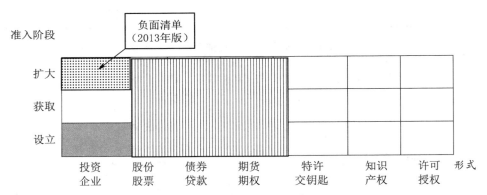

图 16.1 《美国 2012 年 BIT 范本》与负责清单(2013 年版)投资口径的比较

资料来源:根据相关资料绘制。

相关的外资不符措施。负面清单(2013 年版)主要针对国民待遇,尚未涉及业绩要求、高级管理人员和董事会等内容,当然这也可视为对外资企业的业绩要求、高级管理人员和董事会不再另设门槛。

第四,适用产业门类和空间范围的差异。《美国 2012 年 BIT 范本》涵盖国民经济所有产业门类,空间范围涵盖"可行使主权或管辖权的任何区域"。负面清单(2013 年版)涵盖有限产业门类,中国国民经济共 20 个产业门类,目前涉及 18 个门类,不包括社会组织和国际组织 2 个门类。在中国,社会组织和国际组织仍是对外资进入比较敏感的两大产业门类。

第五,负面清单不符措施调整的可能。《美国 2012 年 BIT 范本》的负面清单是该协议的三个附件,其不符措施一旦制定,政策调整空间较小。根据该协议约定,附件 1 中的不符措施采用"棘轮"制设计,只能放宽,不能加严;附件 2 中的不符措施可以加严,但事先需要锁定产业;附件 3 是针对金融服务业的,也采用"棘轮"制设计。负面清单(2013 年版)是中国制定的政策,可以随时间的推移进行调整,对外资国民待遇的不符措施,可以加严或放宽,调整权力在中方手中,调整空间较大。

综上所述,《美国 2012 年 BIT 范本》与上海自贸试验区负面清单既有联系,也有很大区别,主要区别在于前者是缔约方之间的国际公约,后者是中国主动开放的政策文件。《美国 2012 年 BIT 范本》的内容广泛,是"宽口径"的,不仅涉及投资领域的开放,对缔约国经济、社会、文化也会产生重大影响;而上海自贸试验区负面清单的主要任务是为全国实行负面清单管理探路,因而可以借鉴《美国 2012 年 BIT 范本》的投资规则。

16.2　中国开展外资准入负面清单管理的构想

16.2.1　指导思想和任务

中国全面深化改革总体设计中,已经列入"外商投资实行准入前国民待遇加负面清单的管理模式"的任务,这不仅是针对上海自贸试验区而言的,也是针对全国而言的。

根据中共十八届三中全会通过的《决定》的指导思想——"实行统一的市场准入制度,在制定负面清单基础上,各类市场主体可依法平等进入清单之外领域",要探索对外商投资实行准入前国民待遇加负面清单的管理模式。实行负面清单管理体现了中国政府主动开放、鼓励外商投资、开展外资产业指导、保护外商投资和确保国家安全的积极姿态。

16.2.2　负面清单的投资定义和投资过程涵盖

中国外资负面清单的投资定义是需要详细论证的。借鉴国际高标准投资通行规则,全国负面清单的投资定义,宜采用《美国 2012 年 BIT 范本》的"宽口径"投资定义,含准入前国民待遇的设立、获取和扩大阶段,以及相关的投资形式,含直接投资和间接投资。当然,是全部采用全"宽口径"定义,还是部分采用"宽口径"定义,还需要详细研究和论证,要符合中国国情。

若采用"宽口径"投资定义,意味着投资阶段从准入前国民待遇"设立"阶段,拓展到"设立、获取、扩大"等阶段;投资形式从外商投资企业或项目,拓展到"投资企业、股权、债权、期货、期权、交钥匙、知识产权、许可、授权、租赁、抵押、质押"等形式,这将是一项很大的改变和制度创新。

16.3 从上海自贸试验区负面清单到全国负面清单的过渡准备

16.3.1 借鉴国际规则，逐步拓展准入前国民待遇的投资定义

从负面清单(2013年版)的"窄口径"投资定义，到《美国2012年BIT范本》的"宽口径"投资定义，中间仍有多个选项，可以设定多个阶段。例如，第一步将准入前国民待遇先从"设立"拓展到"设立、获取和扩大"，通过研究，可制定出一些跨部门和针对特定部门的不符措施，规制外资兼并收购和拓展经营，如加拿大等国的措施。第二步根据中国国情，将投资形式从投资企业和项目向其他投资形式拓展，可以选择拓展一部分，也可以拓展到全部投资形式。

16.3.2 逐步明确中国外资准入的敏感性行业

国际上负面清单采用"保留行业＋不符措施"的形式，重点在保留行业上，首先要指出外资限制或禁止行业，然后给出不符措施。美国选择渔业、采矿、原子能生产、银行业、航空运输、海运、通信、电信等近10个中类行业作为主要保留行业。德国、英国、法国、日本、意大利、俄罗斯等国家，对外商投资大体设定六到十个或十几个主要保留行业。

从长远来看，中国也需要逐步明确外商投资的敏感性行业。借鉴国际经验，中国可以选择农业；采矿、石油和天然气，原子能生产，银行业，航空运输，海运，通信，电信等行业，以及涉及民生(国家关键设施)、民族文化的行业，作为敏感性行业。凡是关于敏感性行业，中国对外商限制或禁止措施长期保持不变。操作上将现有负面清单保留行业分为A类和B类。A类是敏感性行业，政策总体保持不变，行业口径一般定在中类行业。B类是指停顿保留条款(stand-still reservations)，随时间的推移逐步开放外资限制。

16.3.3　提高外资开放度，扩大服务业对外开放

中共十八届三中全会通过的《决定》指出："放宽投资准入。统一内外资法律法规，保持外资政策稳定、透明、可预期。推进金融、教育、文化、医疗等服务业领域有序开放，放开育幼养老、建筑设计、会计审计、商贸物流、电子商务等服务业领域外资准入限制，进一步放开一般制造业。"

负面清单（2014 年版）可以进一步放开一般制造业。另外，在颁布负面清单（2014 年版）的同时，颁布《中国（上海）自由贸易试验区服务业进一步扩大开放措施（正面清单）》，开放育幼养老、建筑设计、会计审计、商贸物流、电子商务等服务业领域。服务业开放采用正面清单形式，可以实施"核准制"，便于观察和审慎开放。

16.3.4　推动新兴产业开放，确保国家安全

新兴产业可以分为可以确指和不可确指两大类。可以确指的新兴产业，包括新能源、节能环保、电动汽车、新材料、新医药、生物育种和信息产业等中国政府大力发展的七大战略性新兴产业；不可确指的新兴产业是指未来出现的、尚未预知的新兴产业。外资准入负面清单的产业范围一般只能涉及可以确指的新兴产业。

发达国家技术基础好，新兴产业有优势，一般认为新兴产业天然是开放的。中国的《"十二五"国家战略性新兴产业发展规划》提出"引导外资投向战略性新兴产业，丰富外商投资方式，拓宽外资投资渠道，不断完善外商投资软环境"，对新兴产业总体上持开放态度。就美国企业而言，其主要关注中国农业、业务流程外包、民用航空、清洁能源和电动汽车、商业银行业务、电子支付服务、医疗服务、信息和通信技术、保险业、法律服务、石油能源和电力、房地产和零售业等领域的开放政策和措施。[①]限定某一时间周期，新兴行业是可以识别的。

与国际贸易相比，国际投资时间周期较长，对于新兴商业模式中国可以先观察，后制定相关政策。倘若某一新兴产业开放了，之后发现有碍国家安全或产业安

---

① 《中国投资环境的机遇与挑战》，中国美国商会，2013 年 10 月。

全,仍有三道防线:一是对内外资同时管制;二是调整政策,调整中国外资负面清单,或者调整 BIT 协议附件二;三是外资国家安全审核制。

对于跨行业的新兴产业,可采取串联形式,若其中某个行业属于外资限制或禁止类行业,则该跨行业的业务将受到限制或禁止,需要通过审核。

16.3.5 从负面清单(2013 年版)到全国负面清单的路径安排

倘若负面清单(2013 年版)到全国负面清单之间,存在负面清单(2014 年版)和负面清单(2015 年版)两个节点,负面清单(2014 年版)可否在扩大开放和拓宽口径两个方面均迈出一步。例如,初步形成敏感性行业的框架,缩短现有 190 条特别管理措施的数量,并将外资准入前国民待遇的设立阶段拓展到设立、获取和扩大阶段,可能还不完全,但已经有所进步。然后,经过负面清单(2015 年版)的过渡,形成一个适合中国国情和国际投资通行规则的全国版负面清单,同时由上海自贸试验区实践完善的外资管理模式,将在全国得到推广和应用。

16.3.6 负面清单的产业分类选择

国际上负面清单产业分类的选择有三项原则。第一,不符措施内涵与产业分类法要匹配,凡涉及服务模式的,一般采用国际 CPC 分类法;凡涉及行业的,一般采用国民经济行业分类法。第二,应用国民经济产业分类法,一般选用东道国的标准。第三,国民经济行业分类和 CPC 分类可以交叉使用。例如,在北美自由贸易协定中,美、加、墨三国负面清单的产业分类分别采用东道国的标准,而三国的跨境服务采用国际 CPC 分类法。

负面清单(2013 年版)是中国主动开放的政策文件,其采用中国国民经济行业分类法是恰当的,也是符合国际惯例的。

16.3.7 完善外资管理的政策体系和管理制度

美国的外资安全审查制度,在外资准入层面是全面放开的,由企业自己决定是否要进行安全审查,申请审查通过的企业则会被列入"安全港",即不会再对其进行相关方面的审核。如果企业自己决定不进行安全审查,则相关部门可能被出于各方面的考虑而随时对其进行的审查。中国有必要成立"外国投资委员会",从更高层面审视外资对国家安全的影响。对外商投资的管理和服务由商务部负责。

与此同时,要逐步梳理相关外资政策体系,包括外资优惠政策、政府救济和补贴、外资税收政策、政府采购、地方财政特殊支持等,以及特殊经济区域(如经济特区)的外资政策等。

第 17 章
编制外资准入负面清单不能"遍地开花"*

17.1　编制外资准入负面清单的"遍地开花"问题

党的十八届三中全会通过的《决定》指出:"探索对外商投资实行准入前国民待遇加负面清单的管理模式。实行统一的市场准入制度,在制定负面清单基础上,各类市场主体可依法平等进入清单之外领域。"

外商准入负面清单(或称特别管理措施列表)是一种"非列入即开放"的模式,对于没有被列入负面清单的行业或模式,外商投资准入享受国民待遇,即与内资企业相同的待遇。

经全国人大授权,在国务院的统一部署下,在商务部、国家发展改革委等部委的指导下,2013 年 9 月上海市政府颁布了负面清单(2013 年版),2014 年 7 月颁布了负面清单(2014 年版)。新版负面清单体现了进一步提高开放度、增加透明度、与国际通行规则相衔接等原则,外资准入特别管理措施从 190 条调整为 139 条,调整率达 26.8%;取消外资准入禁止类措施 14 条,放宽限制 19 条,进一步开放的比率达 17.4%。上海自贸试验区正在稳步推进各项改革。

全国各地对外资管理体制改革的积极性很高,不少地方政府也在研究编制地方版"外资准入负面清单",部分地区已经对外公布。

---

* 本章主要内容刊登在《成果要报》,全国哲学社会科学规划办公室,2014 年 8 月。

2014 年 7 月中旬,成都高新区正式发布《外商投资准入负面清单(试行)》(2014 年版),含特别管理措施 69 条,其中 50 条限制投资措施、19 条禁止投资措施。特别管理措施主要集中在生物、生产性服务业等行业。如对氯霉素等药物的生产限制投资,对银行、保险公司、证券公司、法律咨询、资信调查与评级服务公司等限制投资,对社会调查机构禁止投资;而对电子核心技术、生物医学工程、先进环保等领域,则暂无特别管理措施。

2014 年 6 月初,福建平潭综合实验区发布《外商投资准入简化审批目录》(2014 年版),采用"非列入即开放"的模式。该目录出现"台湾"字样 17 次、"香港、澳门"10 次,它们都位于"特别管理措施"中的例外项。例如,"除台湾服务提供者外限制投资银行、财务公司、信托公司、货币经纪公司(必须符合金融业的监管规定)"。这意味着在 17 个细分领域中,台资企业可以不受限制。

17.2　地方政府热衷编制外资准入负面清单的原因和潜在负面效应

地方政府热衷编制外资准入负面清单,主要有三个原因:一是发展地方经济,根据自身产业特色,制定比全国政策更宽松的标准,以便更好地吸引外资,从而拉动地方经济增长;二是地区经济的差异性,各地区在地理条件、资源禀赋、经济水平和产业结构等方面存在差异,希望有个性化的政策;三是中国外商投资法律体系不完善,尚缺乏统一的准则。然而,倘若中国出现多种地方版"外资准入负面清单",可能会产生很大负面效应和危害性。

第一,影响国家统一的管理体制。OECD 有 34 个成员方,该组织下设的投资委员会提供了 46 个国家的外资准入负面清单和政策[①],含美国、英国、法国、意大利、日本、韩国、加拿大、澳大利亚、巴西、新西兰等国家。从总体来看,凡是联邦制

[①]　OECD, "National Treatment for Foreign-Controlled Enterprises Including Adhering Country Exceptions to National Treatment 2013", http://www.oecd.org/daf/investment/instruments.

国家,如美国、澳大利亚、加拿大等,均各自有全国版和地方版的外资准入负面清单及具体政策;凡是非联邦制的国家,大都采用全国统一的外商准入政策。

中国基于自身情况,同时参照国际惯例,在编制外资准入负面清单时应从国家层面展开。因为编制外资准入负面清单不仅是产业问题或者经济问题,还涉及国际政治、外交、国家安全等问题。倘若中国存在多种地方版"外资准入负面清单",经济政策将难以统一。

第二,弱化外资准入负面清单的法理基础。国际上已经形成编制外资准入负面清单的科学规范方法,其核心是法理基础。外资准入不符措施的法理基础主要有两个方面:一是东道国的涉外法律体系,从国家长治久安的角度出发,需要禁止或限制外资的领域;二是国际惯例和共识。例如,东道国可以从保护人类生命健康、保护资源、环境保护、国家安全等角度出发,对外商投资进行禁止或限制。若有多种地方版负面清单,自然对应着多种版本的法理基础,然而,中国涉外法律应该是统一的。另外,为了保持政策稳定性,在颁布外资准入负面清单的同时,还要承诺若干年保持不变,而多种地方版"外资准入负面清单"的存在将使其难以实现。

第三,对国家之间投资保护协定谈判造成负面影响。若出现多种地方版"外资准入负面清单",对于外商企业是有利的,因为其可以有更多的选择;然而,这对于中国进行国家之间的投资保护协定谈判是不利的,因为这既减少了中国投资谈判的筹码,又削弱了国家政府部门的权威性。这不仅会影响中国在国际谈判中的地位,以及吸引外资的数量和质量,也将影响中国企业"走出去"。

综上所述,可以得出的基本结论是:中国外资管理体制改革应该保持统一的管理架构。中国应该只有一张全国版"外资准入负面清单",当然在内容设计上,应该考虑到各地区的差异性。

17.3　相应采取的措施和对策

第一,加快上海自贸试验区负面清单向全国版负面清单的转化。上海自贸试验区是国家的"试验田",试验区负面清单就是全国版的雏形。要拓展试验区负面清单的应用空间范围,获取改革试点更多的样本数据和经验,从而进一步完善和提高自身,最终在全国推广。

第二,以法律形式明确中国外资准入的敏感性行业。从保护国民生命健康、保护资源、保护环境、文化传承、国家安全等角度出发,中国应该明确对外资禁止或限制的敏感性行业(或称为战略性产业),并以法律的形式加以明确。在国际上,这类法律有两种类型,一是通过多部部门法或专题法明确某部门或特定领域禁止或限制外资准入的要求,如美国;二是制定一部法律,对禁止或限制外资准入的条款进行总体性阐述,如俄罗斯。得到法律支撑的外资准入政策体系,更具有稳定性和透明度,符合国际惯例,也有利于外商企业的战略选择。

负面清单(2014 年版)对中国外资准入敏感性行业已有初步界定,"将农业、采矿业、金融服务、电信服务、航空服务、基础设施等涉及资源、民生和国家安全的领域和中药、茶叶、黄酒、手工艺品等中国传统产业领域的管理措施予以保留"。有关这一点,需要进一步研究和确认。

第三,进一步完善外资管理的政策体系和管理制度。在国际上,外资管理政策体系的主要内容有:准入制度、企业监管制度、土地政策、行业或地区鼓励政策、税收优惠政策、特殊区域政策、反垄断和国家安全审查制度等。中国需要全面梳理外资管理配套政策体系,使得外商企业有更清晰的全景图。

目前,中国外资国家安全审查制度主要针对外资并购,组织架构为部委联席会议,与经济发达国家的审查制度相比,其口径相对较窄、层级较低。中国外商投资准入分为设立企业和投资项目两种类型,分别由商务部和国家发展改革委负责。在外资准入管理中,也需要考虑地区经济差异等因素,以便更好地发挥中西部地区优势产业的作用,以及对港澳台地区的特定安排。

第四,积极推进改革试点,及时评估和总结经验。自 2013 年 9 月上海自贸试验区挂牌以来,外资管理体制改革已经近 10 年了。试点内容有:负面清单(2013 年版)和负面清单(2014 年版)、内外资一致的市场准入制度、商事登记改革、探索政府事中事后管理模式、构建社会信用体系、吸引总部经济和高质量外资企业、构建企业境外投资服务体系等。就外资管理领域的各项改革试点,需要及时评估、总结经验、寻找不足,从而不断完善和提高自身。

第18章
提高自贸试验区投资领域改革事项的系统协调性

18.1 投资领域改革存在的不配套、不协调情况

18.1.1 服务业扩大开放"大门开、小门关"情况

上海自贸试验区率先试行外资负面清单管理和服务业扩大开放政策。2013年9月,国务院颁布《总体方案》,含第一批服务业扩大开放措施(金融、航运、商贸、专业服务、文化、社会服务等6大领域、18个行业、23条措施),第二批扩大开放措施(共31条措施,含服务业开放11条)。这些措施对于中国构建开放型经济,促进国际投资、服务贸易和产业结构升级,具有重大意义。

在实践中,服务业扩大开放存在外资准入"大门开、小门关"情况。所谓"大门开"是指国家推行新的开放政策,"小门关"是指行业规定、许可审批、配套措施等依旧维持不变,仍处于关闭状态,外资进入存在种种障碍。

本章研究课题组曾进行过一项调查研究,发现与服务业扩大开放34条措施相关的有60多个行业制度,如"医疗机构管理条例""医疗机构管理条例实施细则""旅行社条例""建筑工程勘察设计管理条例"等。不同行业设置了各自的市场准入门槛。另外,还有各种类型的许可审批和行政审批,如资质要求、业绩要求、持续经营年限要求等。具体涉及行业有电信、教育、旅游、文化、卫生医疗、建筑设计、人才中介、金融管理、外资管理等,各个行业情况均不相同。这些规定和审批事项,有些是合理必要的,有些需要调整,有些需要取消,有些事权在地方政府手中,有些事权

在国家部委或相关监管机构那里。

18.1.2　"证照分离"试点的外资许可审批

2015 年 12 月,上海开展"证照分离"改革试点。"证照"分别指"企业营业执照"与"许可证",该项改革属于商事制度改革的第三阶段。前两个阶段的改革分别是"企业注册资本实缴改认缴,降低企业准入门槛"和"先照后证,商事主体和经营主体分离"。改革激发了市场活力,使得企业登记注册数量快速上升。

"证照分离"改革在于解决市场主体办证难问题,进一步清理和取消一批行政许可事项,部分许可事项由审批改为备案,或者实行告知承诺制,但对于涉及公共利益、公共安全的领域,则会进一步加强监管。改革试点在上海浦东新区(涵盖上海自贸试验区)展开,为期 3 年。

"证照分离"试点方案含 116 项行政许可事项,其中涉及外资和港澳台投资的分别有 5 项和 3 项。例如,"外商投资旅行社业务经营许可""设立外商投资电影院许可""中外合资经营、中外合作经营演出经纪机构设立审批""中外合作职业技能培训机构设立审批",等等。再如,"港、澳投资者在内地投资设立合资、合作、独资经营的演出经纪机构审批""港、澳投资者在内地投资设立互联网上网服务营业场所审批",等等。

目前,对外资专项许可审批的理解尚存在难点。由于上海自贸试验区已经实行外资负面清单管理,倘若上述外资审批事项属于外商投资负面清单规定的限制外资类,是外资企业工商登记之前的前置性审批事项,那么从道理上说就不能"证照分离";倘若是外资企业工商登记之后的外资专项许可审批,又不符合外商投资负面清单之外外商投资享受国民待遇的原则。

当然,"证照分离"改革的价值,在于提出了简政放权、放管结合、优化服务的行政许可改革模式,特别是"告知承诺",加强了政府与企业之间的双向沟通,为企业提供了实实在在的便利。同时,这项改革对于建立全国统一的市场准入负面清单制度意义重大。目前,"证照分离"试点方案只是初步方案,其具体内容可以进一步完善。

18.2 提高改革政策措施的系统性和协调性

制度性改革必须依靠系统集成,在投资领域系统性和协调性尤为重要。主要原因有:一是投资领域涵盖面广,涉及行业众多,如金融、文化、教育、商贸、专业服务、社会服务等,政府管理部门多;二是改革内容新,如外资负面清单管理、国民待遇、国际通行规则体系、符合中国国情的投资体制改革等,对新理念的认识和实践有待进一步深化;三是立新和破旧之间的系统调整,这将牵涉大量的工作,如果不能逐一落实,有可能半途而废。

提高政策措施的系统性和协调性,主要方面有:一是法理基础和内在逻辑,扩大开放和负面清单管理是这一轮投资领域改革的主线,应深入理解负面清单管理理念和国际规则体系;二是政府相关部门行为的一致性,各部门要各司其职、改革协同、大胆创新;三是改革推进的连贯性,应建立清晰的改革蓝图和路径图,让企业家明白整个过程,并转化为企业行为。

反之,如果政策措施缺乏系统性和协调性,也会有负面效应,这将降低政府改革措施的公信力,降低政策透明度和可预期性,不利于激发市场活力,与建设法治化、国际化、便利化的营商环境不符。

18.3 相应采取的措施和对策

第一,以全国统一的市场准入负面清单制度为框架,统领相关改革。市场准入负面清单制度是指国务院以清单方式明确列出在中国境内禁止和限制投资经营的行业、领域、业务等,各级政府依法采取相应管理措施的一系列制度安排。对于市场准入负面清单以外的行业、领域、业务等,各类市场主体皆可依法平等进入。改革时间表是:2015 年 12 月 1 日至 2017 年 12 月 31 日在部分地区试行,自 2018 年起在全国正式实行。

本章研究课题组设想，市场准入制度可设计为"两道门槛"。"第一道门槛"是外商投资准入，政策是外资准入负面清单和配套文件，进入这一道门后，从理论上说外资可以享受国民待遇，同时加强政府事中事后监管和国家安全审查制度；"第二道门槛"是内外资一致的市场准入制度。目前，"第一道门槛"的制度设计已经初步形成，在沪粤津闽自贸试验区贯彻实施，"第二道门槛"的制度设计尚未完全成形。

本章研究课题组建议，深化完善"证照分离"试点方案，梳理和形成内外资统一的市场准入制度试点方案，可以在上海自贸试验区试行，形成经验后向全国推广。

第二，在上海自贸试验区进一步扩大开放，特别是服务业扩大开放。按中国国民经济产业分类 20 个部门，服务业涵盖 15 个部门。按 WTO 的服务贸易分类标准，服务业有 160 个部门，有商业存在、跨境服务、跨境消费等类型，形成（160×3＝480）矩阵框架。服务业开放内容是很丰富的。

例如，金融业扩大开放，全面推动银行、证券和保险业对外开放；放宽外资进入金融服务业的投资限制，逐步扩大外资持股比例；支持符合条件的民营资本在自贸试验区内设立自担风险的金融机构；建立金融领域的负面清单管理制度。又如，专业服务业扩大开放，在知识产权、国际仲裁、高端专业服务业开展广泛国际合作。再如，在跨境电子商务和跨境服务贸易等领域，借鉴国际投资新规则，开展新的试点。

第三，解决扩大开放政策下的深层次难点问题。例如，允许设立外商独资或合资建立医疗机构，这一方案面对的问题有：医生资质按国际标准、投资方母国标准，还是中国标准？外资医疗机构看病、医疗检查、医疗手术如何定价？医保系统能否支付患者看病费用？又如，在教育领域"是否以中国公民为主要招生对象"是判别限制或禁止外商投资项目的主要标准，这一标准具有弹性，其面对的问题有：中外学生比例如何确定？外资教育机构是否有自主招生权？政府教育经费投入，是否对注册在本地的、具有外资背景的教育机构一视同仁？

另外，需要形成新的政府管理机制，如外资服务和事中事后监管、混业经营监管机制、境外投资服务促进系统、多部门共享的信息监测平台、外资进入和经营的动态分析系统。与此同时，要建立先行指标和产业预警系统，开展投资领域制度建设和立法。

第四,及时总结自贸试验区试点经验,提供可复制可推广的方案。不仅要总结自贸试验区有多少投资项目落地,有多少企业注册,更重要的是总结制度创新"压力测试"结果。其一,应该分领域总结改革经验,如文化、金融、专业服务、金融、商贸等领域。其二,提供问题导向解决方案。比如,在探究试点效果时,以如下问题为导向:试点过程中遇到了哪些实际问题,具体解决方案是什么,具体调整了哪些原有制度或政策? 又如,在研究外资政策与外资行为的关联性时,以如下问题为导向:允许外商独资,或者合资合作建设医疗机构后,外资行为究竟有哪些变化?

第19章
探索金融业市场准入负面清单的路径和对策

19.1 探索金融业市场准入负面清单的重大意义

2013年9月,上海自贸试验区开始试点外资准入负面清单管理,负面清单(2013年版)、负面清单(2014年版)和负面清单(2015年版)陆续被颁布。负面清单(2015年版)含外资准入限制类和禁止类措施共122条,涉及金融业的有14条,占总量的11.5%。其中,对外商投资证券和期货交易有2条禁止类措施;对外商投资银行业、期货公司、证券投资基金管理公司、保险机构设立等有12条限制类措施。

既然负面清单(2015年版)已经涵盖金融业,为何还要深入探索金融业市场准入负面清单制度呢? 主要原因有:

第一,负面清单(2015年版)是"窄口径"的。《美国2012年BIT范本》的投资定义是"宽口径"的,涵盖外国直接投资(实体投资)和外国间接投资(纯金融投资)。纯金融投资指证券投资和其他投资等。而负面清单(2015年版)是"窄口径"的,虽然其涉及外国直接投资,也涉及部分外国间接投资,但这一部分尚不完整。如何从"窄口径"向"宽口径"过渡,需要深入探索。

第二,接轨国际投资规则,为中国对外谈判提供实践依据。金融业开放是自由贸易或投资保护协定谈判的聚焦点。《美国2012年BIT范本》和TPP协定的金融服务条款有很多新内容。这些内容有很多我们还不熟悉,有许多我们还没有实践过,对于最佳模式和风险防范缺乏实践依据。因而,有必要在局部地区进行试点,进行压力测试,积累经验。

第三,探索以负面清单为核心的管理模式,促进金融业转型升级。负面清单(或称"不符措施列表")是一种"非列入即开放"的模式,对于没有被列入负面清单的行业或模式,即呈开放状态。采用负面清单思路,政府部门试点编制权力清单和责任清单,也取得了很好的效果。金融领域能否采用负面清单管理模式,如何形成开放、透明、可预期的营商环境,还需要深入探索。

上海自贸试验区是全面深化改革和构建开放型经济新体制的排头兵和先行者,上海正在集聚高质量金融机构、提升金融业竞争力和建设国际金融中心。对接国家需求,推进金融业负面清单管理,是上海市、上海自贸试验区的职责担当。

19.2 对改革任务框架、路径和主要措施的探讨

第一,金融业市场准入负面清单制度的工作框架。上海自贸试验区试点外资准入负面清单管理,形成了"三位一体"的工作框架,含编制外资准入负面清单、服务业扩大开放、建立一整套新的管理模式,实践证明这是有效的、成功的。探索金融业市场准入负面清单制度,应该包括编制"金融业市场准入负面清单"、金融业扩大开放、基于负面清单的金融监管制度和外汇管理制度、探索在大数据技术基础上的管理模式等。

第二,编制"金融业市场准入负面清单"。中国正在建立新的投资管理制度,以取代原先烦琐的、"重审批、轻监管"的管理制度。新制度按市场准入前、市场准入后两个阶段设计。在市场准入前阶段,外国投资者市场准入要经历"两道门槛",即外资准入负面清单和市场准入负面清单;本国投资者市场准入只需要经历"一道门槛",即市场准入负面清单。在市场准入后阶段,建立政府事中事后监管模式,通过"放、管、服"和"证照分离"改革,进一步完善后置许可审批制度。

金融业是国民经济行业门类之一,编制"金融业市场准入负面清单",应该在新制度框架内展开。具体有两个选项:其一,上海自贸试验区编制试行版"金融业外资准

入负面清单"和"金融业市场准入负面清单",这样做的政策探索空间大,但与负面清单(2015 年版)有些冲突;其二,在负面清单(2015 年版)的基础上,试行金融业扩大开放措施和"金融业市场准入负面清单",这样政策衔接顺畅些。

第三,"金融业市场准入负面清单"和扩大开放的法理基础。主要依据有:中共中央、国务院有关开放型经济的文件,金融业法律法规,CEPA,以及"金改 40 条"等。

负面清单(2015 年版)已经试行。国家发展改革委发布的《市场准入负面清单草案(试点版)》①,共有 328 项措施,其中禁止准入类 96 项、限制准入类 232 项。在这些措施中,涉及金融业的共 19 项,占总数的 5.8%;金融业禁止准入类 2 项,分别为禁止商业银行从事非法定业务、禁止非法定个人和组织从事保险业务;限制准入类 17 项。另外,CEPA 协议对港资设立合资证券公司和合资基金管理公司的持股比例已突破。在此基础上,编制上海自贸试验区版"金融业市场准入负面清单"和推出扩大开放措施是可行的。

第四,借鉴国际投资规则,聚焦金融领域难点问题。本章研究课题组梳理了《美国 2012 年 BIT 范本》和 TPP 协定的金融服务条款。这两者的金融条款所聚焦的金融领域难点问题有六个:(1)金融服务定义,中国金融业分类与国际规则体系还存在不一致的地方,即是否包括电子支付服务提供者;(2)金融业外资准入负面清单和金融审慎例外,有"宽口径"和"窄口径"的差异,以及如何运用金融审慎例外措施;(3)对跨境金融服务和新金融服务的认识,具体对新金融组织、法律形式和外资准入政策的认识;(4)自律监管组织,金融业国际化后的自律监管;(5)透明度;(6)投资争端解决机制,包括政府之间的争端解决机制、投资者与政府的争端解决机制。具体问题见表 19.1。

第五,金融业负面清单管理的风险防范。金融业市场准入有实体投资(设立机构)和纯金融投资(证券投资等)两部分。从理论上说,实体投资政策变化与产业竞争状态相关联,相对风险较小、较缓;而纯金融投资政策变化涉及个体和群体投资行为,相对风险较大、较急。因而,在政策设计中,要开展事先风险测度和事中事后风险防范。

---

① 国家发展改革委、商务部《关于印发市场准入负面清单草案(试点版)的通知》(发改经体〔2016〕442 号),2016 年 3 月 2 日。

表 19.1 BIT/TPP 的金融服务条款及其聚焦的难点问题

序号	类 别	BIT/TPP 的金融服务条款内容	难点问题
1	金融服务定义	金融服务。"保险类＋非保险类（银行和其他金融服务）"，具有金融性质的相关和辅助服务	与中国金融业分类有不一致之处
		金融机构。获准从事经营的金融机构，受到管理或监督的金融中介或其他企业	是否包括电子支付服务提供者
2	金融业外资准入负面清单	国民待遇、最惠国待遇、业绩要求、高级管理人员和董事会组成。不能配额限制（TPP）	中国开放政策，法理基础，投资限制规范
	金融审慎例外	有关"保护根本安全利益"的例外措施，可排除协议中任何条款强调的缔约方履行义务	中国金融审慎例外措施内容和透明度
3	跨境金融服务	分两类：保险类、非保险类（银行和其他金融服务）	跨境金融服务的政策
	新金融服务	新金融服务的组织和法律形式，审核要求	新金融服务的政策
4	自律监管组织	含自律组织成员要求，自律组织要求，并应符合国民待遇和最惠国待遇义务	如何建立国际化的金融自律监管组织
5	透明度	金融监管透明度，法规最终公布日与生效日期之间的合理期限，沟通机制等	如何提高透明度
6	投资争议解决	政府之间投资争端，投资者与国家之间争端。解决机制：仲裁庭、仲裁程序、裁决等	如何建立中国金融业投资争端解决机制

注：笔者根据《美国 2012 年 BIT 范本》和 TPP 协定的相关内容整理形成。

第六，改革的预期成效。上海自贸试验区率先试点外资准入前国民待遇加负面清单管理。事实表明，最大改革成效在于建立了一整套以负面清单为中心的管理模式，包括外商投资备案管理、境外投资备案管理、商事登记制度改革、服务业扩大开放等。本章研究课题组认为，探索金融业市场准入负面清单制度，预期改革成效的重点要落在管理模式和制度建设上。要通过试点，率先建立起开放型环境下的以负面清单为核心的新管理模式和制度。譬如说,探索建立开放环境下的金融业投资争端解决机制,包括国家之间的投资争端解决及投资者与国家之间的投资争端解决,加快培养一批高质量的仲裁员和首席仲裁员。

第 20 章
加快推进和全面实施"证照分离"改革试点

20.1 各地"证照分离"改革试点的态势

开展"证照分离"改革试点是党中央、国务院的决策部署。[①]通过改革试点,主要解决市场主体办证难的问题,提高办理行政许可事项的透明度和可预期性,释放企业创新创业活力,营造法治化、国际化、便利化的营商环境,为全国进一步推进行政管理体制改革积累可复制推广的经验。

2015 年 12 月,国务院发布《上海市开展"证照分离"改革试点总体方案》,首轮选择审批频次较高的 116 项行政许可事项,在上海市浦东新区开展试点,试点期为自批复之日起 3 年。随后,广东自贸试验区南沙、前海和横琴片区,福建自贸试验区福州片区等,也开展了该项试点。2017 年 1 月,广东省政府发布了《推进"证照分离"改革总体方案》,按照积极稳妥、于法有据的原则,通过开展试点、扩大试点、全面推广三个阶段推进该方案,并在全省范围内复制推广。[②]

各地"证照分离"改革目标是一致的,但试点方案存在差异:一是法理依据不同,上海方案的依据是国务院调整了 11 部行政法规,而广东、福建自贸试验区方案

---

① 《关于上海市开展"证照分离"改革试点总体方案的批复》(国函〔2015〕222 号),2015 年 12 月 22 日。

② 《关于印发广东省推进"证照分离"改革总体方案的通知》(粤府办〔2017〕9 号),2017 年 1 月 26 日。

的依据是省、市下放的行政许可审批事项;二是涵盖行政许可审批事项不同,上海方案涵盖 116 项,广东南沙片区试点涵盖 132 项,广东前海片区试点涵盖 131 项,福建福州片区试点涵盖 170 项,广东省政府方案涵盖 18 个行业 383 项;三是改革分类方法不同,上海方案按"完全取消审批""审批改为备案""告知承诺""提高透明度和可预期性""强化准入监管"五种类型改革试点,在上海方案的基础上,广东方案取消了"提高透明度和可预期性"类型,福建方案则增加了"合并核准"的六种类型;四是配套综合监管措施不同,上海方案给出了协同监管、分类监管、自律监管、社会监督和动态监管等措施,广东方案强调建立健全事中事后监管体系,如落实"多证合一、一照一码"登记模式、"互联网＋商事登记"服务模式、"双告知",以及"双随机、一公开"模式,并建立和完善信用约束机制。

　　实践表明,"证照分离"改革试点总体效果是好的,得到了企业的普遍好评,各地改革成效也能够互相验证。该项改革有效降低了制度性交易成本,有利于激发市场主体活力,有利于加快政府职能转变,有利于营造法治化、国际化、便利化的营商环境,提高中国的国际竞争力。

20.2　"证照分离"改革试点的存在问题

　　第一,试点方案内容涵盖面小、编制不够规范。试点方案仅涵盖行政许可审批事项的一部分,力度不够大。上海方案首轮包含 116 项行政许可审批事项,仅占总量的 20％—25％。中国各级政府、不同行业的行政许可审批事项的总量究竟有多少,目前仍然是一个谜。尚未被列入改革试点的行政许可审批事项,有很大一部分属于国家部委层级,这是下一步改革推进的重点。倘若缺乏国家层面的授权,改革方案将难以实施。广东自贸试验区南沙片区首轮选择 132 项行政审批事项试点,实际仅有 60 项实际落地(省、市下放给南沙片区的审批权),其他事项则难以落地。

　　现有方案设计过于简单、不够规范,没有按国民经济行业门类分类,缺乏法理依据说明,缺乏行政审批机构层级说明,等等。另外,没有合理区分市场准入前置审批与后置审批,没有合理区分外资和内资不同情况,等等。在实施过程中,企业难以对号入座,没有完全达到"提高透明度和可预期"的效果。

第二,改革系统集成不够,存在某些政策冲突。与"证照分离"相关的改革有:投资管理制度、商事登记制度、事中事后监管、监管信息平台、行政权力清单和责任清单等,需要理顺内在逻辑关系,实现系统集成。不同政策文件之间应该互相衔接。上海方案的 116 项行政许可事项,涉及外资和港澳台投资分别有 5 项和 3 项,属于外资准入前置审批,与外资准入负面清单(2015 年版)的部分内容重叠。例如,"设立外商投资电影院许可""中外合资经营、中外合作经营演出经纪机构设立审批""中外合作职业技能培训机构设立审批"等。

第三,推进速度尚显迟缓,试点地区范围较小。与企业所期盼的相比,推进速度尚显迟缓。"证照分离"改革试点预定试点期限为 3 年,计划到 2018 年底,目前时间已经过半。试点地区范围有限,即便在全国自贸试验区范围内也没有全面开展试点。由于全国各地产业结构不同,各地方对行政许可审批事项改革的效应也不同,当试点范围较小时,就难以起到"压力测试"的效果。

当前,全球治理格局正在发生深刻变革,如何提高本国管辖区域内企业的竞争力,是各国政府都高度关注的话题。许多国家都在积极出台政策以优化营商环境,包括简化市场准入政策、酝酿出台减税措施、提升和完善营商环境,这是一场全球范围的竞争。在此背景下,中国加快推进和全面推进"证照分离"等改革显得尤为必要和紧迫。加快推进"证照分离"改革试点,涉及行政许可审批事项和审批方式,需要政府部门有自我革命的勇气和决心。

20.3 相关对策和建议

第一,全面梳理"商事登记审批事项目录"。对接国际通行投资规则,按市场准入前、准入后两个阶段,相关行政许可审批事项可分为前置、后置两种类型。前置审批事项的改革方向是,把单独分散的行政审批事项加以合并,将一部分前置事项转为后置事项,强化重要的审批事项,等等。前置审批事项应与"外资准入负面清单""市场准入负面清单(国民待遇)"等政策文件互相衔接。针对外国投资者、本国投资者等不同市场主体,按市场准入前、准入后等不同阶段,可形成较为清晰的政策框架。

"商事登记审批事项目录"应该包含的要素有:国民经济行业分类、事项名称、审批证件名称、层级、审批部门、设定依据等。应尽可能编制形成一个完整版目录,这有助于提高透明度和可预期性,也有助于防止今后可能的行政许可审批事项的回潮。

第二,应有全国版"证照分离"改革方案。可通过整合各地的"证照分离"方案,形成一个相对统一的版本,用于"证照分离"新一轮改革试点。凡涉及中央和国家部委事权的行政许可审批事项,以及相关的改革方案,应该全国各地保持一致。各地由于自身自然禀赋和产业结构不同,可以形成或保留一些适合地方经济的行政许可审批事项。

第三,扩大试点范围,加快全面推进。为了提高"证照分离"改革试点的外部效度,有必要扩大试点范围。建议在上海市、广东省和全国 11 个自贸试验区先期全面实施"证照分离"改革,为全国积累新经验、探索新途径。自贸试验区是中国全面深化改革和扩大开放的"试验田","1+3+7"个自贸试验区总面积约 1 300 平方公里,在产业、地域分布上较广泛,是很好的试验样本。

第四,处理好相关改革领域的衔接关系,推进系统集成创新。推进"证照分离"改革,应处理好与投资管理体制、商事登记制度、事中事后监管、政府权力清单和责任清单等之间的关系。按"谁审批,谁负责;谁主管,谁监管"的原则,由履行相应监管职责的部门制定加强事中事后监管措施,明确监管内容、监管标准、监管手段。行政许可审批事项改革应该与相应监管措施同步进行。

第五,根据改革进程,及时调整和修订相关法律法规。改革试点涉及的法律和行政法规,应依法提请全国人大、省级人大、中央和地方政府授权或修订。通过改革试点,及时总结经验,不断夯实改革的法治基础。对实践证明行之有效的改革创新成果及时立法,以法律法规形式加以固化。

第 21 章
进一步放宽服务业市场准入和
自贸试验区率先实施[*]

    习近平总书记在党的十九大报告中指出,"贯彻新发展理念,建设现代化经济体系""全面实施市场准入负面清单制度,清理废除妨碍统一市场和公平竞争的各种规定和做法""加快要素价格市场化改革,放宽服务业准入限制,完善市场监管体制"。

    市场准入负面清单制度是指以清单方式列出在本国境内禁止和限制投资的行业和业务等,政府部门依法管理的制度安排。中国市场准入清单有两种形式,即外资准入负面清单与市场准入负面清单,前者适用于境外投资者,后者适用于境内外投资者,是国民待遇的准入清单。

    围绕如何完善市场准入制度,本章将进行如下研究:(1)市场准入负面清单的文本分析;(2)"浦东新区市场透明度和便利度"问卷调查;(3)市场准入透明度和便利化的国际借鉴。

21.1 市场准入负面清单的文本分析

    本章研究课题组分析了国家发展改革委《市场准入负面清单(试点版)》(简称

---

   * 本章主要内容是 2017 年度上海市政府决策咨询研究(浦东新区/自贸试验区)专项课题"探索完善市场准入负面清单制度的研究"的成果。

"2016 年试点版")①，以及相关政策文件的内在逻辑，主要结果包括五个方面。

第一，"2016 年试点版"含许可审批事项 856 个，数量很大。"2016 年试点版"有 328 项措施，含禁止措施 96 项、限制措施 232 项。由于单项措施下设若干个事项，实际存在 754 个禁止事项和 856 个限制事项。凡禁止类措施，任何行政部门不能审批准入，856 个限制事项可转化为许可审批事项，加上"兜底条款"，实际审批事项超过 856 个。2013 年至今，中国外资负面清单大幅度缩减，但国民待遇的市场准入禁止和限制施减缩减不多。

例如，"教育"仅 1 项限制措施，含 16 个事项，包括"本科以上学历教育的中外合作办学机构和项目的设立、变更、重修许可""学位授予资格审批""自费出国留学中介服务机构资格认定""中外合作职业技能培训办学项目审批""开办外籍人员子女学校审判"，等等。

第二，服务业准入许可审批事项达 588 个，占总量的 2/3。按产业划分，包括服务业限制措施 151 项和许可审批事项 588 个。在服务业中，"交通运输、仓储和邮政业"有 17 条措施和 86 个事项，"金融业"有 17 条措施和 86 个事项，"文化、体育和娱乐业"有 18 条措施和 75 个事项，"批发与零售"有 15 条措施和 65 个事项，"水利、环境和公共设施管理"有 22 条措施和 65 个事项，等等。

第三，"行为准入"许可审批事项占比达 96%。按"主体准入"和"行为准入"划分，前者为工商登记前置审批事项，后者为后置审批事项。用"2016 年试点版"的 856 许可审批事项，减去工商登记前置许可审批 33 项，可得后置许可审批事项近 820 项，这是"证照分离"改革的基础。浦东新区新版"证照分离"改革方案，含许可审批事项 548 项，还很难做到全覆盖。

第四，浦东新区政府权限的许可审批事项占比约为 1/5。在全国版"2016 年试点版"的基础上，浦东新区发布了"2016 年试点版浦东新区区级行政审批事项目录"，其中包含限制措施 74 项和许可审批事项 157 个，占比达 19.2%。区级政府仅对"住宿与餐饮业""居民服务和其他服务业"等有较大权限。

第五，政策文件措施需要加强衔接。例如，根据自贸试验区外资准入负面清

---

① 国家发展改革委、商务部发布的《市场准入负面清单（试点版）》，所列事项截至 2015 年 12 月 31 日，2016 年 3 月发布。

单,允许"外资开办外籍人员子女学校",备案即可,而"2016年试点版"仍然有"10.开办外籍人员子女学校审批"要求。在《外商投资产业指导目录(2015年修订)》中,设立养老机构是鼓励类,并不属于负面清单领域,备案即可。但在"2016年试点版"中仍然有"33.养老机构设立许可"。若确实需要,是否对审批事项名称和内容加以细化。

21.2 "浦东新区市场透明度和便利度"问卷调查

2017年国庆前后,在浦东新区行政服务中心,本章研究课题组开展了问卷调查,获得企业有效问卷308份。调查结果有:

第一,企业对上海市、浦东新区市场准入和营商环境的评价良好。对浦东新区市场准入透明度和便利度的评价为81.2分(百分制),评价为合格以上的占98.7%。对浦东新区营商环境的评价为82分,评价为合格以上的占98.6%。对上海市营商环境的评价得分为81.8分,合格以上的占99%。

第二,企业特别赞赏"互联网+政务服务"的模式。企业和个人有关事项在网上申报和审批办理,这一做法提高了办事效率,企业表示完全赞同和基本赞同的合计占78.5%,表示不清楚的占11.7%,表示不赞同和很不赞同的仅占9.8%,对负面清单制度、办事效率提高、"互联网+政务服务"等评价很高。

第三,在市场准入方面尚存在一些问题。一是企业对市场准入基本政策的了解不够。例如,对市场准入限制和禁止措施的含义,企业表示"很不了解+不了解"的占45.8%;对外资准入负面清单制度,表示"很不了解+不了解"的占65%。二是企业获得行政审批信息的渠道不畅。三是企业对提高办事流程便利度的呼声仍然很高。

第四,企业建议的下一步改革方向。企业的需求依次排序为:改善办事流程(22.6%),增加网上办事事项(20.0%),提高办事员的效率(16.5%),合理减少限制类措施(15.6%),政府主动推送信息(12.8%),设立单一窗口、政府部门信息共享(11.2%),其他(0.9%)。

第五,进一步明确"告知承诺制"的责任界定。据国务院的"证照分离"改革方案,告知承诺是审批方式之一。据"谁审批,谁负责;谁分管,谁负责"的职责认定,相关政府部门要承担审批责任。然而,企业签字承诺后,要承担哪些责任,企业也不清楚。究竟是承诺如实提供信息,还是承诺行为后果责任? 是否将核准责任从政府转移到企业?

21.3　市场准入透明度和便利化的国际借鉴

本章研究课题组梳理了国外主要国家市场准入相关的制度、条例与管理方法,以及透明度相关内容。主要内容有三个方面。

第一,国外的市场准入负面清单主要针对外资,对内资的管理几乎没有采用负面清单形式。其对外资的市场准入体现出三方面的特征:一是服务性和协调性;二是管理权责的明确;三是较为完整的法律体系。从市场准入的管理内容和范围来看,行业内容的管理分类分为审批性、限制性和禁止性三类,大部分行业进入门槛较低,所限制的行业主要是具有战略性地位的行业。

第二,本章通过梳理美国 BIT、OECD 成员方等针对透明度机制的内容发现,多数国家针对企业信息纰漏采取了备案制度,基于事中事后的监管模式,上海自贸试验区应该吸收国外高标准的透明度机制设立标准,制定出一套适合中国经济发展,并且符合国际标准的透明度机制体系。一方面市场准入负面清单意味着给予市场主体更大的自由,只要不在负面清单上,市场主体都可以自由进入;另一方面,市场准入意味着政府不放弃对市场进行有效规制。

第三,为进一步加大中国市场准入负面清单的建设,在提升便利性和透明度方面需要做到:以市场需求为导向,逐步放宽市场准入的门槛;加强市场准入相关措施办理的互联网化,加强透明度管理;加强市场准入相关法治化建设;构建透明、公平、开放、依法的市场准入制度。

21.4　对策措施和政策建议

上海自贸试验区是全面深化改革的先行者。根据国家要求,应在"证照分离"、市场准入负面清单、"两随机、一公开"综合监管等重点方面取得更大突破,扛起新时代推动改革攻坚、推动创业创新的重任。

第一,进一步放宽市场准入限制,特别是服务业准入限制。中国外资负面清单措施大幅度缩减,但国民待遇的市场准入措施缩减不多,形成"不对称"问题。本章研究课题组建议,在"2016 年试点版"的基础上,是否可以削减 1/3 的行政许可审批事项。根据党的十九大报告——"放宽服务业准入限制,完善市场监管体制"和"扩大服务业对外开放",上海自贸试验区应该将放宽服务业准入限制作为下一步改革的重点之一。

第二,形成市场准入改革的正向循环。根据"2016 年试点版",相关事项可分解成"工商登记前置审批项目目录"和"行政审批许可事项目录"。通过"证照分离"改革试点,放宽和减少市场准入限制,改革成果可反馈到新版"市场准入负面清单"上,如负面清单(2018 年版)。

第三,全面深化"证照分离"改革。形成全覆盖的"证照分离"事项清单,将部分许可事项改为"取消""备案"和"告知承诺",应加大改革力度,改革进程还需加快。从长远来看,"告知承诺"是否可以归为备案这一大类,因为政府部门只是进行了形式性审批,企业承诺也难以承担法律意义的后果。如果是这样,将来市场准入管理可归为两大类,即"备案制＋核准制"。这样做的优点是:方法简明、与外资负面清单管理相一致、与国际通行做法大体相同。

第四,建设"许可审批单一窗口",完善审批流程,提高审批效率。如同上海自贸试验区建设"国际贸易单一窗口",贸易企业一次性输入数据,海关、检验检疫、海事、边检、税务、商务等近 20 个政府部门联合审核和快速响应;上海自贸试验区也可以建设"许可审批单一窗口",由企业输入相关数据,政府部门可以信息共享、行政审批和开展综合执法。同时,建立事中事后监管和现场监管综合措施。

　　第五,探索新型准入模式和新兴行业准入制度。中国市场准入主要针对"法人",法人是虚拟自然人,有些责任难以追究到底。可以借鉴国际上"法人＋自然人"的市场准入制度,有些市场准入落实到人,如金融行业针对自然人的准入制度,有很好的作用。另外,应与时俱进,对互联网、共享经济等新兴行业进行及时总结,以便完善市场准入制度。

　　第六,采用新媒体形式,发挥社会中介作用。近年来,政府部门采用多种方法,加强对企业的信息推送和信息沟通,但实际效果尚不理想。可能原因有:行政透明度不高、渠道欠优化(移动互联网、微信、新媒体)、方式不够吸引人(如图解形式)、沟通和信息推送不精准等。另外,可发挥专业机构和社会中介的作用,优化办事流程和提高办理效率。

　　第七,在市场准入改革的基础上,加强法制建设。加快"外国投资法"的立法,进一步完善相关行业的"部门法",进一步修改和完善相关行政规章,修改和完善相关行业规定。借鉴国际经验,许可审批应进一步提高行政透明度,包括政策内容的清晰简明、政策发布程序的规范、政府发布要预留时间窗口,以及行政复议制度等。

主要参考文献

Aaditya, M., 1997, "National Treatment in the GATS: Comer—Stone or Pandoras Box?", *Journal of World Trade*, 4:25—28.

Alexander, H. P., 2004, "Biting Back: Bilateral Investment Treaties and the Struggle to Define an Investment Regime for the Americas", *Policy and Society*, 23(3):91—112.

Alireza, F., 2008, "Regional Trade and Investment Agreements: Liberalizing Investment in a Preferential Climate", *Syracuse Journal of International Law and Commerce*, (36):43—84.

Boycko, M., Shleifer, A. and Vishny, R. W., 1996, "A Theory of Privatization", *The Economic Journal*, 106(435):309—319.

Buckley, P. J., Jeremy, C. and Chengqi Wang, 2007, "Is the Relationship between inward FDI and Spillover Effects Linear? An Empirical Examination of the Case of China", *Journal of International Business Studies*, 38(3):447—459.

Deng, P., 2009, "Why do Chinese Firms Tend to Acquire Strategic Assets in International Expansion?", *Journal of World Business*, 44(1):74—84.

Desbordes, R., Vicard, V., 2009, "Foreign Direct Investment and Bilateral Investment Treaties: An International Political Perspective", *Journal of Comparative Economics*, 37(3):372—386.

Devereux, M. B. and Charles, E., 2003, "Monetary Policy in the Open Economy Revisited: Price Setting and Exchange-rate Flexibility", *Review of Economic Studies*, 2003(70):765—783.

Dunning, J. H., 1980, "Toward an Eclectic Theory of International Production: Some Empirical Tests", *Journal of International Business Studies*, (1): 9—31.

Gentry, R. J. and Shen, W., 2013, "The Impacts of Performance Relative to Analyst Forecasts and Analyst Coverage on Firm R&D Intensity", *Strategic Management Journal*, 34(1):121—130.

Graham, E. M., Marchick, D. M., 2006, "US National Security And Foreign Direct Investment", *Peterson Inst for Intl Economics*, 33—73.

Hartge, C. H., 2013, "China's National Security Review: Motivations and the Implications for Investors", *Stanford Journal of International Law*, (1): 239—273.

Hartmann, P., 1998, "The Currency of Denomination of World Trade after European Monetary Union", *Journal of the Japanese and International Economics*, (12):424—454.

Jackson, J. K., 2014, "The Committee on Foreign Investment in the United States(CFIUS)", *Congressional Research Service*.

Keats, B. W. and Hitt, 1988, "A Causal Model of Linkages among Environmental Dimensions, Macro Organizational Characteristics, and Performance", *Academy of Management Journal*, 31(3):570—598.

Kolstad, I., Villanger, E., 2007, "Determinants of Foreign Direct in Investment in Services", *European Journal of Political Economy*, 24(2):518—533.

Lawan, T., 2010, "Investment Liberalization under FTAs and Some Legal Issues of International Law", *Korea University Law Review*, (8):22—30.

Nachum, L., 2000, "Economic Geography and the Location of TNCs: Financial and Professional Service FDI to the USA", *Journal of International Business Studies*, 31(3):367—385.

Nina Rohe, 2006, "Update: The Central American Free Trade Agreement—A Survey and Comparison to the Treaty of the European Community", *Law and Business Review of the Americas*, (12):73—80.

Rugman，A. M. and Verbeke，A.，2005，"Towards a Theory of Regional Multinationals：A Transaction Cost Economics Approach"，*Management International Review*，45(1)：5—17.

Shihata，I. F. I .，1994，"Recent Trends Relating to Entry of Foreign Direct Investment ICSID Review"，*Foreign Investment Law Journal*，(1)：47—70.

Thanadsillapakul，L.，2010，"Investment Liberalization under FTAs and Some Legal Issues of International Law"，*Korea University Law Review*，(8)：22—30.

Yokota，K. and Akinori，T.，2009，"A Decomposition of Factors Influencing Horizontal and Vertical FDI：A Separate Analysis"，*Eastern Economic Journal*，(3)：462—478.

Yothin，J.，2007，"Foreign Direct Investment and Macroeconomic Risk"，*Journal of Comparative Economics*，(35)：509—519.

车丕照：《"市场准入""市场准出"与贸易权利》，《清华大学学报》2004 年第 4 期。

陈安：《美国对海外投资的法律保护及典型案例分析》，鹭江出版社 1985 年版。

陈林、罗莉娅：《中国外资准入壁垒的政策效应研究——兼议上海自由贸易区改革的政策红利》，《经济研究》2014 年第 4 期。

方远平、毕斗斗：《国内外服务业分类探讨》，《国际经贸探索》2008 年第 1 期。

高宏伟：《政府补贴对大型国有企业研发的挤出效应研究》，《中国科技论坛》2011 年第 8 期。

高艳慧、万迪昉、蔡地：《政府研发补贴具有信号传递作用吗？——基于我国高技术产业面板数据的分析》，《科学学与科学技术管理》2012 年第 1 期。

葛顺奇、詹晓宁：《国际投资协定：准入和开业的控制模式与政策选择》，《国际经济合作》2002 年第 9 期。

耿强、胡睿昕：《企业获得政府补贴的影响因素分析——基于工业企业数据库的实证研究》，《审计与经济研究》2013 年第 6 期。

龚柏华：《"法无禁止即可为"的法理与上海自贸区"负面清单"模式》，《东方法学》2013 年第 6 期。

国家行政学院国际事务与中国外交研究中心：《欧盟海外利益及其保护》，《行政管理改革》2015 年第 3 期。

何帆、李婧：《美元国际化的路径、经验和教训》，《社会科学战线》2005 年第 10 期。

胡加祥：《国际投资准入前国民待遇法律问题探析——兼论上海自贸区负面清单》，《上海交通大学学报》（哲学社会科学版）2014 年第 1 期。

黄鹏、梅盛军：《上海自贸试验区负面清单制定与中美 BIT 谈判联动性研究》，《国际商务研究》2014 年第 5 期。

黄志瑾：《国际造法过程中的竞争中立规则——兼论中国的对策，国际商务研究》2013 年第 3 期。

李光辉：《加快自贸试验区建设，形成面向全球的自由贸易区网络》，载《2015 中国自由贸易试验区发展研究报告》，格致出版社 2015 年版。

林毅夫、李志赟：《政策性负担、道德风险与预算软约束》，《经济研究》2004 年第 2 期。

聂平香、戴丽华：《美国负面清单管理模式探析及对我国的借鉴》，《国际贸易》2014 年第 4 期。

裴长洪、郑文：《国家特定优势：国际投资理论的补充解释》，《经济研究》2011 年第 11 期。

彭俊明：《美国金融危机走向对中国的影响及中国的对策》，《今日中国论坛》2008 年第 11 期。

秦宣仁、施宏：《关于维护海外资产安全的思考》，《领导文萃》2012 年第 2 期。

邵敏、包群：《政府补贴与企业生产率——基于我国工业企业的经验分析》，《中国工业经济》2012 年第 7 期。

盛斌：《中国加入 WTO 服务贸易自由化的评估与分析》，《世界经济》2002 年第 8 期。

施宏：《构建中国海外资产安全防控与监管体系的思考》，《国际贸易问题》2011 年第 12 期。

孙黎：《中国企业海外投资壁垒与对策研究》，《经济视角》2013 年第 10 期。

孙南申、彭岳：《中美投资保护协定谈判中的“非排除措施”条款研究——以中国海外资产投资风险分析与安全保障为视角》,《国际商务研究》2011 年第 6 期。

孙南申:《中国海外投资的风险防范与安全管理的法律思考》,《时代法学》2011 年第 4 期。

孙玉芸、刘艳妹:《欧盟知识产权战略的实施及其对中国的影响》,《企业经济》2013 年第 11 期。

唐清泉、罗党论:《政府补贴动机及其效果的实证研究——来自中国上市公司的经验证据》,《金融研究》2007 年第 6 期。

唐宜红、姚曦:《竞争中立:国际市场新规则》,《国际贸易》2013 年第 3 期。

同生辉:《建立海外资产安全保障机制》,《中国金融》2011 年第 22 期。

王凤翔、陈柳钦:《地方政府为本地竞争性企业提供财政补贴的理性思考》,《经济研究参考》2006 年第 33 期。

王新奎:《中国(上海)自贸试验区改革的重点:对外商投资准入实施"负面清单"管理》,《上海对外经贸大学学报》2014 年第 1 期。

武芳:《韩国负面清单中的产业选择及对我国的启示》,《国际贸易》2014 年第 6 期。

武芳:《墨西哥负面清单设计特点及借鉴》,《国际经济合作》2014 年第 6 期。

徐芳、张梦迪:《欧盟体制下的外国投资国家安全审查制度探析——兼论对中国海外投资的影响评估及其应对》,《吉林工商学院学报》2015 年第 6 期。

徐松:《美日跨国公司对外直接投资比较》,《财贸研究》2003 年第 5 期。

杨波、魏馨:《中国企业海外并购的困境与对策》,《宏观经济研究》2013 年第 6 期。

杨长湧:《美国对外直接投资的历程、经验及对中国的启示》,《经济研究参考》2011 年第 22 期。

衣长军:《中国与美日对外直接投资战略动因国际比较》,《宏观经济研究》2010 年第 4 期。

余劲松:《中国发展过程中的外资准入阶段国民待遇问题》,《法学家》2004 年第 6 期。

喻平:《日本阶段发展经验与中国对外直接投资战略》,《武汉理工大学学报》(社会科学版)2011 年第 4 期。

袁勤俭:《国际标准产业分类体系的演化及其启示》,《统计与决策》2012 年第 24 期。

甄炳禧:《新形势下如何保护国家海外利益——西方国家保护海外利益的经验及对中国的启示》,《国际问题研究》2009 年第 6 月。

詹晓宁、葛顺奇:《最大化扩大透明度范围——WTO"多边投资框架"中的透明度规则》,《国际贸易》2003 年第 8 期 。

张炳雷、陈英中:《国有企业海外投资所面临的困境与对策》,《海南大学学报》(人文社会科学版)2010 年第 4 期。

张建红、卫新江、海柯·艾伯斯:《决定中国企业海外收购成败的决定因素分析》,《管理世界》2010 年第 3 期。

张娟、刘钻石:《中国对非洲直接投资与资源寻求战略》,《世界经济研究》2012 年第 3 期。

赵学清、温寒:《欧美竞争中立政策对我国国有企业影响研究》,《河北法学》2013 年第 1 期。

朱松、陈运森:《政府补贴决策、盈余管理动机与上市公司扭亏》,《中国会计与财务研究》2009 年第 3 期。

朱彦刚、贺灿飞:《服务业外商直接投资研究综述》,《地理科学进展》2012 年第 4 期。

图书在版编目(CIP)数据

中国自由贸易试验区外资准入负面清单管理模式研究/
孙元欣等著. — 上海：格致出版社：上海人民出版社，
2023.9
（自贸区研究系列）
ISBN 978 - 7 - 5432 - 3493 - 2

Ⅰ.①中… Ⅱ.①孙… Ⅲ.①自由贸易区-外商投资
-管理模式-研究-中国 Ⅳ.①F832.48

中国国家版本馆 CIP 数据核字(2023)第 156145 号

责任编辑 李 月
封面设计 路 静

自贸区研究系列
中国自由贸易试验区外资准入负面清单管理模式研究
孙元欣 等著

出　　版　格致出版社
　　　　　上海人民出版社
　　　　　(201101　上海市闵行区号景路 159 弄 C 座)
发　　行　上海人民出版社发行中心
印　　刷　上海颛辉印刷厂有限公司
开　　本　720×1000　1/16
印　　张　18
插　　页　2
字　　数　290,000
版　　次　2023 年 9 月第 1 版
印　　次　2023 年 9 月第 1 次印刷
ISBN 978 - 7 - 5432 - 3493 - 2/F・1528
定　　价　79.00 元